LE

JAPON ILLUSTRÉ

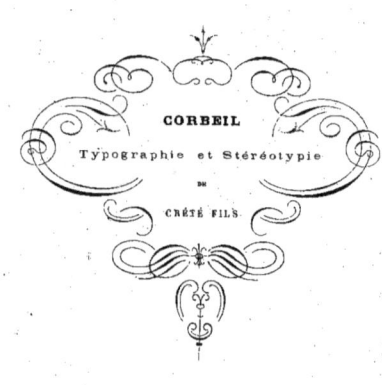

CORBEIL
Typographie et Stéréotypie
DE
CRÉTÉ FILS

LE
JAPON ILLUSTRÉ

PAR

AIMÉ HUMBERT

ANCIEN ENVOYÉ EXTRAORDINAIRE ET MINISTRE PLÉNIPOTENTIAIRE DE LA CONFÉDÉRATION SUISSE

OUVRAGE CONTENANT

476 VUES, SCÈNES, TYPES, MONUMENTS ET PAYSAGES

DESSINÉES

PAR E. BAYARD, H. CATENACCI, EUG. CICERI, L. CRÉPON, HUBERT CLERGET
A. DE NEUVILLE, M. RAPINE, E. THÉROND, ETC.

UNE CARTE ET CINQ PLANS

TOME SECOND

PARIS

LIBRAIRIE DE L. HACHETTE ET Cie

77, BOULEVARD SAINT-GERMAIN, 77

1870

Droits de propriété et de traduction réservés.

LIVRE V

YÉDO

LES ARRONDISSEMENTS DE L'EST DANS LE SOTO-SIRO

POISSONS DE MER DU JAPON.

1. Baliste (*balistes conspicillum*). — 2. Le congre (*conger japonica*). — 3. Tétrodon (*tetrodon lineatus*). — 4. Sole zébrée (*solen zebrina*).

CHAPITRE XXIX

LA CITÉ BOURGEOISE

Je venais de recevoir un premier avertissement. Le gouvernement avait daigné m'informer que nos grandes excursions dans sa capitale n'étaient pas sans danger pour nos personnes. Il n'y avait plus un instant à perdre : on allait évidemment nous susciter des obstacles.

Le plan de Yédo sous les yeux, je calculai que, sur les trente quartiers dont la ville se compose, nous en avions à peine parcouru le tiers. Il s'agissait de choisir sans retard, parmi le reste, un nouveau et peut-être dernier champ d'explorations.

Je crus découvrir celui qui nous offrirait le plus d'intérêt, dans un rayon dont le centre est approximativement indiqué par l'O-bassi, le plus grand pont de Yédo. Nous pouvions en atteindre assez rapidement les quais, soit à cheval, par le Tokaïdo, soit dans notre chaloupe, en profitant de la marée. De ce point central, nous visiterions, à notre gré, sur la rive droite de l'Ogawa, les quartiers populeux de la cité marchande, et sur la rive gauche, la ville industrielle du Hondjo.

Je me faisais déjà tout un programme de nos expéditions, lorsqu'une aventure singulière vint, à la fois, m'encourager à réaliser mes projets et m'apprendre que j'étais encore bien loin d'en avoir deviné la valeur.

M. Metman avait reçu la visite de deux de ses amis, attachés à la légation prussienne en résidence à Yokohama. Comme ils voulaient profiter de leur séjour à Yédo pour se procurer l'almanach de la cour du Mikado, et l'Annuaire officiel du gouvernement taïkounal, M. Metman les conduisit, après le déjeuner, chez un libraire de la Cité.

Je lui recommandai de m'acheter, par la même occasion, les curiosités littéraires et artistiques indigènes qui tomberaient sous sa main.

Quand ces messieurs, flanqués de leurs yakounines, se furent installés dans la boutique du libraire, celui-ci s'empressa de leur remettre l'almanach de Kioto, qui était à l'étalage; puis il leur annonça que l'Annuaire de Yédo se trouvait au magasin, et, poussant un châssis, il passa dans la pièce voisine. L'un des yakounines l'y accompagna. Bientôt tous deux rentrèrent, le libraire balbutiant qu'il n'avait plus d'Annuaires à vendre. « Eh bien, lui dit l'un des attachés prussiens, veuillez en aller chercher ailleurs. Nous vous attendrons ici. » — Là-dessus grand mouvement parmi les yakounines, consultations dans la rue, absence prolongée du marchand. Pendant ce temps les trois étrangers allument leurs cigares et invitent un employé du magasin à leur apporter des caisses pour s'asseoir et à déposer devant eux, sur des nattes, tous les ouvrages illustrés de la librairie. Ils les examinaient de concert, faisaient leur choix, et prenaient note des prix. Le patron, à son retour, les salua jusqu'à terre, puis, soupirant à plusieurs reprises : — « L'Annuaire, murmura-t-il, est introuvable dans le voisinage, et l'heure est bien avancée pour envoyer au Castel. — Qu'à cela ne tienne! Dépêchez-y votre garçon! De notre côté, nous allons faire apporter notre dîner. Nous ne sortons pas de chez vous sans l'Annuaire. »

A la suite de cette déclaration, prononcée en chœur, M. Metman écrivit un billet, qu'il chargea l'un des hommes de l'escouade de remettre au comprador du Tjoòdji.

Le libraire, à son tour, donna une commission à l'employé du magasin, et la revue des illustrations en vente se poursuivit avec son aide jusqu'à l'arrivée de quatre coulies du Tjoòdji, portant aux deux extrémités de leurs bambous, des caisses de laque et des corbeilles d'osier contenant le dîner commandé.

On l'étala sur les nattes. Les yakounines et le libraire furent invités à y prendre part; mais ils remercièrent poliment et se tinrent à distance. Cependant, quand le bruit des bouchons de champagne se fit entendre, un rapprochement spontané s'opéra; les coupes écumantes circulèrent jusqu'au seuil de la boutique et au delà : — « Que pourriez-vous nous montrer encore pour le dessert? » s'écria M. Metman en apostrophant le libraire.

Celui-ci répondit : « Vous connaissez maintenant tout mon fonds de boutique. Je n'ai plus rien à faire voir que des croquis à la main, des esquisses en feuilles détachées, provenant de deux peintres de Yédo, décédés il y a quelque temps. C'est tout ce qu'ils ont laissé à leurs familles, qui m'ont abandonné cette inutile succession, contre une petite provision de riz. Voilà encore de vieux cahiers sur lesquels ils essayaient leurs pinceaux.

UNE LIBRAIRIE A YÉDO.

Si cela vous fait plaisir, emportez tout le paquet avec les livres que vous avez achetés ! »

M. Metman fit entrer les coulies, leur recommanda de n'empiler dans leurs caisses et leurs corbeilles que la vaisselle, les paquets de livres, les dessins, les vieux cahiers, mais d'abandonner les bouteilles et les restes du repas à la merci des yakounines et des gens de la maison ; puis, se tournant vers le libraire : — « Croyez-vous, lui dit-il, que je doive faire venir nos matelas et nos couvertures pour passer la nuit sous votre toit ? Ce serait le moment de donner mes ordres aux coulies. »

Une hilarité générale accueillit cette question ; puis, des chuchotements et des allées et venues se succédèrent d'un groupe à l'autre, de la boutique à la rue, où, rangés en demi-cercle, à quelques pas des yakounines, une foule croissante de curieux s'efforçait de deviner le drame étrange dont la paisible demeure du libraire paraissait être le théâtre.

Enfin le patron lui-même reparut, accompagné de son employé, portant des livres sur ses bras, comme pour attester la version de la commission au Castel ; il s'inclina de nouveau devant ses hôtes et remit respectueusement entre leurs mains, avec l'évidente approbation des yakounines dont il était entouré, deux exemplaires parfaitement authentiques de l'Annuaire officiel de Yédo.

Je passai la nuit à examiner le précieux envoi de M. Metman. Il se composait d'une trentaine d'ouvrages illustrés et d'une quantité de feuilles volantes ou cousues en cahiers. Ici c'étaient de vieilles encyclopédies, enrichies de planches qui semblaient être sorties des officines allemandes du moyen âge ; là, des albums d'esquisses à l'encre de Chine, reproduites sur bois, en fac-simile d'une étonnante énergie, ou des recueils de contes et de scènes populaires, ornés de sujets à deux teintes, au moyen de procédés qui nous sont inconnus. De nombreuses peintures sur soie et sur papier végétal représentaient les ponts, les marchés, les théâtres, tous les lieux de rendez-vous et tous les types des classes ouvrières et de la société bourgeoise de Yédo. Mais rien de tout cela n'égalait en importance l'œuvre posthume des deux pauvres artistes inconnus ; car elle me révélait à la fois les sujets de prédilection et le style de l'école moderne des peintres japonais. Quel trésor pour l'étude du peuple de Yédo, que ces croquis inspirés par les scènes de la rue et des jardins publics ! Quelle mine à exploiter, que ces liasses poudreuses et maculées, d'où je sortis cent deux pièces achevées et cent trente ébauches, consacrées exclusivement aux classes de la société qui vivent en dehors du Castel, des quartiers aristocratiques, des casernes et des bonzeries ! Une pareille trouvaille allait me tenir lieu du guide le plus sûr, de l'interprète le plus fidèle que j'eusse pu consulter avant de m'engager dans le dédale de rues, de quais et de canaux que bordent, sur les deux rives de l'Ogawa, les demeures agglomérées de la population bourgeoise.

La Cité proprement dite s'étend à l'Est du Castel, depuis le pont appelé Sen-bassi, qui la relie au quartier d'Atakosta, vers le Sud, jusqu'à l'O-bassi, qui débouche du Hondjo à la limite des quartiers du Nord.

Elle se compose des trois arrondissements ci-après, qui se suivent dans la direction du Sud-Ouest au Nord-Est, savoir :

XIII\ :sup:`e`, Kio-bassi ;
XIV\ :sup:`e`, Nihon ou Nippon-bassi ;
et XV\ :sup:`e`, Nippon-Kita.

Dans ce dernier, la Cité envahit les quais de l'Ogawa, tandis que, dans les deux précédents, la rive et les îles du grand fleuve sont, en majeure partie, occupées par des édifices publics ou des résidences nobles. On y distingue une douzaine de palais de Daïmios ; quelques petits yaskis de Hattamotos, dans le voisinage d'un champ de courses ; le grand temple de Nisihongandji ; une ou deux batteries de côte, et une école de marine du Gouvernement.

Tout le reste de l'espace compris entre le Castel et l'Ogawa présente l'image d'un immense damier, tant les rues longitudinales sont coupées régulièrement de rues transversales, tant les autres sections indiquées par les lignes bleues des canaux ont l'apparence d'une exacte symétrie.

L'arrondissement du Nippon-bassi, qui est le cœur de la Cité, contient, sur une étendue de quatre kilomètres carrés, cinq rues longitudinales et vingt-deux rues transversales, se coupant à angles droits et formant soixante-dix-huit carrés de maisons, presque complétement identiques les uns aux autres. Pris dans son ensemble, il présente donc la figure d'un parallélogramme allongé. Des canaux navigables l'entourent des quatre côtés. Quinze ponts le mettent en communication avec les quartiers adjacents : deux à l'Ouest, jetés sur le grand fossé du Castel, cinq à l'Est, cinq au Sud, et trois au Nord.

Parmi ces derniers, celui du milieu est le pont du Nippon, le Nihon ou Nippon-bassi, qui donne son nom au quartier. On en a fait le centre géométrique du Japon : c'est de là que l'on mesure toutes les distances géographiques de l'Empire, comme cela se pratique en Angleterre depuis le Milestone du pont de Londres. C'est aussi au pont du Nippon qu'aboutit le Tokaïdo. A partir du faubourg de Sinagawa, il traverse, sous le nom de rue d'Ottori, les quartiers de Takanawa, d'Atakosta, de Kio-bassi et de Nippon-bassi, et à l'extrémité de celui-ci, le pont central forme la limite entre cette grande artère politique, militaire et commerciale du Sud de l'Empire, et une autre, non moins importante, se dirigeant vers le Nord. On l'appelle pareillement l'Ottori dans l'enceinte de Yédo, et au delà, l'Oskio kaïdo. Elle s'arrête à la pointe septentrionale de l'île de Nippon, d'où l'on franchit le détroit de la Pérouse pour atteindre Hakodate sur l'île de Yéso.

Bien qu'ils aient un caractère complétement homogène, les quartiers de la Cité ne laissent point cette impression de fastidieuse monotonie que les yaskis de la cour ou de la noblesse féodale ne tardent guère à produire. Les maisons bourgeoises, non plus que les palais, ne s'éloignent du type d'architecture qui leur est propre : ce sont de simples constructions en bois, n'ayant au-dessus du rez-de-chaussée qu'un étage, bordé le plus souvent d'une galerie sur la rue, et d'une toiture basse, en tuiles couleur d'ardoise, ornées de quelques moulures en gypse aux deux extrémités du faîtage. Mais si le cadre est uniforme, les tableaux qu'il étale aux regards sont ravissants de variété, d'imprévu, de pittoresque ingénuité.

Voici, à l'entrée d'une rue de Nippon-bassi, une boutique de barbier, où deux ou

LA CITÉ BOURGEOISE.   9

trois bourgeois, dans le plus simple appareil, viennent faire leur toilette matinale. Assis sur la sellette, ils supportent gravement, de la main gauche, le plateau de laque destiné à recueillir, après chaque coup de rasoir ou de ciseaux, les dépouilles de l'opération. De leur côté, les artistes coiffeurs, débarrassés de tout ce qui pourrait gêner la liberté de leurs mouvements, se penchent tantôt à droite, tantôt à gauche de la tête de leurs patients, pour

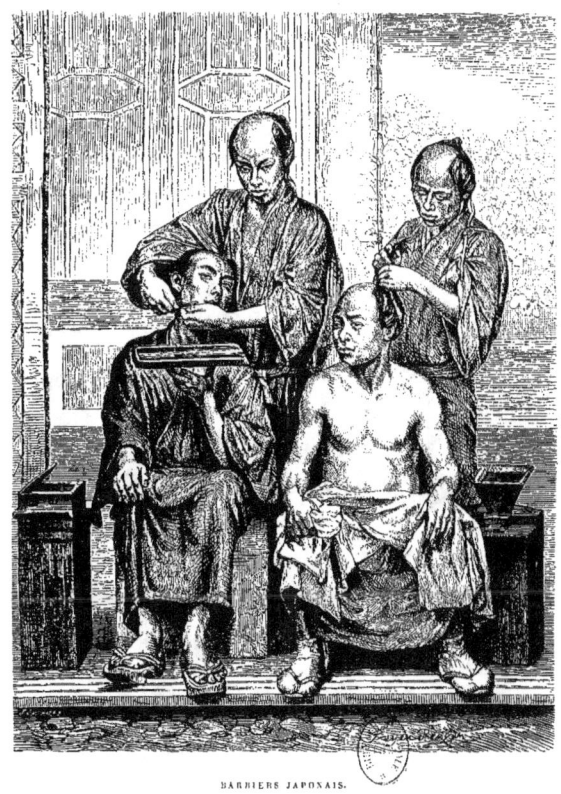

BARBIERS JAPONAIS.

y promener tour à tour l'instrument et la main, comme des sculpteurs antiques modelant des cariatides. Inutile d'ajouter que l'illusion cesse lorsque, serrant entre leurs dents un long cordonnet de soie, ils l'enroulent et le nouent aux deux extrémités de la mèche en boudin des fils du grand Nippon.

A quelques pas plus loin, nous rencontrons l'échoppe d'un cordonnier. Elle est

II.   2

hérissée de chevilles de bois, auxquelles d'innombrables paires de sandales de paille sont suspendues par de longues attaches tressées de la même matière. Le marchand, accroupi sur son reposoir, me rappelle ces idoles indigènes auxquelles les pèlerins font des offrandes de chaussures.

Des personnes des deux sexes s'arrêtent devant l'étalage, examinent ou essayent la marchandise, échangent quelques paroles amicales avec le patron, et, sans le déranger de sa quiétude, déposent à ses pieds le prix convenu. Les comptes, à ce que j'ai remarqué, se faisaient en *szénis*, petites pièces de fer dont cent égalent le *tempo*, monnaie de cuivre qui vaut 15 centimes. Les szénis, comme les cashes chinois, sont percés en carré, au centre. On les enfile à une cordelette pour les suspendre à la ceinture.

L'honnête industriel qui fait suite au cordonnier me semble voué non moins fatalement à la monnaie de fer. C'est un détaillant de ces herbes marines comestibles qui

MARCHAND DE CHAUSSURES DE PAILLE.

forment, sous le nom chinois de *tang* ou sous le nom anglais de *seaweed*, l'un des principaux articles du commerce d'exportation du Japon avec la Chine. La vente sur place d'un produit végétal si abondant, si vulgaire, ne s'adresse qu'aux ménagères japonaises. Le tang se rencontre par grandes masses flottantes dans toutes les baies de l'Empire insulaire. Quand la mer est calme, il ajoute à l'éclatant azur des eaux ses riches teintes dorées, pourprées ou olivâtres. A l'aide d'un croc de batelier, les pêcheurs le tirent hors de la mer comme un immense filet; ils en chargent leurs barques et le nettoient minutieusement, en ayant soin de recueillir les coquillages qui s'y trouvent toujours en grand nombre. Lorsque la cargaison est déposée à terre, on la sèche au soleil; on opère le triage des deux ou trois espèces ou qualités d'algues comestibles que peut fournir la récolte d'une journée; enfin l'on en forme soit des ballots liés de cordes de paille, soit de petits paquets enveloppés d'un morceau de papier : les premiers, destinés à l'exportation, se vendent au poids chez les armateurs de jonques ; les autres, tarifés à quelques szénis le paquet, prennent le chemin des marchés et des foyers du peuple.

Il n'y a, pour ainsi dire, pas de rebut dans les produits de la mer. Le fucus ordinaire, dont on ne saurait tirer parti comme légume, le varech que les vagues jettent à la côte, contiennent un suc glutineux qu'il est facile d'en extraire par la cuisson. Les Japonais le sèchent en tablettes et l'emploient, sous le nom de *nouri*, à divers usages culinaires ou industriels.

Il se fait à Yédo une énorme consommation de coquillages. Le détaillant en remplit des cuviers et ne débite sa marchandise qu'après l'avoir dûment secouée, remuée et brassée

MARCHAND DE FRITURE.

à l'aide de deux longues cannes de bambou. Il faut, pour bien faire, qu'il se dresse sur le cuvier, les jambes écartées et les deux bâtons se croisant diagonalement entre ses genoux, de telle sorte que la main droite imprime une rotation semi-circulaire aux coquillages du côté gauche, et la main gauche à ceux du côté droit de l'opérateur.

Les sangsues de mer et toutes sortes de petits mollusques, le trépang, c'est-à-dire les holothuries et toute la classe des radiaires, sont exposés en vente à l'état de complète siccité. On les mange frits et le plus souvent coupés en petits morceaux mêlés avec du riz.

Il existe une espèce de poisson mince, allongé, de taille exiguë, que l'on consomme sans autre apprêt que de le sécher au soleil.

MARCHANDS DE POULPES.

Les huîtres sont abondantes, charnues, peu délicates. Les Japonais ne savent les écailler qu'en brisant la valve supérieure à coups de pierre.

Uraga exporte dans tout l'Empire des huîtres séchées appartenant à la grosse espèce

MARCHAND DE GRAINES.

des awâbis, dont les écailles sont enduites de nacre. On dit que le Taïkoun a la régale de ce commerce.

LE MARCHÉ AU POISSON.

LE MARCHÉ AU POISSON.

LA CITÉ BOURGEOISE.

Bien que les Japonais professent, au point de vue esthétique, un profond dégoût pour les poulpes, comme il est facile de s'en assurer par leurs livres de caricatures, ils ne paraissent point les dédaigner quand ils sont convenablement accommodés en friture et proprement étalés sur des herbes ou du papier de couleur. J'ai remarqué que les

COULIES DU MARCHÉ AU POISSON.

rôtisseries en plein vent, exclusivement consacrées à cette spécialité, jouissent d'une grande vogue.

Un pourvoyeur qui passait devant un magasin de grainier où quelques dames étaient occupées à faire des cornets, s'arrêta devant elles et d'un coup de crochet tira de sa corbeille une hideuse méduse. Les dames aussitôt se voilèrent la face jusqu'aux yeux exclusivement, au moyen des larges manches de leur kirimon, ce qui est le geste de la pudeur chez les beautés de l'Empire du soleil levant; mais, après ce tribut payé à leur légitime indignation, elles appelèrent en riant le maître de la maison, qui acheta le mollusque.

L'étalage des magasins de graines à Yédo présente un vif attrait : la quantité et l'infinie variété des produits exposés, la diversité de leurs formes et de leurs couleurs, l'art avec lequel ils sont distribués sur les étagères, tout concourt, dès le premier coup d'œil, à captiver l'attention; mais bientôt la surprise et l'admiration succèdent à la curiosité, lorsque l'on s'aperçoit que chacun des paquets déjà enveloppés de papier, chacun des cornets prêts à être livrés, portent, avec le nom des graines, le dessin colorié des plantes elles-mêmes. Le plus souvent ce dessin est un petit chef-d'œuvre que l'on dirait détaché de quelque charmant album de la Flore du Japon. Cependant on ne tarde pas à découvrir le peintre lui-même et son atelier, c'est-à-dire quelque jeune ouvrière de la maison, gisant tout de son long sur des nattes jonchées de fleurs et de feuilles de papier, et trouvant moyen de ne pas perdre un coup de pinceau dans cette singulière attitude.

A mesure que nous approchons du pont central de la cité bourgeoise, la foule augmente, et, des deux côtés de la rue, les boutiques font place aux restaurants populaires, aux pâtisseries de riz et de millet, aux débits de thé et de saki chaud.

Nous sommes dans le voisinage d'un grand marché au poisson. Le canal est couvert de barques de pêcheurs. On décharge la marée fraîche et le produit de la pêche des rivières, les poissons des courants océaniques qui descendent du pôle, et ceux du courant équatorial, les tortues et les moules des golfes du Nippon, et les poulpes difformes et les crustacés fantastiques. Siebold a compté sur cette même place soixante-dix espèces différentes de poissons, de crabes, de mollusques, et vingt-six sortes de moules et d'autres coquillages.

Les halles, grossièrement installées près du débarcadère, sont assiégées de pourvoyeurs qui viennent faire leurs provisions dans les ventes à la criée. Du sein de la cohue tumultueuse, des bras vigoureux enlèvent les corbeilles pleines et les versent dans les paniers ou dans les caisses laquées des coulies. De temps en temps la foule s'entr'ouvre pour laisser passer deux coulies chargés d'un marsouin, d'un dauphin ou d'un requin, suspendu par des cordes à une longue et forte tige de bambou, qu'ils portent sur leurs épaules. Les Japonais font bouillir la chair de ces animaux; ils mettent en salaison le lard de la baleine.

Ce n'est pas l'un des moindres tableaux des abords du Nippon-bassi, que le groupe des marchands de requin et de baleine, en gros et en détail.

La stature, la tenue et le geste de ces personnages, la haute fantaisie de leur accoutrement, les dimensions du couperet qu'ils plongent dans les flancs des monstres de la mer, tout semble dire que, pour satisfaire à la consommation de la grande cité, il ne faut rien moins qu'un déploiement prodigieux de forces humaines et l'emploi des ressources alimentaires les plus phénoménales de la nature.

A l'extrémité méridionale du Nippon-bassi, nous rencontrons une barrière à hauteur d'appui entourant des piliers surmontés d'affiches peintes sur des planches de bois blanc,

LA CITÉ BOURGEOISE.

et, un peu plus loin, un pavillon exhaussé sur une plate-forme de granit et abritant d'autres affiches imprimées. Cette double installation constitue le pilier public de Yédo, le kokôsatsou, destiné à l'exposition d'anciennes lois encore en vigueur, aussi bien qu'à la promulgation des ordonnances journalières de la police taïkounale.

On aperçoit dans le voisinage un corps de garde de yakounines et un poste de sapeurs-pompiers. Des cuves et des seaux de bois remplis d'eau, ces derniers disposés en pyramide, sont répartis de distance en distance, au seuil des magasins de marchandises et au bord des trottoirs de la voie publique. Ces mesures de précaution se reproduisent dans toutes les rues populeuses de Yédo, et en général dans toutes les villes du Japon. L'on remarque aussi des réservoirs d'eau établis sur les galeries supérieures et sur les toitures des maisons. De longues et fortes échelles sont constamment dressées contre les grands édifices en bois, tels que les temples et les pagodes. Les magasins d'entrepôt, connus dans le langage commercial de l'extrême Orient sous le nom de *godowns*, ont la réputation d'être à l'épreuve du feu. On les multiplie et les dissémine, autant que possible, dans les quartiers en bois, afin d'opposer de nombreux obstacles au développement des incendies. Ces bâtiments, hauts et carrés, construits en pierre et en pisé, sont revêtus, à l'extérieur, d'une épaisse couche de chaux et fermés d'une porte et d'un ou deux volets en fer. Il y a même ordinairement, sur leurs quatre murs, de gros crochets où l'on suspend, quand il y a péril imminent, des nattes et des serpillières mouillées.

Ni ces godowns, ni ces échelles, ni ces cuves ne contribuent, on peut le croire, à l'embellissement de la capitale. En ceci, comme en d'autres détails de la vie japonaise, le beau est sacrifié à l'utile ; et il faut en prendre son parti, très-spécialement dans la cité bourgeoise, dont les ponts cintrés offriraient les plus charmantes échappées de vue, si les premiers plans n'étaient pas occupés, pour le plus grand avantage des gens de la place, par les lignes interminables de leurs entrepôts de commerce.

VIE DOMESTIQUE : MÈRE ET FILLE.
Dessin de Staal d'après une photographie.

VUE D'UN CANAL DANS LA CITÉ MARCHANDE DE YÉDO, A L'HEURE DE MIDI.

CHAPITRE XXX

LA CLASSE DES MÉDECINS

Vers le milieu du jour, pendant la saison chaude, les rues de Yédo deviennent désertes ; les rives des canaux sont jonchées d'embarcations vides, amarrées sur les grèves que le reflux laisse à découvert. Aucune clameur, aucun bruit ne s'élève du sein de la grande cité. Si l'on distingue encore, çà et là, tantôt un voyageur, tantôt une couple de pèlerins, hâtant le pas pour arriver à leur étape de midi, on les voit cheminer en silence, la tête baissée et les yeux fatigués de l'éclat de la route. Cependant les rayons du soleil tracent de grandes zones lumineuses et y dessinent les contours des ombres épaisses qui tombent des larges toitures sur les dalles des trottoirs, ou des arbres centenaires sur le gazon des promenades et des bosquets sacrés.

Le peuple des rues et des canaux s'est retiré à l'abri des hôtelleries ou du toit domestique, dans le profond réduit des pièces du rez-de-chaussée, pour y consommer le principal repas de la journée, et pour s'abandonner ensuite, pendant quelques heures, au sommeil.

En poursuivant notre route de rue en rue, sur les trottoirs abrités, nos regards, à peine interceptés par les châssis entr'ouverts des maisons bourgeoises, plongent dans les intérieurs des ménages, et y rencontrent des groupes pittoresques d'hommes, de femmes et d'enfants, accroupis autour de leur modeste dîner.

La nappe, faite de paille tressée, est mise sur les nattes du plancher. Au centre s'étale une grande gamelle en bois laqué, contenant le riz, qui forme la base de l'alimentation chez toutes les classes de la société japonaise. La meilleure manière de le cuire consiste à l'enfermer dans un tonnelet de bois très-léger, que l'on plonge dans une chaudière d'eau bouillante. Chaque convive attaque la provision commune, en y prenant d'abord de quoi remplir et couronner en chapiteau une grande tasse de porcelaine, et il mange cette portion de riz en portant la tasse à ses lèvres, sans se servir des bâtonnets qui tiennent lieu de fourchette, si ce n'est à la fin, pour préparer les dernières bouchées et aussi pour ajouter à la nourriture céréale quelque morceau de poisson, de crabe ou de volaille, choisi sur les plateaux de laque consacrés à l'étalage des produits du règne animal.

Ces mets sont assaisonnés de sel marin, de piment et de soya, sauce très-énergique que l'on tire d'une fève noire, en la soumettant à la fermentation. Des œufs mollets ou durs, frais ou conservés, des légumes bouillis, tels que navets, carottes, patates douces; une vinaigrette aux tranches de jeunes pousses de bambous, ou une salade d'oignons de lotus, complètent le menu bourgeois d'un dîner japonais.

Le thé et le saki en sont l'accompagnement obligé, et ces deux boissons se consomment ordinairement chaudes, sans mélange d'aucun autre liquide et sans sucre. Les théières qui les contiennent reposent sur un brasero en forme de cassette, un peu plus grand qu'un autre meuble correspondant, le tabacco-bon, où l'on dispose le charbon, le râtelier de pipes et les provisions de fumeurs.

Je n'ai jamais examiné les jolis ustensiles des repas japonais : ces bols, ces coupes, ces soucoupes, ces boîtes, ces plateaux en laque, ces vases, ces tasses, ces flacons en porcelaine, ces théières en terre poreuse vernissée, et je n'ai jamais contemplé les convives à l'œuvre, la grâce de leurs mouvements, la dextérité de leurs mains généralement si fines, sans me figurer que j'avais sous les yeux une société de grands enfants, jouant au petit ménage, et mangeant pour s'amuser plus encore que pour satisfaire leur appétit.

Les maladies provenant d'excès de table ou d'un régime alimentaire malsain leur sont généralement inconnues; mais l'usage souvent immodéré qu'ils font de leur boisson nationale entraîne à sa suite de graves désordres. J'ai été moi-même témoin de plus d'un cas de delirium tremens.

Les ravages que la dyssenterie et le choléra ont causés dans quelques parties du Japon, surtout à Yédo, ne surprendront pas le résident européen qui a eu l'occasion de voir avec quelle imprudente avidité les enfants et les gens du peuple se livrent à la consommation des melons d'eau, des limons, des pamplemousses, et de toutes sortes de fruits du commencement de l'automne, avant qu'ils aient atteint leur pleine maturité.

Il est d'ailleurs très-rare que les maisons japonaises possèdent de l'eau vraiment salubre, car les indigènes ne connaissent que les citernes, même à Yédo, où les sources

LE DINER D'UNE FAMILLE BOURGEOISE.

abondent, et où il serait facile d'établir dans tous les quartiers de la ville des fontaines jaillissantes. Au reste, les inconvénients et le danger de cet état de choses sont tempérés par la circonstance que les Japonais ont l'habitude de boire chaud en toute saison.

Leur hygiène populaire ne s'accommode même que de bains chauds, et ils en prennent chaque jour. Ce besoin de propreté, la salubrité de leur climat, les excellentes qualités de leur régime alimentaire, devraient faire des Japonais l'un des peuples les plus sains et les plus robustes du globe. Il en est peu cependant qui soient plus affligés de toutes sortes de maladies de la peau et d'affections chroniques et incurables; et certes ce n'est pas dans les conditions naturelles d'existence de la nation que l'on doit rechercher la cause de ce triste phénomène. Tout indique, au contraire, qu'il ne faut pas remonter bien haut pour la découvrir, et qu'elle date, en réalité, de l'époque où le gouvernement des Siogouns autorisa la fondation, et couvrit officiellement de sa protection le développement d'une ignoble institution, dont les funestes conséquences, atteignant la famille, attaquent dans sa base naturelle tout l'édifice de la société.

Il y a un grand nombre de médecins au Japon, et principalement à Yédo. Ceux qui sont attachés à la cour du Taïkoun appartiennent à la classe des Hattamotos, portent deux sabres, se rasent la tête, et occupent un rang plus ou moins élevé, d'après lequel on peut les diviser en deux catégories de fonctionnaires. La première, nécessairement très-limitée, comprend les médecins qui font partie de la maison du Taïkoun. Ils ne pratiquent pas en dehors du palais. Les honoraires qu'ils reçoivent, tant en nature qu'en argent, peuvent représenter une valeur de 15 à 20,000 francs par an. Ceux de la seconde catégorie sont des officiers de santé qui suivent l'armée en temps de guerre. Ils touchent une solde que l'on peut estimer à 10,000 francs au maximum, et quand ils ne sont pas au service, ils pratiquent occasionnellement parmi les familles de leurs relations.

Les uns et les autres sont à la nomination du Taïkoun ou de son gouvernement.

Les membres du corps médical qui ne sont ni fonctionnaires ni officiers, c'est-à-dire les praticiens proprement dits, ou les médecins de troisième classe, sortent tous des rangs de la bourgeoisie. La plupart ont fréquenté pendant quelque temps l'Université de Kioto ou celle de Yédo; mais il en est aussi qui, appartenant à des familles où l'on est médecin de père en fils, n'ont jamais reçu de leçons que dans la maison paternelle.

Comme il n'y a pas d'examens requis pour l'exercice de la médecine, chacun entre dans la carrière à son gré et pratique selon la méthode de son choix : celui-ci s'en tient à la routine des empiriques indigènes; celui-là traite ses patients d'après les règles de la science chinoise; un troisième se pose en adepte de la médecine hollandaise, et, en réalité, il n'existe communément chez eux ni méthode ni système. Les études universitaires au Japon sont extrêmement superficielles. Il ne saurait en être différemment dans un pays où aucun élève ne possède les connaissances préparatoires que suppose l'enseignement supérieur. La réforme de cet état de choses ne pourra s'opérer qu'à l'aide d'un contact prolongé avec l'Europe. En tout cas, le peuple ne la réclame nullement. Ce qu'il lui faut, c'est d'avoir beaucoup de médecins à sa disposition, c'est d'être traité et médicamenté plutôt selon trois méthodes conjointement que d'après la meilleure, supposé qu'elle existe, et, pour tout dire enfin, c'est de rencontrer, chez les hommes de l'art, des serviteurs complaisants, attentifs à ne pas contrarier les idées de leurs malades et scrupuleux à justifier la confiance dont leur profession est honorée. Cette dernière partie de leur rôle les oblige à une certaine tenue qui impose au public et les distingue du reste de la société.

UN MÉDECIN DE QUALITÉ.

On reconnaît les praticiens japonais à leur mise sévère, à leur démarche méthodique, et à quelques particularités curieuses, qui paraissent varier au gré de la fantaisie de ces graves personnages. J'en ai vu dont la tête était rasée comme celle d'un bonze ou d'un docteur impérial, bien qu'ils fussent certainement des médecins de troisième classe; d'autres portaient leurs cheveux flottants, arrondis sur la nuque, et d'autres encore une longue barbe. Leur extraction bourgeoise ne leur permettant pas de se charger la hanche gauche de deux sabres, ils se procurent du moins la satisfaction d'en passer un dans les plis de leur ceinture; mais c'est toujours un tout petit sabre, que parfois même on ne fait que deviner, tant il est soigneusement enveloppé dans le crêpe ou le velours.

Certains notables de la Faculté affectent, au surplus, de ne jamais se montrer en public sans être suivis d'un coskei portant leur trousse et des médicaments.

C'est ainsi que même les médecins de troisième classe captivent l'estime générale et s'assurent d'une considération incontestée. J'ai entendu dire que lorsqu'ils étaient appelés dans les maisons aristocratiques, on les payait essentiellement de cette monnaie-là plutôt qu'en itzibous. Il est de notoriété publique que la plupart ont à peine de quoi supporter les charges d'un ménage, sans excepter ceux qui possèdent une clientèle très-étendue : telles sont, en effet, les conditions d'existence de la généralité des familles bourgeoises, que, vers la fin de l'année, après avoir vaillamment subvenu aux dépenses indispensables, savoir : celles qui concernent la consommation domestique, les grandes fêtes annuelles, le théâtre, les bains, les bonzes et les parties de plaisir, il leur reste fort peu de chose à donner au médecin.

Celui-ci, de son côté, accepte philosophiquement la situation, et il faut ajouter, à sa louange, que généralement cette abnégation de sa part a le caractère du vrai désintéressement. Elle s'allie même fréquemment à un zèle scientifique, à un besoin de recherches savantes, à un goût d'observation de la nature, qui produiraient des résultats remarquables, si ces qualités reposaient sur une base solide, sur une instruction préparatoire suffisante. Elles ont eu du moins assez d'énergie pour faire de la confrérie des médecins japonais l'un des agents les plus actifs des progrès de la civilisation dans leur pays.

Cette confrérie des médecins est du nombre des corporations d'arts et métiers du Japon qui jouissent d'une constitution officielle et de certains priviléges. Elle a été placée par le Mikado sous l'invocation d'un saint patron nommé Yakousi. Tout indique qu'elle doit remonter à une haute antiquité. Les annales impériales de Kioto nous apprennent que la première pharmacie japonaise fut fondée en 730; que l'an 808 eut la gloire d'enrichir la science médicale de la collection de recettes publiée en cent volumes par le docteur Firo-Sada, et que l'an 825 dota l'Empire de ses premiers hôpitaux.

Pendant longtemps néanmoins le Japon fut tributaire de la Chine, aussi bien en ce qui concerne la science médicale que les autres branches des connaissances humaines. Le Céleste Empire lui fournissait des ouvrages d'anatomie, des traités de botanique, des livres de recettes, de doctes professeurs, des praticiens empiriques, et des médicaments tout préparés pour guérir une infinité de maux. Dans la seconde moitié du onzième siècle, le marchand chinois Wangman sut se faire une fortune en venant vendre au Japon des médecines et des perroquets.

D'autres industriels ajoutaient aux ressources de l'art les secrets de la magie. De nos jours encore leurs successeurs colportent dans les villes et dans les campagnes des kirimons munis de signes cabalistiques, vêtements dont l'application, faite en due forme et en temps opportun sur le corps du patient, a la vertu de rappeler un moribond à la vie. Les moines, de leur côté, connaissent des prières et des paroles sacramentelles qui arrêtent les hémorrhagies, cicatrisent les plaies, exorcisent les insectes, guérissent de la brûlure, et conjurent les sorts jetés sur les hommes et sur les animaux.

Deux grands événements, survenus l'un au commencement, l'autre à la fin du dix-septième siècle, ont empêché que les travaux scientifiques de la confrérie des médecins ne fussent peu à peu ensevelis sous les ténèbres croissantes des superstitions bouddhistes : le premier est l'arrivée des Hollandais, qui reçurent leurs lettres de franchise et inaugurèrent leur factorerie à Firado, sous la direction du surintendant Van Specx, l'an 1609 ; et le deuxième est la fondation de l'Université de Yédo, qui eut lieu sous le règne du trente-sixième Siogoun, Tsouna-Yosi, quatrième successeur d'Iyéyas, la première année du séjour de Kæmpfer au Japon, savoir en 1690.

Thunberg raconte que, vers le milieu du siècle suivant, se trouvant à Yédo en qua-

UN MÉDECIN EN VISITE.

lité d'attaché à l'ambassade bisannuelle du surintendant hollandais de Décima, il obtint du Siogoun la permission de recevoir la visite de cinq médecins et de deux astronomes de la Cour ; il eut avec eux de longs entretiens et put se convaincre, surtout par la conversation des premiers, qu'ils avaient puisé des connaissances variées en histoire naturelle, en physique, en médecine et en chirurgie, non-seulement aux sources chinoises traditionnelles, mais dans des ouvrages hollandais.

Plus tard, les médecins de la factorerie, ayant été autorisés à former des élèves, rivalisèrent de zèle et de dévouement, les uns après les autres, pour les familiariser avec la science de l'Occident.

Siebold n'a cessé de tenir école ouverte en sa charmante résidence de la vallée de Naroutaki, près de Nagasaki. Quand je la visitai, au printemps de 1863, il était en Europe, mais je trouvai néanmoins deux étudiants japonais installés dans une salle de sa riche bibliothèque, tandis que d'autres cultivaient son jardin botanique.

Quelques mois auparavant, à mon passage à Batavia, le docteur Mohnike m'avait raconté l'épopée tragi-comique, mais triomphante, de la campagne qu'il venait d'accomplir au Japon pour y introduire la vaccine.

A Décima, le docteur Bauduin m'entretint de ses luttes avec toutes les puissances cléricales et civiles de l'Empire pour les amener à remplacer, ou plutôt à compléter l'usage des mannequins et des maquettes dans les Facultés de médecine de Kioto et de Yédo, par l'enseignement des salles de clinique et des amphithéâtres d'anatomie.

A son prédécesseur, le docteur Pompe van Meerdervort, revient l'honneur de l'une des victoires les plus décisives que la science ait remportées sur les préjugés de l'extrême Orient. Le 9 septembre 1859, le docteur, dûment muni de l'autorisation du Taïkoun, réunissait, à 8 heures du matin, sur un promontoire de la baie de Nagasaki, quarante-cinq médecins et une sage-femme indigènes. Il avait étalé devant lui le cadavre d'un assassin japonais, qui venait d'être exécuté dans la cour des prisons. Il en opéra la dissection complète, et donna de la sorte aux assistants une leçon théorique et pratique d'anatomie, qui se prolongea jusqu'au coucher du soleil. L'événement ne fut pas sans causer une certaine agitation parmi le peuple; mais une proclamation du gouverneur de Nagasaki sut la calmer instantanément par la déclaration suivante : « Considérant que le cadavre du malfaiteur a rendu service à la science médicale, et conséquemment au bien public, le gouvernement pourvoira, dans les vingt-quatre heures, à ce que les restes dudit supplicié soient enterrés honorablement, avec le concours des ministres de la religion. »

Le même docteur Pompe a déterminé le Taïkoun à construire à Nagasaki, aux frais de l'État, un hôpital de cent vingt quatre lits, ouvert indistinctement à des malades de tout pays et de toute condition. Ce bel établissement, dont le Taïkoun donna la direction souveraine à l'homme qui en était le véritable fondateur, a été inauguré le 20 septembre 1861. Dès la première année, il a reçu neuf cent trente malades des deux sexes, et attiré une cinquantaine d'étudiants qui ont suivi régulièrement les cours de clinique du directeur.

Si le jugement des peuples civilisés n'était pas faussé par la manière dont on leur enseigne l'histoire, s'ils avaient appris que la science a ses héros aussi bien que les champs de batailles leurs regards se porteraient avec admiration sur les conquêtes pacifiques accomplies dans l'empire du Japon, au profit du monde entier, par les médecins de la factorerie de Décima, depuis les temps de Kæmpfer jusqu'à nos jours.

Le docteur Pompe van Meerdervort a pratiqué son art en véritable missionnaire de l'humanité durant les cinq années qu'il a passées à Nagasaki, de 1857 à 1863. Cette période a été marquée par deux invasions épidémiques du choléra, et le docteur lui-même subit une très-grave atteinte de cette maladie. Le nombre des indigènes, hommes,

28   LE JAPON ILLUSTRÉ.

femmes et enfants, qu'il a traités pendant ces cinq années, s'élève à seize mille six cents personnes, sans compter les malades de l'hôpital qu'il dirigeait. Depuis son arrivée jusqu'à son départ, il a été constamment entouré de quarante à cinquante élèves en médecine, accourus de diverses provinces de l'Empire. Il a remis son œuvre aux soins de son digne successeur, le docteur Bauduin; et, de retour à la Haye, il vient de publier le résultat de ses observations et le récit de ses travaux, en un fort bel ouvrage, qui enrichit de deux volumes pleins du plus sérieux intérêt la littérature des mémoires originaux sur le Japon.

LA SORTIE D'UN CONVOI FUNÈBRE.

PILIER PUBLIC ET MAGASINS D'ENTREPÔT DU NIPPON-BASSI.

CHAPITRE XXXI

L'ÉCOLE DE CONFUCIUS, A YÉDO

Les écoles supérieures qui composent l'Université de Yédo sont peut-être le seul terrain neutre où les fils de la noblesse japonaise se rencontrent journellement et vivent en commun avec des jeunes gens de la bourgeoisie.

La séparation des rangs n'en existe pas moins entre eux dans toute sa sévérité.

Leurs études diffèrent aussi, quant à leur but et à leur objet. Elles ne doivent donner aux jeunes gentilshommes qu'une certaine culture classique, basée sur les livres des philosophes chinois; elles ouvrent aux élèves appartenant à la bourgeoisie la carrière des professions libérales, telles que l'enseignement des langues et l'exercice de la médecine, ou elles les préparent aux emplois d'interprètes, de greffiers et d'ingénieurs à la solde du gouvernement.

L'Université de Yédo n'est pas seulement placée sous l'invocation de Confucius, elle couvre de son patronage les doctrines du philosophe chinois, elle les répand dans les classes lettrées de la société japonaise. Cette action ne s'exerce point sous la forme d'une propagande agressive, ouvertement hostile aux cultes établis. Elle ménage les institutions existantes, mais elle détruit les croyances qui en étaient l'âme. J'ai entendu dire à un interprète de Yédo : « Les élèves de notre université ne croient plus à rien, » et je connais un fonctionnaire du Castel qui, dans un dîner diplomatique, déclara gracieusement que les gens comme il faut de son pays étaient tout à fait à la hauteur des nôtres, au point de vue de la religion.

Le clergé, ne se sentant pas menacé dans sa position temporelle, observe envers les lettrés une attitude aussi modeste que prudente. Ce ne sont pas les bonzes qui pourraient s'attaquer à la popularité dont la mémoire de Confucius est entourée au Japon. Il y est universellement vénéré sous le nom de Koô-ci, corruption du nom chinois Khoung-Tseu. Cependant il n'y fut connu qu'à dater de l'an 285 de notre ère. A cette époque, Ozin, le seizième Mikado, désolé de voir les paternelles intentions de son gouvernement paralysées par l'ignorance de ses sujets, pria le roi de Petsi (Païk-Tsé), en Corée, de lui indiquer comment il fallait s'y prendre pour instruire le peuple. Le roi lui envoya le lettré Wang-Jin, qui fit connaître au daïri les livres du grand instituteur auquel la Chine était redevable, depuis plus de six siècles, de sa sagesse et de sa prospérité. Les services que le docte Coréen sut rendre à l'empire des Mikados ont été si hautement appréciés, que Wang-Jin, tout étranger qu'il était, fut mis au nombre des Kamis nationaux, en compagnie des fondateurs de la monarchie et des héros ou des bienfaiteurs du Japon.

Lorsque l'on cherche à se rendre compte de l'influence que les écrits de Confucius ont exercée sur la société japonaise, on doit, ce me semble, reconnaître qu'ils ont contribué, plus que toute autre chose, à la doter, non pas certes de la civilisation, mais de la civilité dont elle se glorifie.

La civilisation japonaise, en effet, plonge par ses racines les plus vivaces dans les temps héroïques de Zinmou; et l'invasion du bouddhisme, postérieure à celle de la philosophie de Confucius, l'a emporté sur cette dernière dans la masse de la population, comme toute religion qui s'adresse aux consciences supplantera tout système de morale établi sur les seules données de la froide raison.

Nous éprouvons même de la difficulté à nous expliquer que l'on ait pu jamais attribuer un rôle d'une si grande importance, fût-ce en Chine et au Japon, à de simples maximes du sens commun, parmi lesquelles une foule de sentences nous rappellent involontairement les axiomes de M. de la Palisse.

Cependant, si l'on veut bien réfléchir que Confucius a vécu de l'an 551 à l'an 479 avant Jésus-Christ, à une époque et au sein de nations plongées dans les ténèbres d'impénétrables mythologies, on comprendra l'étonnement mêlé d'admiration que dut exciter une œuvre comme la sienne : œuvre de pure analyse, faisant abstraction de tout ce qui échappe à l'observation sensible et n'admettant, à l'appui de ses enseignements, aucun fait qui ne possédât une consécration historique.

C'est ainsi, à la seule lueur du flambeau de la raison, que Confucius invoque les expériences faites sous le règne des anciennes dynasties, et qu'il en déduit les règles de toutes les obligations de l'homme en société : devoirs réciproques du sujet et du souverain, du fils et du père, de l'époux et de l'épouse, de l'ami envers son ami, et, ce qui n'importe pas moins aux yeux du grand instituteur, devoirs concernant l'observation générale des rites de la politesse et de la bienséance.

Quant aux principes généraux d'où le sage chinois fait découler ses sentences morales, il est assez difficile de les coordonner sous une forme systématique.

Les hommes, selon Confucius, sont, par nature, les amis les uns des autres : ce n'est que l'habitude et l'éducation qui les séparent.

Le perfectionnement de soi-même est la base de tout développement moral.

Le moyen d'atteindre ce développement consiste à suivre le principe lumineux de la raison que nous recevons du Ciel.

IMAGE DE CONFUCIUS, DANS LE TEMPLE DE CONFUCIUS, A CANTON.

Cette raison nous enseigne la persévérance de la conduite dans une ligne droite également éloignée des deux extrêmes.

L'invariabilité dans le juste milieu, telle est la règle ou la formule de la sagesse.

Le perfectionnement de soi-même n'est cependant que la première partie de la vertu : la seconde et la plus importante partie consiste dans le perfectionnement des autres.

La doctrine suprême de l'humanité, c'est d'agir envers les autres comme nous voudrions qu'ils agissent envers nous-mêmes.

Toutes les conditions sociales ne sont pas également propres au développement des bonnes dispositions naturelles.

Celui qui a le pouvoir ou la faculté de poursuivre son développement moral et qui y parvient, se distingue au milieu de la foule, et le Ciel lui donne le mandat de gouverner et d'instruire les peuples.

Néanmoins, bien que le souverain tienne son pouvoir du Ciel, la seule garantie qu'il ait de conserver sa puissance réside dans le maintien de l'affection de son peuple.

Enfin, les hommes souverainement parfaits ont la faculté non-seulement de gouverner les peuples, mais de contribuer à l'entretien et au développement des êtres, et de s'identifier par leurs œuvres avec le ciel et la terre [1].

Voilà, autant que je puis en juger, ce que la doctrine de Khoung-Tseu renferme de plus substantiel; et certes elle laisse peu à désirer, si l'on ne veut envisager l'homme que comme un être de raison. Mais si l'organisme humain a pour foyer l'amour, la vie du cœur, avec ses aspirations infinies et ses mystérieuses intuitions des choses éternelles, le sage du Céleste Empire s'est trompé : sa doctrine est insuffisante, elle n'a que l'apparence de la vie, elle enserre l'homme et les États dans un cercle où l'humanité s'atrophie. Les grandes pensées viennent du cœur, et l'enthousiasme fait les grands peuples. La Chine, disciplinée par Confucius, est devenue le type des nations stationnaires. Le peuple japonais a échappé au sort de ses voisins ; mais son gouvernement, formé à l'école du philosophe chinois, n'a pu s'assimiler la civilisation chrétienne et n'a su qu'abdiquer entre les mains de sa vieille théocratie nationale.

C'est un fait digne de remarque, que Khoung-Tseu n'a jamais été que l'apôtre des classes aristocratiques de la société.

Sa vraie grandeur morale consiste à s'être isolé, au sein du paganisme, dans le domaine de la raison comme dans une forteresse, et à n'avoir jamais manifesté la moindre prétention de s'ériger en fondateur d'une nouvelle religion. Il se défend même expressément d'innover en quoi que ce soit. Toutes ses instructions se bornent à recommander l'étude et l'exemple des vieilles mœurs. Le culte qu'on lui rend en Chine et à Yédo, dans le temple de l'Université, ne constitue point, à proprement parler, un acte d'adoration, mais un pieux hommage de commémoration.

Il est vrai que, malheureusement, cet hommage dégénère en un respect superstitieux pour les paroles du maître, renforcé par les difficultés mêmes que présente l'aride étude de ses œuvres.

En Chine et dans tous les pays soumis à la prépondérance de la littérature classique chinoise, l'attachement du lettré pour les textes de son auteur de prédilection est en rapport intime avec la peine qu'il lui en a coûté pour les graver dans sa mémoire.

L'étude d'un livre chinois est un travail des plus ardus, même pour un Japonais,

---

[1] *Confucius et Mencius*, traduits du chinois par M. G. Pauthier. Paris, Charpentier, 1865.

SYLLABAIRE KATAKANA

a	ア	e	エ	i	イ	o	オ	ù	ウ		
wa	ワ			wi	井	wo	ヲ				
ya	ヤ	ye	ヱ	yi	井	yo	ヨ	yù	ユ		
ha	ハ	he	ヘ	hi	ヒ	ho	ホ	fù	フ		
ba	バ	be	ベ	bi	ヒ゛	bo	ボ	bù	ブ		
pa	パ	pe	ペ	pi	ヒ゜	po	ポ	pù	プ		
ta	タ	te	テ			to	ト				
da	タ゛	de	デ			do	ト゛				
ka	カ	ke	ケ	ki	キ	ko	コ	kù	ク		
nga	ガ	nge	ゲ	ngi	キ゛	ngo	ゴ	ngù	ク゛		
				chi	チ						
				ji	チ゛						
				shi	シ						
sa	サ	se	セ			so	ソ				
dza	ザ	dze	セ゛			dzo	ソ゛				
ma	マ	me	メ	mi	ミ	mo	モ	mù	ム		
na	ナ	ne	ネ	ni	ニ	no	ノ	nù	ヌ		
ra	ラ	re	レ	ri	リ	ro	ロ	rù	ル	sz	ス
										dz	ズ
										tsz	ツ
										dz	ヅ
										n	ン

car l'idiome national de celui-ci ne lui offre nulle analogie, nul point de contact avec la langue du Céleste Empire. D'après l'opinion déjà citée de M. Léon de Rosny [1], la langue japonaise ne rentre dans aucun des groupes linguistiques reconnus jusqu'à présent par la science; elle semble, au contraire, inaugurer une nouvelle famille de langues, dont elle serait le chef. Cette circonstance, qui la rend d'un accès très-difficile pour les Européens, n'est pas moins défavorable aux indigènes lorsqu'ils se vouent à l'étude des langues étrangères.

Une nouvelle source de complications provient de la diversité des dialectes japonais. Plusieurs sont encore en usage : l'un, dans le nord de l'Empire, à Hakodate; l'autre, au midi, à Nagasaki; un troisième, dans l'archipel des îles Liou-Kiou. Quant à la grande île de Nippon, c'est là, dans l'isolement de la cour du daïri, que se conserve l'ancien idiome de Yamato, la langue classique du Japon; et c'est là aussi, dans les villes commerçantes de la mer intérieure et à Yédo même, que se développe le japonais moderne, la langue de l'administration, des affaires, des relations internationales. Il m'a été dit que les missionnaires qui sont venus des îles Liou-Kiou dans l'île de Nippon, avaient dû, en quelque sorte, recommencer à nouveaux frais leurs études, pour se mettre en état de s'exprimer dans le dialecte de la capitale. Les résidents de Yokohama se l'approprient par l'usage, au bout de douze à dix-huit mois d'exercice, au point de pouvoir s'entretenir verbalement avec les courtiers, les douaniers et les négociants indigènes. Mais les difficultés de la langue écrite n'ont encore été surmontées que par un très-petit nombre d'Européens, six ou huit tout au plus, employés au service des missions ou de la diplomatie.

L'écriture primitive des Japonais n'existe plus qu'à l'état de curiosité archéologique. Elle a fait place à l'écriture chinoise, et celle-ci, de son côté, a subi, sous le pinceau des Japonais, la transformation la plus originale qui se puisse imaginer.

On sait que l'écriture chinoise ne se compose point d'un alphabet, mais de caractères idéographiques, dont chacun forme une syllabe, figure un mot et représente une idée. Parmi ces milliers de caractères chinois, les Japonais en ont adopté quarante-huit, abstraction faite de leur signification, pour en faire la base d'un système graphique tout nouveau, dans lequel chaque signe représente l'un des sons fondamentaux de leur langue, et ils ont réuni ces quarante-huit signes, ou sons fondamentaux, dans le quatrain de l'Iroya, dont j'ai déjà donné la traduction.

Voilà pour le fond de leur système graphique; quant à la forme, au lieu de maintenir intégralement les signes chinois qu'ils employaient, ils en ont tiré, en les abrégeant de diverses manières, les éléments de plusieurs syllabaires distincts, que l'on divise en deux classes.

La première comprend les syllabaires qui dérivent des caractères chinois droits et corrects, et ce sont principalement le Katakana, genre d'écriture usité dans le style noble et dans l'impression des livres sacrés, et le Manyokana, qui fut employé à écrire l'ancienne collection de vers connue sous le nom de collection des dix mille feuilles. La seconde

---

[1] Grammaire japonaise, par Léon de Rosny, 2ᵉ édition. Paris, Maisonneuve et Cⁱᵉ, 1865.

classe a pour type principal le syllabaire Hirakana (ou Firakana), qui tire son origine de l'écriture tachygraphique chinoise, et qui est susceptible, comme cette dernière, d'être tracée d'une manière extrêmement cursive.

Dans l'une et l'autre classe on écrit de haut en bas, par colonnes verticales qui se suivent parallèlement de droite à gauche.

Un artiste japonais a caractérisé les deux syllabaires en les symbolisant en deux dessins, dont le premier, représentant un docteur ès lettres, réunit sur les traits et sur le manteau du grave personnage, tous les coups de pinceau qu'exige le Katakana; tandis

IMAGE ALLÉGORIQUE DU STYLE NOBLE. IMAGE ALLÉGORIQUE DU STYLE POPULAIRE.

que le second, représentant un mendiant, reproduit pareillement tous les coups de pinceau qui forment les caractères de l'Hirakana, le syllabaire du peuple, du style cursif, de l'écriture des femmes, et de la littérature amusante.

En résumé, l'étudiant de Yédo ne laisse pas que de fournir une laborieuse carrière. Instruit dès sa jeunesse dans l'Hirakana, il faut qu'il apprenne le Katakana pour se mettre au fait des productions les plus sérieuses de l'idiome national, et il doit, en outre, acquérir une connaissance assez étendue de la langue chinoise pour être en mesure de lire tout au moins les Entretiens de Confucius et de Mencius.

Cette éducation accomplie, il lui reste à la faire valoir dans le monde de la cour, des

SYLLABAIRE HIRAKANA

a	あ	e	い	i	い	o	を	ù	う		
wa	れ			wi	ゐ	wo	を				
ya	や	ye	え	yi	ゐ	yo	よ	yu	ゆ		
ha	は	he	へ	hi	ひ	ho	ほ	fu	ふ		
ba	ば	be	べ	bi	び	bo	ぼ	bu	ぶ		
pa	ぱ	pe	ぺ	pi	ぴ	po	ぽ	pu	ぷ		
ta	た	te	て			to	と				
da	だ	de	で			do	ど				
ka	か	ke	け	ki	き	ko	こ	ku	く		
nga	が	nge	げ	ngi	ぎ	ngo	ご	ngu	ぐ		
				chi	ち						
				ji	ぢ						
				shi	し						
sa	さ	se	せ			so	そ				
dza	ざ	dze	ぜ			dzo	ぞ				
ma	ま	me	め	mi	み	mo	も	mu	む		
na	な	ne	ね	ni	に	no	の	nu	ぬ		
ra	ら	re	れ	ri	り	ro	ろ	ru	る	sz	す
										dz	ず
										tsz	つ
										dz	づ
										n	ん

emplois publics, ou des professions libérales, par la plus scrupuleuse observation des lois de l'étiquette et des convenances sociales. Comme dans les monarchies allemandes l'épithète de « suprême » (allerhœchst) se trouve invariablement accolée à celle de Majesté, dans tout ce qui se rapporte aux faits et gestes du souverain, même lorsque l'on parle encore de lui après sa mort (seine allerhœchstselige Majestæt), le langage de la cour et le style officiel des employés japonais sont tout émaillés de particules et de qualificatifs cérémoniels, qu'il faut savoir ne jamais omettre et toujours placer à propos selon les règles convenues. Il y a des mots, des tournures de phrases, un style enfin qui ne s'emploie que lorsqu'on parle à un supérieur. L'écriture elle-même a sa hiérarchie : le Katakana carré, prototype, se trouve au sommet de l'échelle, où règne le style Kaïsho; dans le style Giosho, qui est celui des actes et des documents officiels, le type des caractères chinois s'allie à des ligatures et à des signes empruntés au syllabaire Hirakana; le style Losho, en dernier lieu, applique les formes cursives du même syllabaire aux affaires courantes et à la correspondance journalière, en laissant d'ailleurs à la fantaisie de l'écrivain toute liberté de combiner sous son pinceau les éléments graphiques les plus divers.

Kioto était autrefois l'unique foyer littéraire du Japon. Aujourd'hui la vieille cité pontificale conserve encore sa spécialité d'albums de miniatures, d'almanachs du daïri, de livres religieux, de romans et de poésies sur papier vélin parsemé de paillettes d'or. Mais les presses de Yédo l'emportent pour le nombre, la variété, la popularité, l'immense débit de leurs publications. La plupart des nouveautés littéraires de la capitale sont dues au pinceau des professeurs de l'Université ou des meilleurs élèves du collège des interprètes. Presque toutes ont un caractère didactique, une tendance pratique, un but utilitaire. Il en est que l'on pourrait intituler l'Année scientifique, la Revue des inventions et découvertes, la Statistique des États de l'Europe et de l'Amérique du Nord, le Manuel de l'histoire moderne, le Précis de la géographie contemporaine, les Annales des sciences physiques et naturelles, de la médecine, de la marine, de la mécanique, de l'art militaire. Les anciennes encyclopédies, qui comptaient jusqu'à deux cents volumes et au delà, sont remplacées par une sorte de Dictionnaire de la conversation, qui paraît annuellement en un seul volume, orné de quantité de gravures sur bois. La partie ethnographique de cet ouvrage est celle qui présente le plus d'intérêt. Ce qui a trait aux institutions cléricales ou politiques de l'Empire se réduit à une sèche nomenclature. Les chapitres consacrés à la description des peuples étrangers sont extrêmement sobres d'appréciations critiques. L'une des plus catégoriques s'applique aux Espagnols et aux Portugais, dont il est dit textuellement qu'ils ont une très-mauvaise religion.

Je ne crois pas d'ailleurs qu'il existe au Japon aucun traité qui s'occupe de controverses religieuses ou philosophiques. La doctrine même de Confucius exclut toute espèce de polémique, car si les hommes sont des êtres naturellement bons, si plusieurs d'entre eux ont su, dans les siècles reculés, atteindre à la perfection, alors il n'y a réellement plus rien à discuter; la perfectibilité devient un non-sens, et le progrès consiste à retourner en arrière, jusqu'à ces empereurs des anciens âges, qui, selon la philosophie chinoise, ont donné à l'humanité son type suprême et définitif.

Au reste, il faut convenir que le moment n'est pas encore venu de porter un jugement sur la littérature japonaise. Les savants européens qui sont en mesure de nous la faire connaître ont dû courir au plus pressé, à la traduction des livres utiles, des traités dont l'étude pouvait rendre des services immédiats à quelqu'une de nos grandes industries :

ÉCRIVAIN JAPONAIS.

tels sont les beaux ouvrages sur l'art d'élever les vers à soie, et sur la fabrication de la porcelaine, aussi bien en Chine qu'au Japon, publiés depuis 1848 par les soins de M. le docteur J. J. Hoffmann, de M. Mathieu Bonafous, et de M. Stanislas Julien.

Quant aux productions purement littéraires des écrivains japonais, nous n'en possédons que fort peu de chose, et généralement le choix des traducteurs n'a pas été heureux.

Des recherches plus approfondies amèneront sans doute de meilleurs résultats; mais elles ne seront vraiment fructueuses que lorsqu'on aura pénétré dans la vie intime de la bourgeoisie, et que celle-ci nous livrera le répertoire de ses pièces de théâtre, le trésor de ses légendes, de ses contes, de ses complaintes domestiques et de ses chansons de fêtes.

Au Japon, les gens du peuple ont, comme les enfants, la passion de se faire raconter des histoires ou chanter des chansons. A l'heure où cessent les travaux des artisans et le mouvement du transport de marchandises, on remarque journellement, dans le voisinage des chantiers ou à l'angle d'un carrefour, des attroupements de personnes des deux sexes, rangées en demi-cercle devant un déclamateur de profession.

Celui-ci est ordinairement accroupi sur une estrade adossée à quelque pan de mur. Ses récits sont débités avec une certaine emphase, mais en observant beaucoup de mesure dans l'emploi de la mimique. Il les interrompt par intervalles pour boire une tasse de thé ou pour tirer quelques bouffées de tabac de sa petite pipe de métal, car il est muni du brasero, de la bouilloire et du tabacco-bon, qui sont les trois ustensiles indispensables aux délassements de la société japonaise. Pendant ce temps de repos, ses auditeurs fument, rient, causent entre eux du sujet de son dernier discours, jusqu'à ce que l'orateur, s'inclinant avec respect et modulant quelque gracieux compliment à l'adresse de l'assistance, reprenne le fil de sa narration ou en commence une nouvelle.

On abandonne les romances et les légendes nationales aux femmes qui vivent du métier de chanteuses et de musiciennes. Elles forment une classe très-nombreuse du prolétariat japonais; mais il en est qui sont moins nomades que la plupart de leurs compagnes, et d'un ordre évidemment supérieur.

On les rencontre, en général, très-convenablement installées, tantôt sous la véranda des maisons de thé, tantôt dans une sorte de banc de foire qu'elles peuvent faire transporter d'une place à l'autre. Il y a même, dans les jardins les plus fréquentés, des pavillons qui semblent expressément construits à leur usage, et ce sont le plus souvent de vrais berceaux de feuillages et de fleurs, formés par ces magnifiques arbustes dont le Japon abonde, les camélias et les magnolias aux grandes fleurs blanches ou purpurines, les paulownias aux clochettes gracieuses, les webstérias aux grappes couleur de lilas.

Il arrive parfois qu'une chanteuse se présente seule dans un endroit public. Elle y choisit librement la place la plus favorable, une estrade ou la galerie, et se tient accroupie derrière un petit pupitre, où elle étale son cahier de légendes; puis elle unit à sa voix les accords de la guitare nationale appelée le samsin.

Les chanteuses les plus distinguées ne se produisent qu'en société de trois ou quatre musiciennes et, pour leur part, ne touchent à aucun instrument. L'orchestre dont elles font accompagner indifféremment les diverses pièces de leur répertoire, c'est-à-dire les récitatifs aussi bien que les romances, se compose habituellement d'un ou de deux samsins, d'une sorte de violoncelle que l'on nomme kokiou ou biwà, selon qu'on l'emploie avec ou sans archet, et enfin du gottò, grande harpe à neuf cordes tendues dans toute la longueur d'une caisse sonore que l'on couche sur le sol.

Les productions artistiques de ces associations féminines offrent donc un intérêt à la fois dramatique et musical, et l'effet en est charmant lorsqu'elles ont lieu en plein air, par une belle soirée d'été, dans l'encadrement de légères constructions de bambou ornées de plantes sarmenteuses et d'une guirlande de lanternes en papier de couleur.

C'est l'un des spectacles populaires qui laissent la meilleure impression.

JAPONAISE JOUANT DU GOTTO.

CHANTEUSE DE LÉGENDES NATIONALES.

CHAPITRE XXXII

LES PONTS DE YÉDO

De toutes les grandes villes du monde, Yédo me semble la plus favorisée de la nature, pour la situation, le climat, la richesse de la végétation et l'abondance des eaux courantes.

Elle est à l'embouchure de deux fleuves, dont l'un baigne les rives orientales du Hondjo, et l'autre, traversant du Nord au Sud les arrondissements les plus populeux de la ville, sépare le Hondjo de la Cité et des deux Asaksa.

Deux belles rivières, parmi sept ou huit de moindre importance, sillonnent les quartiers autour du Castel : ce sont la Tamoriiké et le Yédo-gawa.

Des bassins à écluses, des étangs, des fossés, tout un savant réseau de canaux navigables relient les uns aux autres les cours d'eau naturels et portent au cœur de la Cité, ainsi qu'au centre et à toutes les extrémités du Hondjo, la circulation commerciale, l'animation populaire, le mouvement et la vie de l'immense capitale.

Dans le nombre des canaux qui rayonnent des fossés du Castel à la mer, il faut mettre au premier rang celui du Nippon-bassi, et en seconde ligne le canal du Kio-bassi, l'un et l'autre au sein de la Cité marchande.

C'est du point culminant du Nippon-bassi, qui est un pont fortement cintré, que Yédo se présente sous l'aspect le plus pittoresque.

En marchant vers le Sud, on a devant les yeux, à l'horizon, la blanche pyramide du Fousi-yama; sur la droite, la ville est dominée par les terrasses, les parcs et les tours carrées de la résidence du Taïkoun. Dans cette même direction et jusqu'à sa jonction avec les fossés du Castel, le canal du Nippon-bassi est bordé, sur ses deux rives, de nombreux entrepôts de soie, de coton, de riz et de saki. A gauche, au delà du marché au poisson, la vue se perd sur les rues et les canaux qui aboutissent à l'Ogawa. Des centaines de longues barques, transportant du bois, du charbon, des cannes de bambou, des nattes, des paniers couverts, des caisses, des tonnelets, des poissons énormes, parcourent en tous sens les voies de navigation, tandis que les rues semblent être exclusivement abandonnées à la circulation du peuple. On distingue, il est vrai, de temps en temps, parmi la foule des piétons, tantôt un convoi de chevaux ou de buffles noirs pesamment chargés, ces derniers décorés autour des cuisses de deux guirlandes de grelots, et tantôt des charrettes supportant quatre ou cinq étages de ballots artistement empilés. Ces véhicules à deux roues sont traînés par des coulies. Aucun autre bruit de voiture ne se fait entendre. Le retentissement des socques de bois sur les trottoirs et sur le pont sonore, les grelots des bêtes de somme et les timbres des quêteurs, les cris cadencés des coulies et les bruits confus qui montent du canal, forment ensemble une harmonie étrange, sans analogie avec la voix d'aucune autre cité. Car toutes les grandes villes ont une plainte qui leur est propre. A Londres, c'est le sourd grondement de la marée montante; à Yédo, c'est le murmure de l'onde qui ruisselle et s'écoule. Comme la vague suit la vague, ainsi se succèdent les générations. Celle que j'ai sous les yeux semble passer et disparaître, emportant avec elle ce que les ancêtres lui ont légué de plus précieux : objets du culte, anciens costumes, vieilles armes, lois séculaires, tout cela ne sera plus qu'un souvenir pour la nouvelle société japonaise qui maintenant se forme à l'école de l'Occident.

L'Ogawa est l'artère principale des voies de communication de Yédo.

Le port des jonques, à l'embouchure du grand fleuve, occupe tout l'espace compris entre la petite île d'Iskawa et la grande île triangulaire qui fait partie de l'arrondissement du Nippon-bassi. C'est au-dessus du canal de ce nom que le pont de Yétaï s'étend de la région Nord-Est du triangle à la rive occidentale de l'arrondissement de Foukagawa dans le Hondjo.

Sur l'un et l'autre bord la population est essentiellement plébéienne. A l'exception de quelques yaskis de deuxième et de troisième classe, qui dominent le cours du fleuve, on ne rencontre dans ces quartiers que des habitations de pêcheurs, de mariniers, d'artisans

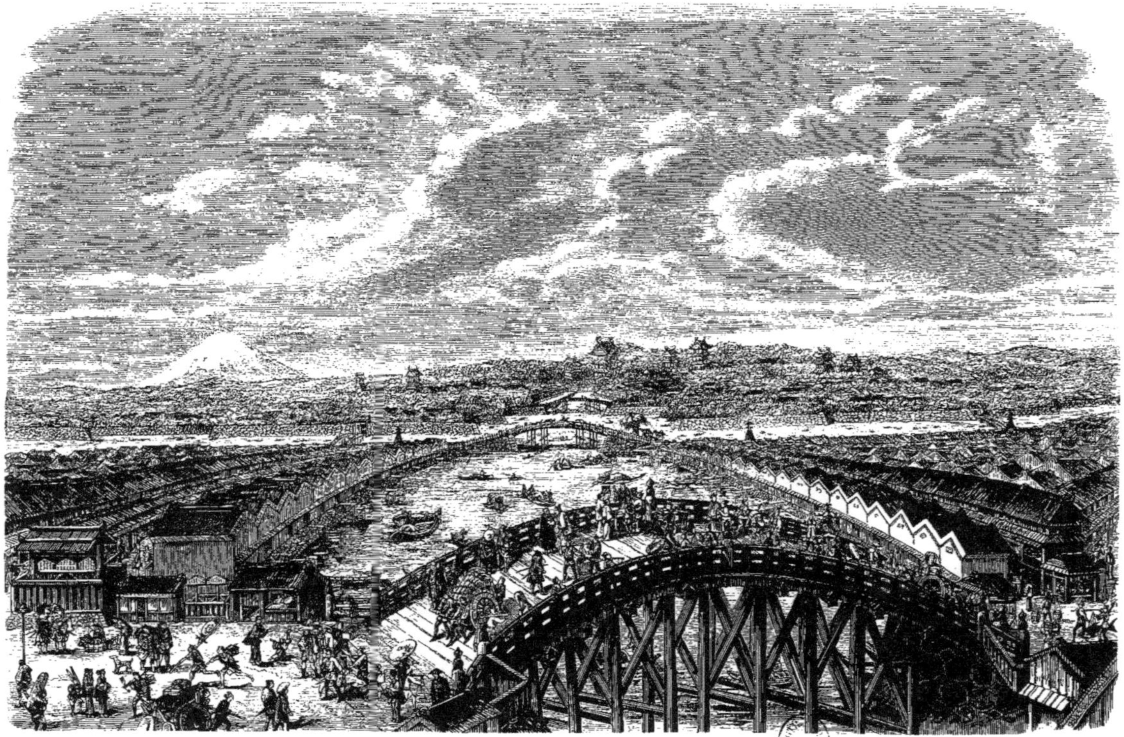

LE PONT DU NIPPON.

et de marchands au détail. Le pont, les places et les rues avoisinantes sont constamment animés d'une foule de gens du peuple dont la plupart semblent n'avoir d'autre but que la récréation. Aussi les enfants accourent-ils par bandes pour se divertir sur le pont ou pour se livrer plus loin à leurs jeux, sans crainte de gêner la circulation ni d'être inquiétés par les passants.

Il n'y a pas moins de quatre ponts gigantesques jetés d'une rive à l'autre de l'Ogawa, laissant entre eux un intervalle à peu près régulier de vingt à trente minutes de marche; et les places sur lesquelles ils débouchent, du côté du Hondjo comme du côté de Yédo, sont presque toutes également spacieuses.

En remontant le fleuve au nord du Yétaï-bassi, l'on rencontre en premier lieu le Grand-Pont, l'O-bassi, ainsi nommé parce qu'il est le plus considérable des quatre. Il mesure cent soixante nattes japonaises, c'est-à-dire trois cent vingt mètres environ. Le troisième et le quatrième, savoir les ponts de Riogokou et d'Adsouma, ne le cèdent que de quelques mètres au précédent. Ils sont posés sur une vingtaine de chevalets, ayant chacun trois piliers espacés dans le sens de la largeur du pont et reliés entre eux par des pièces transversales. Au-dessus de l'Adsouma-bassi, le fleuve prend le nom de Sumida-gawa. Ses eaux limpides forment l'extrême limite des quartiers situés au nord

LE PONT DE YÉTAÏ.

du Castel. Un seul pont, de seize chevalets, le Sendjoò-bassi, que l'on appelle aussi le pont de l'Oskio-Kaïdo ou route du Nord, met toute cette région de la ville en communication avec les campagnes, les vergers, les villages, les rustiques maisons de thé de la banlieue septentrionale. C'est la contrée des riches cultures et des ravissants paysages ; c'est le champ de prédilection des parties de plaisir des familles bourgeoises. Si le bourgeois de Yédo est fier de sa bonne ville, la magnifique banlieue dont elle est entourée, l'Inaka, ne fait pas moins son orgueil : car il est sensible à la fois aux charmes de la belle nature et aux agréments de la société ; il aime les fraîches retraites des bords du Sumida-gawa, aussi bien que les divertissements des quais de la Cité. Il n'y a proprement que trois choses auxquelles il croit pouvoir refuser sa sympathie : c'est d'abord l'élément perfide, la mer, la vaste baie, qu'il abandonne aux pêcheurs, aux caboteurs et à la garnison des six forts détachés ; c'est ensuite la froide solitude des bonzeries ; et enfin la redoutable enceinte du Castel et du Daïmiò-Kodzi. Il s'en tient éloigné autant que ses affaires le lui permettent ; et quant à ses plaisirs au sein de la ville même, il les cherche à la plus respectueuse distance du siège du gouvernement. Le Riogokou ou Liogokou-bassi peut être envisagé comme le centre des réjouissances nocturnes de la bourgeoisie et des hattamotos.

JEUX D'ENFANTS.

Ce pont, qui est tout à fait en dehors du mouvement commercial de la Cité, met le Hondjo en communication avec les deux Asaksa, quartiers de la rive droite qui renferment les principaux lieux de divertissement de Yédo. Le grand fleuve, dans cette zone urbaine, n'est plus assez profond pour porter des jonques marchandes, mais il a une superficie qui permet à des centaines d'embarcations légères de se mouvoir sans gêne dans toutes les directions. Pendant les nuits sereines de la belle saison, des radeaux chargés de pièces d'artifice remontent le courant et lancent vers le ciel des gerbes de fusées et des bouquets d'étoiles. Des gondoles, ornées de lanternes aux vives couleurs, circulent alentour ou passent et repassent d'une rive à l'autre ; tandis que de grandes barques, tout enguirlandées de lanternes et de banderoles, promènent lentement, en amont ou en aval, de joyeuses sociétés au sein desquelles retentissent les accords de la guitare et les accents des chansons. Une foule de curieux assistent du haut du pont ou sur les quais au spectacle animé et pittoresque que présente le fleuve.

C'est, sous une autre décoration, la fidèle image d'une fête vénitienne, sans en omettre jusqu'aux sirènes, qui ne font pas plus défaut sur les ondes de l'Ogawa que sur celles des lagunes. Mais, d'un autre côté, il faut se garder de comparer aux bateaux de fleurs de la Chine les grandes barques de famille ou de société du Riogokou-bassi. Elles appartiennent généralement à d'honnêtes maisons de thé, qui les louent à l'heure et se chargent en même temps de procurer à leur clientèle des rafraîchissements, ainsi que la compagnie de quelques joueuses de guitare. Il ne faut donc y voir que des annexes de ces maisons de thé, et, occasionnellement, de flottantes succursales des maisonnettes de bambou installées sur les quais à l'usage des chanteuses et des musiciennes de profession.

Le voisinage des ponts, bien loin de nuire à l'effet des productions de ces humbles artistes, y ajoute un attrait particulier.

Assis au seuil d'une maison de thé du Riogokou-bassi, nous y aurions sans peine

GONDOLES DU RIOGOKOU-BASSI.

consumé quelques heures dans le *far-niente* japonais, aux sons confus du chant et des instruments de musique dominant le paisible murmure de la foule des promeneurs.

Dans les intervalles de silence nous distinguions le bruit lointain des passants qui traversaient le long palier du pont de bois. Aucun roulement de voitures, aucune des clameurs discordantes de nos cités d'Europe ne venaient rompre le charme de nos impressions.

Il n'y a en Europe que les quais et les places de la reine de l'Adriatique qui offrent ce même mouvement de peuple et ce même concert de pas, de voix, de chants et de musique, dont rien ne trouble la paisible cadence et la rêveuse harmonie. L'Ogawa rappelle le Grand-Canal, et les abords des ponts de Yédo sont, comme les places publiques de Venise, les lieux de rendez-vous de la population citadine. La multitude des promeneurs qui s'y rencontrent chaque soir ne cause nulle part le moindre encombrement. Mais aussi Yédo est, par excellence, la ville aux vastes dimensions, et le peuple japonais pratique admirablement cette discipline de la circulation que nos policemen ont souvent tant de peine à établir sur les trottoirs de nos capitales.

Quant aux jouissances musicales des soirées de Yédo, il faut avouer qu'elles ne sont appréciables que pour les indigènes. Les mélodies japonaises ont quelque chose d'étrange et d'insaisissable pour l'oreille des Européens. Le système musical sur lequel elles reposent n'est pas encore connu. La musique japonaise est très-riche en demi-tons, si ce n'est même en quarts de ton. Souvent elle est mélangée de tonalités différentes ou de modes majeur et mineur avec une terminaison étrangère à la tonique. M. F. J. Fétis fait observer que « les mélodies recueillies par Siebold semblent contraires à l'idée d'une analogie avec la musique chinoise, car on n'y remarque pas les lacunes de l'échelle tonale des Chinois [1]. » Nous avons donc dans l'art musical japonais, comme dans l'idiome indigène, le mystère d'un système à part, qui ne se rattache à rien de connu, ni dans le monde occidental ni dans l'extrême Orient.

Les instruments de musique du Japon se distinguent aussi par leur originalité.

Les instruments à cordes sont faits du bois léger et sonore de la *Paulownia imperialis*, et les cordes de fines tresses de soie imbibées d'une légère couche de laque.

La guitare nationale, le samsin, n'a que trois cordes. Le corps sonore, long de 0^m,20 et large de 0^m,10, a des éclisses en bois ; la table et le dos sont formés de deux morceaux de peau d'agneau préparée. Le manche, long de 0^m,60, non compris le cheviller et la tête, est en bois léger, sans touches et sans sillets. Les chevilles sont en bois dur.

On fait vibrer les cordes du samsin, non avec les doigts, mais en les frappant d'une petite palette en ivoire, comme on jouait de la lyre sémitique au moyen du plectre.

Le gottô, harpe ou cithare japonaise, a des dimensions qui varient, selon M. Fétis, de 0^m,46 en longueur et 0^m,09 en largeur, à 1^m,90 de longueur sur 0^m,25 de largeur. Il est monté de treize cordes de soie attachées par des pointes aux deux bouts de l'instrument. L'accord en peut être modifié de plusieurs manières, par le déplacement des chevalets qui leur servent de points d'appui et déterminent les intonations en raison de la longueur et de la tension des cordes.

La tête et la queue du gottô sont généralement incrustées d'ivoire, d'écaille et de laque.

On ne peut jouer de cet instrument qu'en s'adaptant des ongles artificiels, en os ou en ivoire, aux trois premiers doigts de la main droite.

---

[1] F. J. Fétis, *Histoire générale de la musique depuis les temps les plus anciens jusqu'à nos jours*. 8 vol. in-8°. Paris, 1869.

SPÉCIMENS DE MUSIQUE JAPONAISE

Le samsin et le gottô sont les instruments populaires par excellence : aussi figurent-ils habituellement dans le trousseau des jeunes mariées.

Le kokiou, violoncelle à archet, s'emploie moins fréquemment que le biwâ, violoncelle dont on joue avec le plectre du samsin.

La clarinette japonaise est faite de bambou, ainsi que la flûte et une sorte de flageolet ou de flûte à bec, à huit trous assez rapprochés pour indiquer des intervalles plus petits que les demi-tons.

Les Japonais font exclusivement usage du clairon et de la conque marine dans leurs fêtes religieuses.

L'ORCHESTRE ET LES COULISSES DU THÉÂTRE POPULAIRE.

Ils ont deux catégories d'instruments de percussion. Les uns sont en cuivre ou en métal composé : l'on remarque, dans le nombre, une grande variété de gongs, sous forme de bouclier, de boule, de gros grelot, de poisson, de crapaud, de crotale, et depuis le timbre le plus grave jusqu'au ton le plus criard ; en outre, une sorte de sistre formé de deux anneaux sonores, montés dans un manche et se frappant avec une légère tige métallique ; enfin une quantité de timbres en lames, cuvettes ou clochetons, mobiles ou suspendus à des tringles.

Les autres instruments de percussion sont les cliquettes de bois équarri ; le tambour de pierre, semblable à un boulet monté sur un petit guéridon; le tambour musical en peau corroyée et tendue, monté sur un trépied et faisant alors l'office de timbale, ou couché sur deux chevalets et remplaçant la grosse caisse; enfin le tam-tam ou tambourin portatif, et le tambour de basque, semblable au clepsydre : l'un et l'autre en peau corroyée, tendue par des cordonnets de soie sur des éclisses de bois sonore ou sur une tige de bambou.

Les tambours de basque sous forme de clepsydre sont l'accompagnement obligé des danses de caractère. Souvent on en manœuvre deux à la fois, en les tenant l'un sous le bras et l'autre à la main gauches.

La sibaïa, théâtre national des Japonais, met parfois à contribution, dans des pièces qui rappellent, quoique de loin, nos grands opéras, la presque totalité des ressources musicales que je viens d'énumérer.

JOUEUSE DE SAMSIN ALLUMANT SA PIPE.

COUR D'UNE PETITE BONZERIE, A YÉDO.

CHAPITRE XXXIII

LA LITTÉRATURE BOURGEOISE

Le soir que nous avions assisté au concert des musiciennes du Riogokou-bassi, je dis à nos yakounines, en reprenant le chemin de notre résidence, que je regrettais de ne pas avoir compris les paroles de leurs romances nationales.

Ils m'assurèrent, en riant et en haussant les épaules, que je n'y perdais absolument rien. L'un d'eux eut cependant la politesse d'ajouter que les livres de légendes des chanteuses de profession se trouvaient généralement chez les libraires de la Cité.

Je chargeai plus tard un courtier de Yokohama de m'acheter ce qu'il découvrirait de mieux en ce genre, et j'ai lieu de croire qu'il mit beaucoup de complaisance dans l'exécution de mes ordres, car il m'apporta toute une bibliothèque de contes moraux, d'anecdotes historiques et de légendes héroïques ou merveilleuses.

La plupart de ces recueils étant illustrés, il ne me fut pas difficile de reconnaître quels étaient les sujets qui jouissaient de la plus grande popularité. Il suffit en effet de remarquer ceux qui ont le privilège d'inspirer le plus habituellement les maîtres dessinateurs de la capitale, ou, en d'autres termes, ceux qui se répètent de génération en génération, dans les albums le plus en vogue, tels que la célèbre série des esquisses d'Hofksaï, qui ne compte pas moins de seize volumes.

Puisant au hasard dans les recueils de légendes guerrières, j'y rencontre le récit poétique et l'illustration artistique d'exploits qui manquent à la gloire des héros de l'Arioste.

Asahina-Sabro lance son cheval en pleine carrière contre une troupe d'ennemis, et il passe outre en enlevant de la main droite et faisant pirouetter en l'air un soldat portant le casque et la cuirasse, tandis que de la main gauche il assomme d'un seul et même coup de masse deux guerriers non moins redoutables.

Nitan-Nosiro, l'intrépide chasseur, saute à califourchon sur le dos du sanglier gigantesque qui a terrassé, déchiré, foulé aux pieds tous les compagnons du héros; et celui-ci, se cramponnant des deux genoux aux flancs du monstre furieux, lui plonge tout à loisir son coutelas dans la nuque.

Sousigé, l'un des écuyers du Mikado, surprend ses camarades accroupis autour d'un damier : il pique des deux, et d'un bond son cheval est au milieu du damier, immobile et debout sur ses deux pieds de derrière; et son maître, qui n'a pas lâché un instant les étriers, se tient aussi ferme, dans cette position difficile, que la statue équestre de Pierre le Grand sur son piédestal de granit aux bords de la Néwa.

L'arc d'Ulysse, roi d'Ithaque, a joui bien longtemps d'une réputation sans rivale; j'ai bien peur qu'elle ne soit éclipsée par l'arc de Tamétomo, car lorsque ce brave fit la conquête de l'île de Fatsisio, voulant éviter l'effusion du sang et convaincre les insulaires que toute résistance de leur part était inutile, il appela près de lui les deux hommes les plus vigoureux de la race des Aïnos, et, paisiblement assis sur un bloc de rocher, il leur présenta son arc en le tenant par le bois et en les invitant à essayer d'en bander la corde. Ils la saisissent chacun des deux mains, et appuyant leurs talons contre le bois de l'arc, ils se penchent en arrière de tout leur poids et tirent la corde de toutes leurs forces... Ce fut en vain; elle ne céda que lorsque Tamétomo l'eut prise délicatement entre le pouce et l'index de la main droite, pour lancer aussitôt une flèche, qui se perdit dans les nues.

Tel est, en quelques traits, le goût dominant de la littérature héroïque des Japonais. Il me sera beaucoup plus difficile de donner une idée de leurs légendes merveilleuses ou fantastiques. Le mérite de ces productions, qui sont pour la plupart de très-courtes poésies, me paraît essentiellement résider dans le choix des expressions, dans la facture des vers, et, pour tout dire en un mot, dans l'élégance du style, abstraction faite du fond du sujet, car le plus souvent la traduction ne nous en laisse qu'un énoncé puéril, sans signification morale, sans valeur quelconque pour l'intelligence.

Quelle peut être, par exemple, la pointe du récit suivant?

« L'âme d'une belette très-voleuse s'était cachée dans la bouilloire d'un vieux bonze. Celui-ci l'en vit sortir, un jour qu'il exposa cette bouilloire à un feu plus vif que de coutume. »

Voilà tout! et cette niaiserie n'en fait pas moins le sujet de l'une des estampes favorites du peuple.

CHANTEUSE ACCOMPAGNÉE DE MUSICIENNES.

Cependant il est de ces légendes qui, malgré toutes les protestations du bon sens et du goût, savent, jusqu'à un certain point, captiver l'imagination, exciter la curiosité, provoquer la réflexion ou éveiller la rêverie.

Maintes fois je me suis demandé quelle pouvait être l'origine, la cause traditionnelle de l'importance presque religieuse que l'on attache dans toutes les familles bourgeoises à une image représentant un vieillard armé d'un racloir en bambou dont on se sert pour râteler soit des épis de riz, soit des coquillages, et une vieille femme tenant un balai qui semble destiné à amonceler des feuilles sèches. A les voir l'un à côté de l'autre, debout ou assis au pied d'un cèdre antique, dont le tronc caverneux paraît leur offrir un asile,

PHILÉMON ET BAUCIS.

je me rappelais involontairement la fable Philémon et Baucis ; mais la légende ne parle point de la fin du vénérable couple japonais. Un interprète m'a dit que les gens de sa province considèrent ces deux personnages comme l'Adam et l'Ève de leur pays. On leur associe fréquemment la tortue et la grue, deux animaux doués d'une inaltérable béatitude et d'une très-longue vie. Enfin l'on aime à exhiber dans les repas de noces le bon vieux et la bonne vieille, soit sous forme de tableau, soit comme ornement de dessert. Ils symbolisent sans doute, aux yeux des jeunes mariés, le contentement demeurant jusqu'aux dernières limites de la vieillesse l'apanage d'une vie simple et d'une loyale affection.

Il existe d'autre part un arbre, l'énoki, dédié aux mauvais ménages. Il a pris naissance sur la tombe de la première Japonaise qui se soit divorcée. Si deux époux ne peuvent plus se convenir, ils n'ont qu'à se rendre en secret, à l'insu l'un de l'autre, au pied

L'AME DES VIEUX CÈDRES.

de l'énoki, et y faire vœu de se quitter. Bientôt la séparation s'accomplit sans difficulté, et le mari reconnaissant suspend au tronc de l'arbre une table votive représentant un homme et une femme accroupis sur le sol et se tournant le dos.

Le culte des arbres, qui a existé chez tous les peuples de l'antiquité, s'adresse, parmi les Japonais, aux arbres chargés d'années. Quand le seigneur de Yamato voulut se faire un ameublement complet, tiré du tronc du plus beau cèdre de son parc, la hache des bûcherons rebondit sur l'écorce, et l'on vit des gouttes de sang découler de chaque entaille : c'est que, dit la légende, les arbres séculaires ont une âme, comme les hommes et les dieux, à cause de leur grande vieillesse.

Aussi se montrent-ils sensibles aux infortunes des fugitifs qui viennent se mettre sous leur protection. Ils ont sauvé dans la retraite de leur branchage ou de quelque tronc caverneux plus d'un guerrier malheureux, sur le point de tomber entre les mains d'ennemis implacables.

La légende japonaise a sa Geneviève de Brabant. Exilée dans les bois, la noble dame y met au monde un fils, le nourrit de son lait, et pourvoit de ses mains à sa propre subsistance. Lorsque son innocence eut été reconnue, on la reconduisit en grande pompe à la cour du Mikado, et son kirimon de feuillage fut exposé dans un temple à la vénération publique. Son fils conserva jusqu'à la fin de ses jours le teint cuivré et la chevelure crépue qu'il devait à son premier genre de vie. Comme il s'était aguerri à dompter les bêtes fauves, à lutter avec les ours et à résister aux attaques des brigands, il possédait une force et une adresse prodigieuses. Il est devenu l'un des principaux héros de l'Empire, sous le nom de Rouïko.

Les forêts, les bosquets de pins et de bambous donnent asile à une quantité de bêtes sauvages, parmi lesquelles le singe, la fouine, le blaireau, et surtout le renard, fournissent des sujets inépuisables de récits et de dessins fantastiques.

Les animaux qui atteignent à un grand âge finissent, comme les arbres, par être doués d'une âme humaine et de vertus surnaturelles.

Le putois, quand il se fait vieux, appelle du haut des montagnes le vent et les nuages. La grêle et la pluie lui obéissent. Il se laisse emporter sur les ailes de l'ouragan. Le voyageur, surpris en rase campagne, lutte courageusement contre la bourrasque, mais il ne peut empêcher que sa figure ne soit comme lacérée de coups de couteau : tel est l'effet des griffes du putois qui passe dans la tempête.

Les vieilles grenouilles, accroupies sur le bord des étangs, font descendre un brouillard humide sur les yeux du campagnard attardé : il croit entrevoir à l'horizon les toits de son hameau, et ce n'est qu'une illusion qui l'égare toujours plus avant dans le vaste marécage.

Le Yama-tori, ou faisan argenté, se fait de son plumage un miroir. C'est un être invulnérable. Il ne s'envole point à la vue du chasseur ; mais malheur à ce dernier, si, tenté de l'atteindre et le manquant toujours, il s'avise de le poursuivre dans les retraites de la montagne, car il n'en reviendra pas !

Les vieux loups ont le don de métamorphose, témoin celui qui disparut soudainement de la contrée où il était devenu l'effroi des voyageurs. Quand ceux-ci crurent pouvoir désormais poursuivre en sûreté leur route, ils y rencontrèrent, le soir, au coin du bois, une belle fille portant à la main une lanterne peinte de bouquets de roses. La séductrice s'est fait connaître bien loin à la ronde sous le nom de la Belle à la lanterne de roses. Hélas ! tous les voyageurs qui l'ont suivie sont tombés dans la gueule du loup !

Il y avait une autre fille qui, de loin, semblait avoir toutes les grâces de son sexe; mais dans le tête-à-tête, quand on la voyait face à face, cette fille était un vrai démon.

Le Tadé-yama est une très-haute montagne, ayant à son sommet un profond cratère. Quand on regarde dans le gouffre, on y découvre avec horreur un bassin rempli de sang humain, et ce sang bouillonne, chauffé par le volcan : un pareil lieu, disent les bonzes, ne peut être que l'un des compartiments de l'enfer.

Les maladies qui, pour la première fois, font irruption parmi le peuple ont une origine diabolique. Le démon de la petite vérole est arrivé par mer au Japon. Il était vêtu d'une tunique rouge et portait une lettre adressée, on ne sait par qui, au divin patron de l'Empire.

On montre dans le sanctuaire de quelques vieilles bonzeries des têtes de flèches barbelées, de silex, de jaspe ou d'obsidienne ; des têtes de lances en forme de broches ; des couteaux, des grattoirs et des haches de basalte ou de jade [1].

Ces instruments, selon les bonzes, sont, pour la plupart, des reliques provenant des anciennes dynasties des dieux du ciel et de la terre ; cependant il tombe encore çà et là, dans la partie septentrionale de Nippon, une sorte de haches qui sont des pierres de foudre, et des flèches de pierre qui témoignent des luttes auxquelles se livrent les esprits des tempêtes, quand les éléments déchaînés menacent les habitations des hommes.

Il faut respecter les livres imprimés à l'égal des monuments provenant des ancêtres. Le bonze Raïgo ayant, dans un mouvement de colère, détruit la bibliothèque de son couvent, fut, après sa mort, changé en rat et condamné à ronger, pour toute nourriture, des chiffons de papier et de vieux lambeaux de parchemin.

Les malins esprits de l'air hantent pendant la nuit les lieux où il s'est commis des crimes, notoires ou secrets.

Les âmes des avares reviennent sur la terre, tandis que leurs trésors, quelque bien enfermés qu'ils soient, s'envolent parfois on ne sait où ni comment.

Une femme qui avait de grands biens refusa de se marier. C'était pure avarice de sa part. Quand elle fut morte, ses sœurs héritèrent de sa succession. L'une d'elles, qui aimait à se parer d'une robe de la défunte et qui ne manquait pas de la suspendre chaque soir au portemanteau de sa chambre à coucher, vit une fois un long bras décharné qui sortait avec beaucoup d'agitation de la manche de ce vêtement.

Les âmes des femmes qui ont été malheureuses errent aussi sur le théâtre de leurs infortunes.

Celles des femmes qui se sont suicidées en se jetant dans un puits, flottent en l'air comme si elles allaient tomber, la tête la première.

Les femmes mortes en couches avec leur enfant apparaissent tenant entre leurs bras

---

[1] « Sur une communication de M. Franck, relative aux anciens instruments de pierre du Japon, sir John Lubbock est d'avis qu'on ne peut encore admettre l'âge de pierre dans le Japon comme établi par ces indications, bien que son existence y soit très-probable. » *Matériaux pour l'histoire primitive et naturelle de l'homme*. Bulletin mensuel, n° 1, janvier 1869. Paris, Rheinwald.

l'innocente créature et criant aux passants, d'une voix suppliante : Ayez la bonté de recevoir mon enfant, pour qu'il ne reste pas dans la tombe !

Une femme était morte, victime des mauvais traitements de son mari. Celui-ci, dès qu'elle fut enterrée, eut soin d'appeler un bonze pour faire appliquer sur le linteau de la porte de sa maison un papier bénit qui eût la vertu d'écarter les esprits. Quand l'âme de la défunte revint du cimetière, elle ne put en effet franchir l'obstacle sacré ; et dès lors elle ne cesse de crier aux personnes qui s'approchent de la maison : Vous qui passez, ayez donc la bonté d'enlever ce papier !

Les recueils d'anecdotes historiques présentent un tout autre caractère que les récits héroïques et les légendes merveilleuses : ils portent l'empreinte toute moderne des études critiques de l'Université de Yédo, ils sont marqués au coin de la froide raison qui distingue l'école philosophique de Confucius.

Le missionnaire américain Verbeck nous en a fait connaître un des plus remarquables spécimens, le « Recueil des actions vertueuses accomplies au Japon et en Chine, » œuvre d'un Japonais enfant de Yédo et disciple de l'Université.

Une courte citation permettra d'apprécier et le livre et l'école à laquelle il appartient :

Tous les hommes, dit l'auteur, invoquent quelque divinité pour se préserver, eux et leurs familles, de la mauvaise fortune. Les uns adressent leurs prières à la lune ; d'autres veillent toute la nuit pour saluer le soleil levant de leurs adorations ; d'autres encore invoquent les dieux du ciel ou de la terre et le Bouddha. Mais adorer la lune, le soleil, les dieux ou Bouddha, sans faire ce qui est bien, c'est comme si l'on demandait que la tige du riz sortît de terre avant que l'on en eût semé la graine. Soyez bien persuadés que dans ce cas la lune, le soleil, les dieux et le Bouddha pourraient sans doute avoir pitié de vous, mais qu'ils ne feront jamais lever le riz dont vous n'aurez pas jeté la semence en terre.....

Confucius a dit : Celui qui offense le Ciel, n'a personne qu'il puisse invoquer avec fruit ; et le sage Japonais Kitamo no Kami a écrit : Si tu ne détournes pas ton cœur de la vérité et du bien, les dieux prendront soin de toi sans que tu les invoques...

Être vertueux, c'est adorer.

Sous le règne de l'un des anciens Mikados, on vit paraître au ciel une étoile inconnue. Un célèbre astronome, l'ayant observée, déclara qu'elle présageait une grande calamité qui allait fondre sur la famille de l'un des généraux en chef de l'Empire. A cette époque, Nakahira était le général en chef de la gauche, et Sanégori le général en chef de la droite. En apprenant la prédiction de l'astrologue, Sanégori et sa famille coururent adorer, sans se donner le moindre repos, dans tous les temples du Bouddha et du Sintò qui se trouvaient aux environs, tandis qu'il ne se fit rien de pareil du côté de la famille de Nakahira. Un prêtre remarqua cette particularité et se rendit aussitôt chez Nakahira pour lui en témoigner sa surprise : Sanégori, lui dit-il, visite tous les saints lieux et y offre des supplications dans le but d'échapper au malheur que présage l'étoile inconnue. Pourquoi n'en faites-vous pas de même ?

Nakahira, qui avait écouté attentivement le prêtre, lui répondit : Vous avez bien observé ce qui se passe ; vous saurez apprécier ma justification. Puisque l'on annonce que l'étoile doit porter malheur à l'un des généraux en chef, il faut bien que la calamité prédite tombe sur Sanégori ou sur moi. Or, en y réfléchissant, je trouve que je suis très-avancé en âge et que je n'ai pas de talent militaire. Sanégori, au contraire, est à la fleur de ses années et tout à fait à la hauteur de son poste. Conséquemment, si je faisais des prières et qu'elles dussent être exaucées, de manière à détourner de ma tête la calamité qui peut la menacer, ce ne serait qu'au plus grand péril de Sanégori et au détriment de l'Empire. Je m'abstiens donc, afin de concourir, autant qu'il dépend de moi, à ce que la précieuse vie de cet homme soit épargnée.

A l'ouïe de ces paroles, le prêtre ne put contenir son émotion et s'écria : Certainement une si noble pensée est le meilleur acte de culte que vous puissiez faire, et bien certainement, s'il y a des dieux et un Bouddha, ce n'est ni sur vous ni sur votre famille que la calamité tombera !

INSTITUTEUR JAPONAIS COMPOSANT UNE POÉSIE.

MAISON DE THÉ RUSTIQUE, AUX ENVIRONS DE YÉDO.

CHAPITRE XXXIV

CONTES JAPONAIS

Il existe dans la littérature japonaise un assez grand nombre de contes moraux, conçus dans le même esprit que le « Recueil des actions vertueuses, » c'est-à-dire appartenant de fait à l'école de Confucius.

Ils ont généralement pour auteurs des lettrés sortis de l'Université de Yédo, des professeurs de langues, des maîtres d'école, des écrivains aux gages des libraires; tandis que les légendes héroïques ou fantastiques sont le plus souvent l'œuvre combinée de la tradition populaire et de l'imagination d'anciens bonzes restés fidèles au culte de la poésie nationale.

Si certains contes moraux rivalisent de popularité avec les vieilles légendes, c'est peut-être aux libraires de Yédo qu'en revient principalement le mérite, soit en raison de la variété et du bon marché des éditions qu'ils en ont données, soit grâce au talent et à la verve essentiellement populaire des dessinateurs qui ont concouru au succès de ces publications.

Les contes moraux nous transportent en pleine vie bourgeoise, et ils suffiraient à démontrer que l'inspiration poétique, je dirai même le bon goût littéraire, sont loin d'être étrangers à la classe moyenne de la société japonaise.

Sir Rutherford Alcock en a cité deux des meilleurs dans sa « Capitale du Taïkoun », et nous les reproduisons avec le fac-simile des modestes illustrations qui leur ont été consacrées dans les esquisses d'Hofksaï.

LA VIEILLE FEMME ET LE MOINEAU

Il y avait une fois un vieux couple sans enfants.

Le mari, un beau matin, apporta un moineau en cage. Les cris assourdissants de l'oiseau ne tardèrent pas à ennuyer la femme.

Bientôt elle ne chercha plus qu'un prétexte pour le faire disparaître de manière ou d'autre.

LA VIEILLE FEMME ET LE MOINEAU.

Un jour qu'elle était sortie, notre étourdi, en se promenant hors de sa cage, aperçut une robe neuve que la vieille avait commencé de coudre, et il s'amusa à en défaire les coutures en arrachant tous les fils à coups de bec.

Aussitôt rentrée, la vieille, voyant cela, le saisit, lui coupe le bout de la langue et le lâche dehors.

Lorsque, à son tour, le mari rentra à la maison :

« Où est l'oiseau ? » demanda-t-il.

Sa femme lui avoua ce qu'elle avait fait.

« C'est une honte, poursuivit-il, de se montrer si cruel envers un petit être que d'ailleurs j'aimais comme si c'eût été ma fille. »

Là-dessus il sortit pour se mettre à la recherche du moineau. Dès qu'il fut sur la colline, il vit apparaître une charmante jeune fille, qui le remercia des bontés qu'il avait eues pour elle pendant qu'elle était en séjour chez lui. En récompense, elle le pria de se choisir un présent.

« Voici, dit-elle, deux corbeilles devant toi, l'une très-lourde, l'autre légère; tu n'as qu'à emporter celle que tu préfères.

— Pour un pauvre vieux que je suis, fit le bonhomme, il vaut mieux prendre la moins pesante. »

Ainsi fut fait, et selon la recommandation de la jeune fille, il n'ouvrit la corbeille qu'après être rentré à la maison. Elle était pleine des plus beaux habits.

Le vieux dit à sa femme, qui était présente, d'où provenait cette richesse.

Je pourrai bien en faire autant, pensa-t-elle, et, de son côté, elle se mit à la recherche du moineau.

Quand elle fut sur la colline, elle vit, en effet, la même apparition, et la belle jeune fille, tout en lui reprochant ses mauvais procédés, lui présenta aussi deux corbeilles, l'une très-lourde, l'autre légère.

« Mon mari sera bien étonné quand il verra que je rapporte encore plus que lui à la maison, » se dit la vieille en soulevant la corbeille la plus pesante.

Elle la charge sur ses épaules, arrive avec peine, s'empresse d'ouvrir le couvercle... et quelle n'est pas sa confusion, en présence de son mari, lorsqu'elle voit sortir de la corbeille deux affreux diablotins, qui partent ricanant, glapissant, gambadant, et lui faisant la nique !

LE MAGICIEN MALGRÉ LUI

Il y avait aussi un autre vieux couple sans enfants, un vrai couple de braves gens; seulement, la femme était un peu bavarde.

Ils possédaient, pour tout luxe, un chien favori.

Or un bon esprit faisait sa demeure dans le corps du fidèle animal.

Un jour celui-ci conduisit le vieillard dans un bois, et lui indiqua l'endroit où un trésor était enfoui.

La vieille en causa, et cela parvint aux oreilles d'un voisin qui était un méchant homme.

Celui-ci força le chien de le conduire aussi dans le même bois; mais, ayant creusé à l'endroit que le chien lui désignait, il n'y trouva que des pierres. Transporté de fureur, il tua la pauvre bête, et l'enterra sur place.

Quand le vieillard eut appris ce qui s'était passé, il ne demanda, dans sa douleur, qu'à savoir où reposait le corps de son ami.

Le méchant voisin le lui ayant dit, il y alla, et, abattant l'arbre au pied duquel le chien était enterré, il façonna de ses branches une petite chapelle à la mémoire du fidèle animal. Quant au tronc, il en fit un mortier pour piler son riz. Mais à peine avait-il commencé à se servir de cet ustensile, qu'il en sortit de l'or.

La vieille le dit en grand secret à l'oreille d'une voisine. Le lendemain le méchant voisin venait emprunter le mortier.

Le vieillard s'empressa de le lui prêter.

Cependant le voisin ne réussit pas à en faire sortir de l'or, et, dans sa rage, il brûla le mortier.

Le vieillard le supplia de lui en rendre au moins les cendres, ce qu'ayant obtenu, il les emporta religieusement à son domicile.

Or, le soir même, il vit en songe son chien lui apparaître, et il en reçut le singulier conseil de se rendre le lendemain avec les cendres de son mortier au bord de la grande route, et, quand il verrait s'avancer un cortége de daïmio, de ne point s'agenouiller, mais de répondre aux sommations des officiers qu'il était un magicien ayant le pouvoir de faire produire des fleurs à des arbres desséchés ou hors du temps de la floraison.

En effet, le lendemain, lorsqu'il se fut posté sur la grande route, tenant entre ses mains, dans un vase, les cendres de son mortier, il ne tarda pas à voir s'avancer le cortége d'un daïmio, et bientôt il entendit retentir le terrible « staniéro ! » l'ordre de s'agenouiller.

Néanmoins il trouva le courage de se tenir ferme sur ses jambes.

LE MAGICIEN MALGRÉ LUI.

Les hérauts du prince renouvelèrent la sommation, la main sur la poignée de leurs sabres ; mais apprenant, par la réponse du vieillard, qu'ils avaient affaire à un magicien, ils s'abstinrent de le châtier et coururent rendre compte à leur maître de l'étrange aventure qui leur arrivait.

— « Eh bien, s'écria le prince, que ce prétendu magicien me donne la preuve de son pouvoir ! »

Le vieillard jeta une poignée de cendres en l'air contre un arbre qui étendait ses branches au-dessus de la route. Aussitôt l'arbre se couvrit de fleurs éclatantes.

Le prince ordonna de conduire cet homme dans son palais, et, l'y ayant retenu quelque temps, il le renvoya comblé des plus riches présents.

Comme il n'était bruit que de cet événement dans tout le village, l'envieux et méchant voisin n'eut pas honte de se présenter de nouveau chez le vieillard et de lui demander quelque peu des cendres du merveilleux mortier.

Dans son inépuisable bonté, le vieillard lui en accorda.

Aussitôt le méchant homme se met à guetter sur la grande route le passage d'un train de daïmio.

Un cortége paraît dans le lointain, s'approche lentement, majestueusement.

L'envieux roidit ses articulations d'ailleurs si flexibles, et les hérauts l'accostant, il proclame effrontément son magique pouvoir.

Mais lorsqu'il en vint à jeter contre un arbre une poignée de cendres, celles-ci, au lieu d'atteindre les branches et de les couvrir de fleurs, retombèrent sur les yeux du daïmio. Il n'en fallait pas tant pour le mettre en colère. Il tira son grand sabre et en frappa le misérable. Les gens de la suite lui coupèrent la tête.

Ainsi le méchant homme finit comme il le méritait.

Et maintenant, ne sommes-nous pas en droit de conclure qu'une étude du Japon faite au point de vue littéraire promettrait d'intéressantes découvertes?

TRAIN DE DAÏMIO (caricature japonaise).

Notre siècle cosmopolite, avide de nouveaux débouchés commerciaux, finira par s'enquérir aussi de nouvelles sources de jouissances intellectuelles. Nos littératures d'Europe ne perdront rien à sortir quelque peu du monde et du demi-monde de leur étroit horizon. Déjà la poésie allemande contemporaine s'est enrichie de nombreux joyaux que Rückert et Henri Heine ont tirés des inépuisables écrins de la Perse et de l'Indostan. L'extrême Orient est encore une mine vierge. La science nous en révèle de plus en plus les trésors. C'est aux poëtes de les exploiter. Le contact du génie littéraire de l'Occident avec les civilisations de l'extrême Orient ne peut manquer de produire des œuvres dignes d'occuper une place honorable parmi les créations de l'esprit humain. Nous en avons même pour garants, quelque fragmentaires qu'ils soient, les deux uniques essais que l'on ait, à ma connaissance, tentés jusqu'à ce jour dans cette direction. A côté de ses grands travaux d'histoire naturelle, le docteur Junghuhn a laissé un opuscule philosophique et littéraire (Licht-und Schattenbilder, etc.), où l'on rencontre des descriptions de la nature et de la vie javanaises, qui semblent être des stances d'une magnifique épopée.

Un autre résident de Java, le poëte et publiciste hollandais Dowes Dekker, a parsemé de scènes et de tableaux poétiques du premier ordre un roman (Max Havelaar), qui est, dans son ensemble, une sorte de jungle littéraire. Je détache de l'une des parties épisodiques de ce livre bizarre un conte qui me semble être à la fois l'une des plus heureuses inspirations de l'auteur et le meilleur exemple à citer pour clore cette digression.

LE TAILLEUR DE PIERRES

Il y avait une fois au Japon un pauvre tailleur de pierres, simple ouvrier dans les carrières ; sa besogne était rude, il travaillait beaucoup, ne gagnait guère, et n'était pas content de son sort.

« Oh ! si seulement je pouvais être un jour assez riche pour me reposer, couché sur des nattes épaisses, enveloppé d'un moelleux kirimon de soie ! »

Telle fut la plainte qu'il exhala vers le ciel. Un ange la recueillit.

« Qu'il te soit fait selon ton désir ! » lui dit l'ange. Et il était devenu riche, et il se reposait, couché sur des nattes épaisses, enveloppé d'un moelleux kirimon de soie.

L'empereur vint à passer. Il était précédé de coureurs à pied et à cheval, suivi d'une brillante escorte de cavaliers et entouré de gens qui tenaient élevé au-dessus de sa tête un grand parasol resplendissant de dorures.

« A quoi me sert d'être riche, murmura l'autre, aussi longtemps que je n'ai pas le droit de sortir avec une escorte et la tête protégée par un parasol d'or ? Pourquoi ne suis-je pas l'empereur ?

— Tu le seras, » lui dit l'ange.

Et en effet, il était l'empereur ; il avait une escorte de cavaliers devant lui et derrière lui, et des gens qui tenaient élevé au-dessus de sa tête un grand parasol resplendissant de dorures.

Le soleil cependant, de ses ardents rayons, desséchait les campagnes, et la route poudreuse réverbérait son éclat et fatiguait les yeux.

« Le bel avantage d'être l'empereur, s'écria celui-ci, quand l'ardeur du jour vous accable, et que le soleil ne cesse d'exercer sur vous son pouvoir ! Parlez-moi d'être le soleil : à la bonne heure !

— Regarde ! es-tu content ? » lui demanda l'ange.

Car il était devenu le soleil ; et il dardait ses rayons en haut et en bas, à droite et à gauche, et tout autour de lui.

Et il brûlait les herbes de la terre et la face des princes qui sont sur la terre.

Or un nuage s'interposa entre la terre et lui ; ce nuage repoussait les rayons du soleil et les empêchait de descendre sur la terre.

« Voici qui est fort, s'écria le soleil, un nuage est donc capable de résister à ma puissance ; alors il me vaudrait mieux d'être un nuage.

— Qu'à cela ne tienne ! » dit l'ange.

Et aussitôt la transformation s'opère, et le nouveau nuage se place fièrement entre le soleil et la terre, et se complaît à intercepter les rayons du soleil, si bien qu'il voit la terre reverdir à son ombre.

Puis il fait tomber de grosses gouttes de pluie sur les campagnes, et des averses, et des trombes d'eau, tellement que les torrents débordèrent et que les rivières se répandirent dans les champs et les dévastèrent.

Rien ne résistait plus à la force de l'inondation : seul, un rocher la dominait, parfaitement immobile.

En vain les eaux mugissantes le battaient avec fureur, le rocher ne bougeait pas, les vagues écumantes expiraient à ses pieds.

« Donc un rocher me fait la loi, dit le nuage, je désirerais bien être à sa place.

— Tu vas y être, » lui dit l'ange.

Et le voilà transformé en un rocher ardu, inébranlable, insensible aux rayons du soleil, indifférent aux torrents de pluie et au choc des vagues tumultueuses.

Cependant il distingue à ses pieds un homme de pauvre apparence, à peine vêtu, mais armé d'un pic et d'un marteau ; et cet homme, à l'aide de ses instruments, lui enlève coup sur coup des quartiers de roc qu'il façonne ensuite en pierres de taille.

« Qu'est-ce ? s'écria le rocher. Un homme aura sur moi le pouvoir d'arracher des blocs de pierre de mon sein ? serais-je donc plus faible que lui ? Alors il faut absolument que je devienne cet homme !

— Que ta volonté soit faite ! » lui dit l'ange. Et il redevint, comme par le passé, un pauvre tailleur de pierres, simple ouvrier dans les carrières. Sa besogne était rude, il travaillait beaucoup et ne gagnait guère... mais il était content de son sort.

RONDE DE NUIT.

CHAPITRE XXXV

POLICE DES RUES ET SURETÉ PUBLIQUE

Parmi les contrastes que présente la société japonaise, il en est un qui se manifeste avec une sorte d'obsession, dans presque toutes les rues de Yédo : c'est, d'un côté, l'aspect si policé de cette ville, et, de l'autre, la barbarie de mœurs que révèle une certaine catégorie de ses constructions publiques.

Ainsi, tandis que l'on admire le bel entretien des places, des promenades et des grandes voies de communication, le bon ordre qui règne sur les marchés et dans la circulation de la foule, tout à coup l'on est désagréablement frappé de découvrir, à quelque distance devant soi, ou de rencontrer en tournant l'angle d'une rue, une haute et lourde barrière, composée de poutres et de traverses peintes en noir, qui s'élève comme un hideux monument de scènes de troubles et de violences. C'est qu'il y a, en effet, deux choses bien distinctes dans l'administration de la capitale : d'un côté, l'édilité bourgeoise, qui a ses représentants dans chaque arrondissement, et de l'autre, la police du gouvernement, dont tous les agents relèvent directement du Castel.

Ce sont eux qui font la garde à ces disgracieuses barrières au moyen desquelles les communications peuvent être interceptées non-seulement d'un quartier à l'autre, mais dans toutes les rues principales de Yédo.

Elles ont une grande porte centrale et deux poternes latérales, que l'on tient ouvertes durant la journée, lorsque d'ailleurs tout est dans l'ordre, mais que l'on ferme régulièrement à neuf ou dix heures du soir. Les gens attardés doivent tirer le cordon de la poterne qu'ils rencontrent sur leur passage, et répondre aux questions que le yakounine chef du poste leur adresse par le guichet. Si c'est un bourgeois qui se présente, le yakounine le fait passer par la poterne; si c'est un samouraï, on lui ouvre à deux battants la grande porte au centre de la barrière.

Lorsque, en plein jour, la police veut opérer des arrestations, faire des perquisitions domiciliaires, intervenir dans un tumulte de rue, ou porter secours quand il est arrivé quelque accident grave, elle commence par isoler le théâtre de ses opérations en fermant toutes les barrières dans un rayon plus ou moins étendu. Le maire du quartier et, selon les cas, les dizeniers de la rue, responsables sur leur tête de la conduite de leurs subordonnés, sont nécessairement mis en part dans de pareilles mesures, et ils peuvent eux-mêmes en prendre l'initiative.

Jusqu'à un certain point, la modeste et paisible magistrature bourgeoise se trouve donc annexée, par voie d'intimidation, à la police politique et militaire qui a charge de soutenir le régime taïkounal.

Il existe, assure-t-on, des relations encore plus étroites que celles-là entre la Cité et le Castel. La Monnaie taïkounale frappe, ou plutôt fond et coupe journellement vingt et un mille itzibous. Ce sont des pièces d'argent, assez jolies, plates, allongées, quadrangulaires, ressemblant à des tablettes de pharmaciens, et valant environ deux francs, plus ou moins, selon le cours du change, que le gouvernement modifie à son gré. Comme tous les travaux qu'exige cette fabrication s'exécutent à la main, sans l'aide de machines, on y emploie un grand nombre d'ouvriers, pris naturellement parmi la population bourgeoise. En entrant, le matin, dans le bâtiment de la Monnaie, ils doivent laisser leurs habits au vestiaire, et ils ne les remettent, en sortant à la fin de la journée, qu'après avoir subi l'inspection la plus minutieuse. Cela n'empêche pas que la plupart des itzibous du Taïkoun ne finissent toujours par prendre le chemin de la Cité, car ils y sont fatalement entraînés par les innombrables canaux du commerce. Il résulte de ce fait, que les daïmios, les samouraïs et le Taïkoun lui-même, toutes les fois qu'ils ont besoin de quelque grosse somme de numéraire, doivent nécessairement s'adresser dans le quartier où l'on en trouve des réservoirs; et c'est ainsi, par exemple, que le bon bourgeois Mitsouï, marchand de soieries en gros et en détail, est devenu, à ce que l'on dit, le banquier du gouvernement.

Ses magasins occupent les deux côtés de la belle rue de Mouromats, d'où l'on voit, dans la direction du Sud-Ouest, s'élever en étages, à l'horizon, le grand poste de police de Mitské, les terrasses du Castel et l'incomparable Fousi-yama. Mitsouï avait ouvert une succursale de sa maison dans le voisinage de notre résidence de Benten; mais il fut obligé de la supprimer, je ne sais pour quel motif, si ce n'est que peut-être il y faisait de trop brillantes affaires avec les Européens. Il continua néanmoins d'entretenir à Yokohama un agent, qui se chargeait spécialement de soigner les opérations de change des officiers de la douane.

Peu de temps avant mon départ du Japon, l'on me raconta que des lonines s'étaient introduits chez Mitsouï, dans sa demeure de Yédo, et avaient usé de menaces pour lui

LES MAGASINS DE SOIERIES DE MITSOUÉ.

extorquer de l'argent. Le riche bourgeois, fier de sa qualité de banquier du Taïkoun, ne se laissant pas intimider, les gens à deux sabres mirent le feu à ses magasins.

Si les honnêtes gens de Yédo peuvent se voir exposés à de telles violences, quelle sera la condition des personnes appartenant aux classes infimes de la société? J'ai cru remarquer qu'il y avait à cet égard une importante distinction à faire : autant la caste gouvernementale traite avec dureté les parias, les pauvres, les vagabonds, les filous et les malfaiteurs, autant elle témoigne de condescendance pour la populace qui subvient à ses besoins par un travail honorable, mais qui s'enivre, se bat dans les rues et se plaît à troubler le repos des bourgeois.

Des mœurs grossières, des habitudes de tapage, caractérisent les coulies, les bateliers, les bêtes de la ville basse, sur les rives de l'Ogawa. Il y a constamment parmi eux des sujets de querelles et de rivalités. Dans certains cas, on en finit, pour un moment du moins, par certaines joutes inoffensives, dont la plus originale a pour théâtre quelque pont cintré des canaux de la Cité. Un gros câble de jonque marchande est jeté d'une rive à l'autre par-dessus le tablier du pont. Les deux partis rivaux s'attellent, chacun de son côté, aux extrémités de ce câble. Aussitôt le signal donné par les juges postés au milieu du pont, des centaines de bras vigoureux tirent à la fois et de toutes leurs forces dans les deux directions contraires le câble, qui se tord et s'allonge, puis demeure immobile, tendu et frémissant, jusqu'à ce qu'enfin l'un des partis, succombant de fatigue, le lâche et l'abandonne aux héros du bord opposé. Le charme capital de la lutte est dans cette catastrophe finale qui, du côté des vaincus, jonche ordinairement le sol d'une foule de combattants, entraînés, roulés, culbutés pêle-mêle les uns sur les autres. Mais ce qu'il y a de mieux encore, c'est lorsque, le câble se rompant tout d'un coup, les deux armées, sans en excepter un seul homme, mordent simultanément la poussière en exhalant un immense gémissement. Au bruit sourd de la chute succèdent des clameurs inouïes, une confusion inexprimable, un tourbillonnement de gens qui se relèvent, s'étirent, se secouent, se livrent à des accès de folle hilarité, et courant enfin sur le pont, à la rencontre les uns des autres, s'entraînent réciproquement dans les maisons de thé voisines, pour y sceller par des libations de saki une réconciliation générale. Les juges, la police, les femmes, les passants, la population des deux rives, se mettent de la partie, et la fête se prolonge jusqu'à l'heure de la fermeture des barrières.

J'ai été témoin à Yokohama d'une sorte d'émeute de la tribu des palefreniers, qui a duré près de trente-six heures. Le roi des bêtes de cette ville avait voulu honorer de sa visite l'une de ces infortunées créatures auxquelles leur condition enlève toute excuse de refus. Elle n'en avait pas moins persisté à s'enfermer dans le réduit qu'elle occupait au Gankiro, et le chef de cet établissement privilégié était demeuré sourd aux remontrances du roi des bêtes. Celui-ci attroupa ses sujets, qui le suivirent, en colonne serrée, jusqu'aux fossés dont ce quartier est entouré. Mais déjà la police avait enlevé les planches de l'unique pont et fermé les deux lourds battants de la seule porte qui donne accès au Gankiro. Les menaces et les vociférations de la tribu ameutée demeurèrent sans effet. Elle s'organisa dès lors pour l'attaque, sous les yeux d'une force publique toujours plus considérable, mais non moins passive. La troupe principale, armée de bambous, prit position à la tête du pont; d'autres bandes se postèrent le long des canaux, tout autour de l'établissement. La nuit entière et une partie de la journée du lendemain se passèrent dans les préparatifs du siége. Enfin d'immenses clameurs préludent au signal de l'action; mais aussitôt les portes du Gankiro s'entr'ouvrent, l'orateur de la police s'avance sur le seuil, et un instant après, à la suite de quelques paroles poliment échangées de part et d'autre, les attroupements se dissipent, comme par enchantement, au bruit d'éclatantes manifestations de joie et de triomphe.

Il y avait en effet de quoi se réjouir : la vengeance était complète; à l'instigation des yakounines, la personne sur laquelle se portait la colère des assaillants, venait de se précipiter dans un puits avec l'amant dont l'influence avait été assez forte pour empêcher le chef du Gankiro de remplir son devoir envers le roi des bêtos; et au surplus, tous les employés de l'établissement allaient, du premier au dernier, comparaître le jour même au château des gouverneurs de Kanagawa.

L'un des plus anciens résidents européens du Japon, avec lequel je m'entretenais de l'issue de cette ignoble affaire, me cita plusieurs traits analogues de l'indulgence du gouvernement pour les passions populaires. A Nagasaki, par exemple, il avait eu l'occasion d'assister, du haut de la galerie d'un restaurant indigène, à une véritable bataille rangée des habitants d'une rue quelconque contre les habitants de la rue voisine. Les uns et les autres vivaient depuis longtemps, comme leurs pères avaient vécu, dans les termes réciproques du plus souverain mépris. Ce sentiment demandant impérieusement à se faire jour, de toutes parts on s'était armé de bambous, et, après avoir formé les rangs, on avait marché à grands cris au combat. La police accourut en nombreuses escouades, mais se borna complaisamment à fermer les barrières tout à la ronde pour circonscrire le champ de bataille, et elle laissa faire pendant deux heures, au bout desquelles le gouverneur de la ville, convaincu qu'il allait répondre au vœu secret des deux partis, leur signifia par ses agents de rentrer en paix chacun chez soi, ce qui s'effectua sans la moindre difficulté.

En réfléchissant à ces mœurs japonaises, il n'est pas sans intérêt de se rappeler qu'au moyen âge, et même jusqu'à la révolution, nos villes avaient leurs rivalités de rues, et nos campagnes leurs haines de communes, leurs batailles de villages. Un mesquin esprit de clocher, de corporation, de tribu, pouvait seul se développer sous l'oppression combinée du glaive et de la crosse. L'esprit public, au contraire, est le fruit de l'union du droit et de la liberté. Il substitue à l'émeute l'action des pouvoirs réguliers. Il entoure la loi de majesté, et le gouvernement de cette confiance sympathique en laquelle réside sa vraie puissance, la force morale. Enfin, c'est à lui d'empêcher qu'un appareil de rigueurs inhumaines ne fasse de la justice un instrument de terreur, moins propre à effrayer les coupables qu'à fournir au despotisme un odieux moyen de domination. La douceur est l'apanage des forts. Le gouvernement du Taïkoun, si barbare envers les misérables, si hautain pour la bourgeoisie, a terminé son règne à la merci de fluctuations, de concessions et de terreurs journalières.

A mesure que le champ de nos études s'agrandissait et nous donnait chaque jour de

POLICE DES RUES ET SURETÉ PUBLIQUE. 75

nouveaux sujets de satisfaction, nous voyions nos relations avec le Castel devenir de plus en plus difficiles. A en croire certains indices, une rupture entre le Japon et l'Angleterre paraissait imminente. Le parti féodal l'appelait de ses vœux et sollicitait même le Taïkoun de prononcer l'expulsion de tous les étrangers indistinctement. Des menaces avaient été proférées dans le conseil des daïmios contre la dynastie régnante. Une rencontre noc-

FAMILLE DE MARCHANDS.

turne dans laquelle les gens du Castel eurent le dessus, faisait parmi nos yakounines le sujet de mystérieuses conversations, dont nous ne pûmes tirer autre chose, sinon qu'un célèbre chef de lonines était resté sur le carreau et que l'affaire avait eu lieu dans notre voisinage. Enfin nous fûmes témoins, sur le Tokaïdo, d'une scène qui, toute muette et inoffensive qu'elle était, ne laissait pas que d'avoir sa signification. Une cinquantaine de yakounines composaient dans ce moment notre escorte, et nous marchions avec un certain abandon, sans autre souci que d'observer de notre mieux, en cheminant, les étalages des magasins. Tout à coup une singulière agitation se manifeste parmi nos hommes, et je les vois former les files, presser le pas et serrer les rangs sur le trottoir de droite, tandis que devant nous une troupe beaucoup plus nombreuse débouche d'un coude que formait la rue, et se développe lentement sur le milieu de la voie publique. On distinguait quelques cavaliers derrière les lances et les enseignes du cortège. Je n'obtins que des réponses évasives de l'interprète auquel je m'adressai pour savoir à quel prince cette troupe appartenait. Nos yakounines, sombres et silencieux, en épiaient les moindres mouvements et se tenaient sur leurs gardes comme si, d'un instant à l'autre, ils allaient être dans le cas de dégaîner. Les deux bandes défilèrent, chacune de son côté, à dix pas de distance, sans un mot, sans un signe de provocation, mais en se jetant réciproquement des regards dont l'expression farouche, haineuse, sanguinaire, ne laissait aucun doute sur la violence des agitations politiques dont les régions officielles de la capitale étaient alors le théâtre.

En rentrant au Tjoôdji, nous en trouvâmes la garnison renforcée et occupée à mettre la place en état de défense.

Des charpentiers, sous la direction d'officiers qui m'étaient inconnus, dressaient une haute palissade entre la véranda de notre salle à manger et le mur de clôture de la bonzerie voisine. Des coulies apportaient du bois à brûler et en formaient des bûchers sur divers points de l'enclos du Tjoôdji. Dès qu'un tas était achevé, les yakounines disposaient des torches de paille goudronnée au sommet de la pyramide. On m'expliqua que ces préparatifs se faisaient dans l'éventualité d'une attaque nocturne, et qu'au premier signal d'alarme la garde mettrait le feu à ces bûchers pour illuminer dans tous ses recoins le théâtre des événements.

La ronde de nuit, munie d'autant de falots qu'elle comptait de têtes, s'apprêtait à faire sa tournée comme de coutume. Le chef du poste la rappela au corps de garde, avec ordre à chaque homme d'endosser sa cotte de mailles.

Notre comprador, quelque peu effrayé de tout ce qu'il voyait, vint me demander, à voix basse, quels étaient mes projets pour le lendemain. Je l'encourageai à faire son marché comme à l'ordinaire, et l'invitai à donner ses ordres dans le même sens au cuisinier japonais, qui se montrait tout doucement sur le seuil de la porte, avec la mine et l'attitude d'un homme qui voudrait bien s'en aller.

Mes camarades, persuadés que nos yakounines arrangeaient tout pour le mieux, se bornèrent à organiser pour cette nuit un petit service de quart, lequel se distingua par cette particularité peu réglementaire, qu'aucun de nos hommes de garde ne sut résister à la tentation de tenir compagnie à celui qui venait le relever.

Je racontais un jour ces détails aux convives habituels de Benten. L'un d'eux, membre du corps diplomatique, témoigna son étonnement de ce que j'eusse pris ou fait semblant de prendre au sérieux ce qu'il appelait les simagrées du gouvernement japonais. Peu de temps après, il se rendait lui-même en séjour au Tjoôdji. Les conjonctures politiques

POLICE DES RUES ET SURETÉ PUBLIQUE.

s'étaient à peine améliorées. Le gouvernement lui envoya une garde des plus respectables, et le chef du poste dirigea le service de sûreté avec une vigilance que son protégé trouva souverainement ridicule. Au bout d'une semaine environ, l'on entendit parler de complots formés par les Ionines contre les étrangers qui résidaient à Yédo; puis le constable vint annoncer à son maître que le chef du poste se proposait d'augmenter le nombre des sentinelles placées dans les cours et les jardins :

CUISINIER JAPONAIS.

— « C'est toujours le même jeu qui recommence, répondit le diplomate, que le chef du poste fasse ce qu'il lui plaira, mais qu'il ne vienne pas m'en importuner ! »

Le lendemain, le constable se présente de nouveau : « Monsieur le ministre, le chef du poste demande aussi l'autorisation de placer des sentinelles dans l'intérieur des bâtiments.

— Qu'il en mette partout, excepté dans ma chambre à coucher! s'écria le ministre impatienté. Et du reste, ajouta-t-il, faites en sorte que je n'entende plus un seul mot de cet absurde état de siége! »

Dès ce moment, en effet, tout se passa entre le chef du poste et le constable. Celui-ci, dit-on, observa si fidèlement sa consigne, que lorsque le commandant japonais lui demanda la permission d'établir des bûchers dans l'enclos du Tjoòdji : « Je suis autorisé,

UN GARÇON DE CAISSE.

lui répondit-il gravement, à vous déclarer de la part du ministre que vous pouvez en mettre partout, excepté dans sa chambre à coucher! »

Mais c'est en vain que le ministre avait pourvu à ce que rien ne troublât plus sa quiétude. Une nuit qu'il dormait profondément, un bruit étrange le réveille et il entrevoit au pied de son lit un homme tremblant de tous ses membres. C'était le constable, qui, dans sa précipitation, venait de passer à travers un châssis de papier. Une lueur rougeâtre éclairait le jardin. Le gong retentissait sous les halles du corps de garde :

« Eh bien, qu'est-ce donc? Le feu est-il au Tjoòdji? » disait le ministre en se frottant les yeux.

Le constable, recouvrant enfin la parole : « On se bat dans le préau : hâtez-vous ! s'écria-t-il.

— On ne se bat nullement, mon cher constable : chacun joue la comédie, jusqu'à vous-même, qui venez après minuit, vous livrer dans ma chambre à l'exercice du tremplin ! »

Néanmoins, tout en grommelant de la sorte, le ministre s'habillait et faisait jouer les ressorts de ses révolvers. De leur côté, ses gens accouraient en armes sur la véranda. Quand ils s'avancèrent dans le jardin, sous sa direction, tout était fini : on transportait des hommes de la garde grièvement blessés, et l'on relevait sur le préau le cadavre d'un lonine.

Jamais l'on n'a pu obtenir du Castel le moindre éclaircissement sur ce qui s'était passé.

Quant à nous, notre veille n'ayant été marquée par aucun événement, nous devisâmes comme d'habitude, au premier déjeuner, du meilleur emploi de la journée, et comme nous ne pouvions nous dissimuler que notre séjour à Yédo n'approchât de son terme, nous convînmes de mettre à profit le peu de temps qu'il nous restait encore, pour compléter autant que possible notre choix de curiosités de l'industrie indigène.

Nous crûmes remarquer, à l'agitation inusitée des courtiers, qui chaque matin venaient nous offrir leurs services, qu'ils n'étaient pas sans avoir reçu quelque avis de notre garde ou de la police. Fatigués de leurs obsessions, nous les congédiâmes pour faire nous-mêmes une tournée de magasins. Nous accomplîmes ce projet en visitant la partie méridionale de la Cité jusqu'au pont dit de Yédo, qui est au Sud de celui de Nippon et sur le même canal ; et une section de notre troupe se dirigeant de là vers l'O-bassi, passa sur la rive gauche du grand fleuve, dont elle parcourut à cheval les principaux quais et les rues les plus populeuses.

Pendant ces courses intéressantes, qu'aucun incident désagréable ne vint troubler, nous oubliâmes si complétement l'état de siége sous lequel nous vivions au Tjoòdji, qu'en y rentrant, nous eûmes quelque peine à garder notre sérieux et à ne pas prendre nos gens du poste, tous chargés de casques et d'armures incroyables, pour des paladins échappés des Bouffes parisiens.

Un interprète du Taïkoun, nommé Kasuda Gengiro, qui a publié à Yokohama, en juillet 1869, une série de lettres, au nombre de sept, sur les troubles dont le Japon a été le théâtre pendant les sept dernières années, affirme que les mesures prises en 1863 par le gouvernement, soit pour la protection des légations, soit pour sa propre sûreté, ne lui étaient point inspirées par des craintes chimériques. Les daïmios du Sud, en abandonnant leurs yaskis de Yédo, y avaient laissé des bandes de lonines secrètement organisées pour discréditer, harceler et affaiblir le pouvoir siogounal : l'assassinat politique, l'incendie, des meurtres commis sur les étrangers, des complots formés contre les légations, des actes de violence exercés sur les marchands qui entretenaient des relations de commerce avec Yokohama ; tels étaient les moyens par lesquels ils devaient préluder à la révolution des provinces féodales.

GARDE TAÏKOUNALE EN COSTUME DE GUERRE.

LIVRE VI

YÉDO

LES ARRONDISSEMENTS DE LA RIVE GAUCHE

ATELIER DE SCULPTURE AU JAPON.

CHAPITRE XXXVI

LE HONDJO

La longue zone orientale de Yédo qui s'étend sur la rive gauche de l'Ogawa comprend trois arrondissements.

Celui du Sumidagawa, au Nord, appartient à la banlieue et présente un caractère tout à fait rustique. Il est couvert de rizières, de jardins potagers, de vastes établissements d'horticulture, et de maisons de thé, répandues le long du fleuve ou disséminées au fond de grands vergers de poiriers, de pruniers, de pêchers et de cerisiers.

Les deux autres renferment une nombreuse population, composée, en majeure partie, de pêcheurs, de mariniers, d'artisans et de marchands.

Ces ont, au Midi, sur les bords de la baie :

XVI. Hondjo-Foukagawa,

et, au Nord du précédent :

XVII. Le Hondjo proprement dit.

Ce dernier arrondissement répond, en quelque mesure, aux quartiers industriels de nos grandes cités. On y remarque des fabriques de tuiles et de grosse poterie, des usines d'ustensiles de cuisine en fer, des papeteries, des ateliers pour le nettoyage et la préparation du coton, des filatures domestiques de coton et de soie, des étendages de teinturiers, des boutiques de tisserands, de vanniers et de tresseurs de nattes.

L'industrie japonaise n'utilise pas encore le travail des machines. On voit pourtant des fonderies de fer dont les soufflets sont mus par une roue hydraulique, sur laquelle l'eau est amenée au moyen de conduites en gros tronçons de bambou. Le combustible se compose de charbon de bois et de charbon de terre ; le premier est d'excellente qualité.

NETTOYAGE DU COTON.

Les femmes ont leur part de labeur dans toutes les professions industrielles, et celles-ci sont toujours groupées autour du foyer domestique. Il n'existe pas de grandes manufactures au Japon.

On n'y connaît ni le travail ni la population des fabriques. Les gens de la classe ouvrière vaquent en famille à leurs divers métiers, les interrompent pour manger quand ils ont faim, et pour se reposer quand il leur plaît. Dans une société de six artisans des deux sexes, il y en a presque constamment un ou deux qui fument leur pipe, et assaisonnent de gais propos le travail de leurs camarades.

Ainsi se développent et se transmettent, de génération en génération, cet instinct

LE CHOEUR DU TEMPLE DES CINQ-CENTS GÉNIES.

de sociabilité, ce fonds de bonne humeur et cet esprit de repartie qui caractérisent généralement la petite bourgeoisie de la capitale.

Les quartiers du Hondjo et de Foukagawa sont construits sur un plan dont le cadre est de la plus parfaite régularité. Ils sont bornés au Sud par la baie, à l'Ouest par l'Ogawa, à l'Est par une petite rivière, et au Nord par un canal, qui les sépare du quartier de Sumidagawa. Deux canaux les traversent du Nord au Sud dans toute leur longueur, et trois de l'Ouest à l'Est dans toute leur largeur. Il résulte de cette distribution que le Hondjo se divise en quatre parties égales ou quatre parallélogrammes allongés, deux au Sud de Sumidagawa, deux au Nord de Foukagawa, et que ce dernier quartier pareillement a ses quatre parallélogrammes, deux au Sud du Hondjo, et deux sur la baie.

A Yédo, comme dans d'autres capitales traversées par un fleuve, c'est tout un monde à part que celui de la rive opposée au centre de la ville. Le Hondjo, qui fait face à la Cité, n'en a point le mouvement commercial; il ne présente ni l'imposante agglomération des résidences du Castel, ni l'animation des places réservées dans les quartiers du Nord aux plaisirs de la foule; cependant on y trouve, mais dans des conditions toutes spéciales, du commerce et de l'industrie, des temples, des palais et des lieux de réjouissances publiques. Quelques-uns des plus grands négociants du Japon habitent le Hondjo, tout en conservant leurs comptoirs dans les quartiers du Kio-bassi ou du Nippon-bassi, à la manière des riches armateurs de Rotterdam, qui ont leur maison à Verkade et leurs bureaux parmi les entrepôts de la Wijnstraat.

La tranquillité relative dont on jouit sur la rive gauche et la facilité avec laquelle on y obtient de grandes concessions de terrains, semblent y avoir favorisé l'établissement de nombreuses bonzeries. Quelques-unes possèdent des temples considérables. Parmi les vingt à trente temples du quartier de Foukagawa, l'ancien culte national est principalement représenté par les deux célèbres mias de Temmangô et d'Hatchiman, et le culte bouddhiste par la téra de Sandjiou-san-Ghendhô, qui mesure en longueur trente-trois nattes ou environ soixante-six mètres. Dans le Hondjo, qui compte plus de quarante temples de diverses dénominations, on distingue celui des Cinq-cents Génies, le Goïaka Lahan ou Goïakoura-Kandji, consacré à la mémoire des Racans et autres saints illustres du bouddhisme. Autrefois cette vénérable armée, toute composée de statues de bois plus grandes que nature, et passées en couleur, se déployait sur les estrades et les galeries de la nef, du chœur et des chapelles latérales du lieu sacré, à gauche et à droite de l'idole colossale d'un bouddha révéré sous le nom de Tô-Schabori. Un tremblement de terre a jeté la perturbation dans les rangs de la sainte milice. Les hangars du voisinage en ont recueilli les victimes les plus mutilées, et le temple dévasté n'a pas encore été réparé et rendu au culte. Non loin de là, une autre bonzerie a fondé sa réputation sur une base moins fragile que les images des héros de l'ascétisme et de la contemplation. Deux fois par an elle engage à son service, pour une série de représentations publiques, l'élite des lutteurs de Yédo, et cette pieuse spéculation ne manque jamais d'attirer sur le vaste préau de l'enceinte claustrale une énorme affluence de curieux appartenant à toutes les classes de la société. Au reste, chaque temple, chaque monastère a son genre de réclame et se fait remarquer par quelque singularité plus ou moins géniale, témoin cette avenue de je ne sais plus quelle bonzerie du Hondjo, où l'on s'approche du lieu sacré sous les auspices d'une demi-douzaine de statues de porcs, noblement installés sur des socles de granit. L'opinion publique paraît admettre sans difficulté et par convention tacite tout ce qu'il plaît aux bonzes d'imaginer pour ajouter n'importe quel nouvel attrait à l'exercice de la dévotion.

Un certain nombre de familles de la vieille noblesse se sont fait du Hondjo une sorte de faubourg Saint-Germain, où elles vivent dans une profonde retraite, loin des bruits de la ville et à l'abri de tout contact avec le monde de la cour et les fonctionnaires du

STATUE DU TEMPLE DES CINQ-CENTS GÉNIES.

gouvernement. Là, les murailles du Castel n'obsèdent plus les regards du fier daïmio. Du haut des ponts cintrés jetés à l'embouchure des canaux qui aboutissent à l'Ogawa, tels que le Yatzomé-bassi, par exemple, d'où l'on ne découvre pas moins de huit ponts aux premiers plans de l'immense tableau de la capitale, les grandes allées d'arbres de la forteresse apparaissent au delà des innombrables toitures de la Cité marchande, comme les paisibles ombrages d'un parc lointain, qui se confond avec les terrasses de la base du Fousi-yama.

D'après les calculs de M. Lindau, le Hondjo et le Foukagawa réunis ont une circonférence de 13 à 14 kilomètres et une superficie de 12 kilomètres carrés, dont trois sont occupés par des rizières et des jardins, cinq par des résidences de daïmios, un et demi par des temples, un et demi par des fortifications et des chantiers du gouvernement, et un seul enfin par des demeures bourgeoises. A ce compte, la population ouvrière doit être fort agglomérée dans ses quartiers. Outre les grosses industries que j'ai énumérées plus haut, et dont le siége est généralement en pleine campagne, le Hondjo possède, dans ses carrés de rues bourgeoises, d'importantes fabriques d'étoffes de soie, d'ustensiles en porcelaine, d'objets de ménage, d'ameublement et de toilette en bois laqué, ainsi que de grands ateliers de sculpture, de menuiserie et d'ébénisterie.

Je n'ai vu nulle part travailler le marbre, bien qu'il en existe des carrières dans les montagnes de l'intérieur. On taille des piliers de toris en granit, des candélabres de lieux

STATUES DU TEMPLE DES CINQ-CENTS GÉNIES.

saints, des tombeaux, des statuettes et des pierres tumulaires, ainsi que des bouddhas, des tortues et des renards sacrés, en grès d'une fort belle espèce. Les sculpteurs en bois font des autels domestiques à riches panneaux, des châsses élégantes et des cercueils en forme de mikosis, des têtes d'éléphants et des chimères monstrueuses pour orner des toitures de temples, des boiseries et des mosaïques représentant des grues, des oies, des chauves-souris, des animaux mythologiques, la lune à demi voilée par un nuage, des branches de cèdres, de pins, de bambous et de palmiers. Les idoles, parfois gigantesques, qui sortent des ateliers de Yédo, sont le plus souvent entourées d'une auréole dorée et peintes en couleurs très-vives : les gardiens du ciel, par exemple, au vermillon, et

Tengou à l'indigo ; les renards sont blancs, ou bruns, ou dorés ; un attribut qu'on leur donne volontiers, est une clef d'or qu'ils portent à la gueule.

Plusieurs industries intéressantes se rattachent à celle des sculpteurs ébénistes. Les cadres de cloisons mobiles et de paravents doivent être garnis de grands dessins à l'encre de Chine, tracés en quelques coups de pinceau, ou de groupes d'arbres et de fleurs au brillant coloris, ou enfin de peintures d'oiseaux réputés pour la richesse de leur plumage. Tout cela se fait en fabrique, mais à la main. On n'imprime que les papiers destinés à tapisser des murs ou des boiseries. Les brodeuses fournissent pour les châssis faisant l'office de stores ou d'écrans de charmants ouvrages, où la soie, asservie au patient travail de l'aiguille, reproduit tour à tour, selon le choix des sujets, le tissu lustré des

TRESSEUSES DE CORDONS DE SOIE.

feuilles, le duvet velouté des oiseaux, la pelisse touffue des quadrupèdes et les écailles éclatantes des poissons. Enfin les tresseuses de soie ajoutent au luxe des boiseries et des tentures de salon une savante ornementation de guirlandes et de nœuds de diverses couleurs, surmontés de groupes de fleurs et d'oiseaux.

Les tresses et les broderies s'appliquent aux pièces damassées, aux lourdes étoffes brochées d'or et d'argent, dont on fait des manteaux de cour et de longues robes traînantes. Souvent aussi des crêpes et des gazes d'une extrême finesse sont rehaussés d'ornements à l'aiguille, du goût le plus sobre et le plus pur.

L'obi, ceinture que portent toutes les Japonaises adultes, mariées ou non mariées, à l'exception des dames de familles princières, est la pièce du vêtement féminin qui présente le plus de variété, selon le goût et la fantaisie des personnes : tantôt l'obi affecte une grande simplicité, tantôt il se distingue par la richesse de l'étoffe ou le luxe des broderies. Il est généralement assez large pour remplir à la fois l'office de ceinture et celui de corset. On l'enroule autour du corps comme une ligature, et on l'assujettit derrière le dos par un ingénieux entrelacement de l'extrémité de la pièce. Il en résulte une sorte de nœud, large, aplati, retombant carrément sur les hanches, ou bouffant et flottant avec une certaine négligence. Une femme devenue veuve, et décidée à ne pas se rema-

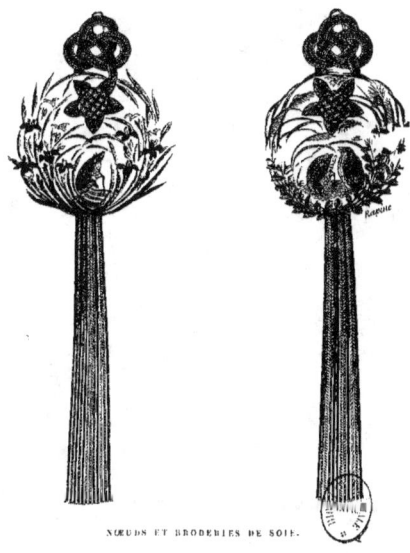

NŒUDS ET BRODERIES DE SOIE.

rier, noue l'obi sur le devant de sa robe. Chaque femme, après sa mort, étant revêtue de son costume d'apparat, l'obi est ramené sur la robe à la manière de la ceinture des veuves ; puis on le ferme de deux nœuds étroitement serrés et comme indissolubles.

Ce n'est pas chose facile que de pénétrer dans les ateliers japonais, surtout sous la surveillance d'une escouade de yakounines. Malgré les promesses de leurs chefs, je n'ai pu voir ni teinturerie, ni manufacture de riches étoffes de soie, ni fabrique de papier. En revanche, j'ai toujours trouvé les magasins de vente en gros ou en détail accessibles jusques et y compris l'arrière-boutique ; et il ne faut pas dédaigner d'y pénétrer, car le marchand japonais ne sacrifie point à la montre : loin de faire étalage de ce qu'il a de plus beau, il aime à le tenir en réserve, comme s'il voulait laisser aux amateurs tout le charme de la découverte. Ainsi pour se faire une idée, je ne dirai pas complète mais approximative, de la richesse, de la variété et du mérite artistique de l'industrie japonaise, il est nécessaire non-seulement de parcourir les rues marchandes d'une place de commerce indigène, mais de pratiquer le bourgeois et de revenir à peu près journellement à son magasin, jusqu'à ce qu'on l'ait exploré dans tous les coins et recoins. Cela est d'autant plus indispensable, qu'il n'existe pas de bazar au Japon, et que chaque magasin, chaque boutique a sa spécialité. On rencontre, il est vrai, une sorte de petits bazars indigènes établis, sous le nom de stores, dans les ports ouverts aux Européens; mais ce ne sont que des exhibitions permanentes d'échantillons, parmi lesquels domine la marchandise

ÉTAL DE CHARCUTIER ET RESTAURANT A YÉDO.

de pacotille, fabriquée expressément pour être débitée sur les marchés des quartiers francs. Évidemment ce n'est pas là qu'il faut étudier l'industrie japonaise. Il y a, en général, autant de différence entre un store de Nagasaki et les boutiques de la Cité marchande de Yédo, qu'entre un bazar d'articles de Pforzheim, de Nuremberg ou de la Forêt-Noire, et tel ou tel magasin d'objets d'art et d'industrie de la place de la Bourse de la rue Vivienne ou des boulevards.

Certaines industries sont encore peu développées, entre autres la sellerie, qui végétera nécessairement aussi longtemps qu'un préjugé religieux flétrira les métiers de tanneur et de corroyeur. Cette circonstance rend le Japon tributaire de l'étranger, surtout depuis que le Taïkoun et les daïmios rivalisent de zèle pour la réforme de leur artillerie et de leur cavalerie. L'Allemagne leur fournit des cuirs ; la Hollande et la France, des selles, des harnais, des gants et de la buffleterie.

L'équipage du cheval de guerre y perdra au point de vue pittoresque, car il faut convenir que nos courroies et nos brides, nos selles de cavalerie et leurs accessoires sont bien prosaïques en comparaison des cordons, des tresses et des houppes de soie, des arçons et des étriers en laque, dans lesquels un officier japonais monté et cuirassé mettait autrefois un légitime orgueil.

J'ai remarqué d'ailleurs que l'on vend à Yédo une assez grande variété d'objets en cuir, en peau mégissée et en peau de chagrin, tels que malles et nécessaires de voyage, portefeuilles, longues bourses à monnaie, petites blagues à tabac, gants pour la chasse au faucon, et que tous ces articles sont de fabrication indigène.

Le commerce de pelleteries, qui a pris une si grande extension en Chine, est à peu près nul au Japon. Autant la race mongole aime à se couvrir de fourrures, autant les fils du grand Nippon paraissent y répugner.

Ni les Chinois ni les Japonais ne conservent et ne préparent de peaux de bêtes pour les empailler. Les Chinois font des oiseaux artificiels, dont le corps, modelé en cire, est recouvert de plumes véritables que l'on y colle l'une après l'autre avec les soins les plus minutieux. Les Japonais n'emploient absolument que la bourre de soie et la soie pour se faire des images de leurs animaux favoris ; ils excellent surtout à reproduire en miniature les coqs, les poules, les faisans, les canards, les chats et les petits épagneuls.

Ils n'emploient guère le crin et les plumes naturelles que pour faire des chasse-mouches, des plumeaux et des éventails. Ces objets sont parfois d'une rare élégance, surtout les chasse-mouches en crins de yack et les éventails en plumes blanches, tachetés au centre de deux ou trois petites plumes de couleurs vives et assorties.

La fabrication des pinceaux est poussée aux dernières limites de la perfection et du bon marché, comme cela devait être dans un pays où l'on supplée par ce seul genre d'instruments à tous ceux dont nous nous servons pour écrire et pour dessiner, aussi bien que pour peindre. Les pinceaux japonais sont en poil de loutre, de blaireau, et surtout de renard. Ceux que l'on tire de la principauté de Satsouma se distinguent par leur solidité.

Les cordons et les tresses de soie jouent un grand rôle non-seulement dans la fabrication des harnais, mais dans les attaches des casques et des cuirasses, dans l'agencement de tous les équipements militaires et de tous les costumes civils, aussi bien des hommes que des femmes, car nos boutons, nos crochets, nos agrafes et nos aiguillettes sont choses parfaitement étrangères à la toilette des indigènes. Au reste, ces derniers tirent aussi parti du lin, du chanvre, du coton et du papier végétal, pour faire du fil, de la ficelle, des cordons, des câbles et des cordages.

Les écheveaux de soie font le plus grand honneur à l'art des dévideuses. Il en est de très-élégants pour le jeu du cerf-volant et pour la chasse au faucon.

Les cordes des instruments de musique sont en fil de soie recouvert d'un vernis.

On tresse des corbeilles, des nécessaires, des nattes, des claies, des stores, des paillassons, en paille de riz, en rotin, en filaments d'une sorte de bryonia, en petites branches de saule ou d'osier, et en écorce de bambou.

Les stores sont généralement ornés de dessins de fleurs et d'oiseaux très-habilement découpés sur les lamelles de l'ouvrage à claire-voie.

Les filaments d'écorce de palmier fournissent la matière de magnifiques balais et d'excellents manteaux de pêcheurs. Les oiseleurs et les marchands de volailles font usage de cages de bambou dont les formes varient depuis le type commun de la ruche et du panier couvert, jusqu'aux plus gracieuses imitations de pavillons champêtres et de maisonnettes de jardin.

On voit aussi de grosses cloches en treillis de bambou, sous lesquelles les charcutiers et les restaurateurs exposent aux regards des passants leurs plus belles pièces de gibier, telles que le sanglier, le cerf et l'ours noir de Yéso. Quant aux animaux réputés pour leur malignité, l'on n'a garde de leur faire tant d'honneur : le renard, étendu sur l'étal, est condamné à tenir dans sa gueule le couteau qui doit le dépecer ; et le singe, suspendu par ses quatre mains au chambranle de la porte, devient la risée des enfants de la rue, qui insultent à sa face rouge et grimaçante.

FILEUSE DE COTON.

MAGASIN DE BRONZES A YÉDO.

CHAPITRE XXXVII

LES OBJETS D'ART ET D'INDUSTRIE

Quelle que soit la variété des produits industriels étalés dans les boutiques de la Cité marchande, il est un trait qui les caractérise, un cachet commun qui leur assure une place à part au milieu de tous leurs similaires de l'extrême Orient, et j'ose l'appeler le bon goût, sans crainte d'être contredit par les connaisseurs.

L'artisan de Yédo est un véritable artiste. Si l'on en excepte le style conventionnel auquel il croit encore devoir s'assujettir dans ses reproductions de la figure humaine, si l'on veut bien lui passer l'insuffisance de ses études en ce qui concerne les règles de la perspective, on n'aura, pour tout le reste, que des éloges à lui décerner. Ses ouvrages se distinguent de ceux de Kioto par la simplicité des formes, la sévérité des lignes, la sobriété des décors et l'exquis sentiment de la nature dont il fait preuve dans tous les sujets d'ornementation qu'il emprunte au règne végétal ou au règne animal. Ce sont là ses sujets de prédilection : les fleurs et les oiseaux ont surtout le don de lui inspirer des compositions ravissantes de vérité, de grâce et d'harmonie. Quant à la perfection d'exécution, elle est également admirable dans les œuvres sorties des ateliers de l'une ou de l'autre capitale.

Je ne saurais entreprendre de faire l'application de ces observations générales à tous les groupes de produits industriels que l'on remarque dans les magasins de Yédo. C'est un sujet qui mériterait d'être traité par des hommes spéciaux, et je ne puis qu'effleurer en y consacrant les quelques notes recueillies dans le cours rapide de nos excursions.

Arrêtons-nous devant un magasin d'objets d'art et d'industrie, avec les curieux de tout âge et des deux sexes, qui ne cessent d'affluer sous la galerie couverte d'où l'on examine l'étalage. Ils contemplent avec une naïve admiration de grands aquariums en grosse porcelaine bleue et blanche, où des poissons rouges s'ébattent dans une eau limpide reposant sur un lit de petits coquillages. Au centre des bassins, trois ou quatre plantes assorties, en pleine végétation, marient en un groupe pittoresque l'éclat de leurs couleurs et les gracieux contours de leurs feuilles, de leurs fleurs et de leurs rameaux.

Aucun détail de ces harmonieuses combinaisons végétales n'est abandonné au hasard. Chaque jour, pour ainsi dire, la main de l'horticulteur dirige l'œuvre de la nature, lui assigne des limites, ou la force de se déployer dans le cadre qu'il lui trace.

Ce qu'il y a de plus remarquable encore, c'est que jamais sa fantaisie ne l'entraîne aux aberrations qui, en Chine et ailleurs, outragent la nature, la peuplent d'arbres taillés en figures géométriques et d'arbustes arrangés en façon d'animaux. Le goût des Japonais dans les arts populaires, demeurant indépendant des influences conventionnelles des deux cours, a toute la fraîcheur d'une civilisation qui ne fait que de s'épanouir. Aussi n'est-il pas exempt d'une certaine puérilité : témoin la passion, véritablement enfantine, de toutes les classes de la société pour les fleurs gigantesques et pour les arbres nains. J'ai vu des aquariums de dimensions quelque peu exceptionnelles, où l'on avait su réunir les éléments d'un paysage complet : un lac, des îles, une partie de rochers, une cabane sur la plage, et au sommet des collines un bosquet véritable, parfaitement vivace, de bambous et de cèdres en miniature ; parfois même on y ajoutait quelques figurines lilliputiennes allant et venant à l'aide d'une manivelle, comme les faux automates des orgues de Barbarie.

Cette sorte d'enfantillage se retrouve dans une foule de détails de la vie japonaise. Ici, on apporte une jonque en porcelaine au milieu d'un cercle de convives : cette jonque se démonte en diverses pièces qui constituent tout l'assortiment des ustensiles nécessaires pour servir le thé. Là, une partie de la vaisselle d'un repas se compose de tasses si mignonnes, en porcelaine si fine, si transparente, si légère, que l'on ose à peine y toucher du bout des doigts. Il y a des tasses et des coupes de cette porcelaine, dite coquille d'œuf, qui sont protégées au moyen d'une enveloppe très-joliment tressée en filaments de bambou.

On orne les salons de cages à papillons et de volières surmontées d'un vase à fleurs d'où pendent de tous côtés des plantes sarmenteuses, qui font apparaître les oiseaux comme nichés sous un dôme de verdure. Les lanternes de papier suspendues au

MAGASIN DE FLEURISTE.

LES OBJETS D'ART ET D'INDUSTRIE.

plafond de la véranda, ont fréquemment pour appendice une clochette de verre de couleur, et la mince et longue aiguille de métal qui en forme le battant, supporte par un fil de soie un léger ruban de papier teint ou doré. Au moindre souffle de brise, ces bandes de papier s'agitent, les aiguilles de métal tremblent et heurtent les parois des clochettes de verre, et les sons qui s'en échappent se confondent ensemble dans une vague mélodie, semblable aux vibrations de la harpe éolienne.

Les Japonais ne connaissent pas la fabrication des vitres et des bouteilles; mais ils aiment à faire toutes sortes de petits objets en verre : des flacons à eau de senteur, des

ARTISTE JAPONAIS PEIGNANT UNE YÉMA.

pipes à fourneau blanc et à long tuyau bleu, des tasses blanches au fond desquelles repose un crabe rouge, qui monte à la surface à mesure qu'on verse le liquide dans le vase ; enfin des boules à demi remplies d'eau teinte d'une vive couleur, ornement qui s'adapte aux épingles des coiffures féminines.

On m'a montré à Yédo des essais de peinture sur verre et d'ouvrages en émail, qui dénotent plus de bonne volonté que de science. Je citerai pourtant, au nombre des curiosités indigènes vraiment originales, ces petites boules en pierre, percées, taillées à facettes et enrichies d'arabesques émaillées, que les étrangers recherchent, pour en faire des colliers et que l'on emploie sur place en guise de glands de cordons de soie, ou pour en confectionner des rosaires.

La nacre rivalise avec l'émail dans certaines miniatures que l'on applique sur du métal.

L'art du doreur réside tout entier dans l'application de minces feuilles d'or aux objets de genres fort divers que l'on juge dignes de cette décoration, entre autres des gloires et des auréoles de saints pour le culte bouddhiste, des cadres d'enseignes de théâtres, des sculptures d'entablements d'autels, des hampes de bannières sacrées et des lances d'étendards militaires, ainsi que des feuillets de paravents du style noble, étalant sur un fond d'or de grandes esquisses à deux pinceaux tracées du premier jet, à l'encre de Chine, et représentant des scènes de chasse ou des croquis de chevaux.

Outre ces dernières compositions, qui ne manquent ni de verve ni d'originalité,

SPÉCIMEN DE DÉCORATION DES GARDES DE SABRES JAPONAIS.

on m'a fait remarquer quelques sujets de genre peints sur une couche de sable d'or si bien collée aux planches du tableau, que celui-ci peut être encadré et suspendu sans qu'il soit besoin de le mettre sous verre. De pareils ouvrages n'ont d'autre charme qu'un vain éclat joint au mérite de la difficulté vaincue; ils sortent tout à fait du domaine de l'art populaire, et doivent se rattacher, soit à l'art monastique du bouddhisme, soit à la vieille école des miniaturistes de Kioto, qui se distinguent également par leur prédilection pour les fonds dorés.

Quoi qu'il en soit, les relations des anciennes ambassades ont singulièrement exagéré la richesse de décoration des palais ou de l'ameublement des Mikados et des Siogouns. La vérité est, au contraire, qu'il n'existe pas de royale résidence en Europe qui ne représente une plus grande valeur intrinsèque que les bâtiments impériaux de Kioto et de Yédo.

Comme l'a très-bien fait observer M. Duchesne de Bellecour, dans un article de la *Revue des Deux-Mondes* relatif à la triple exposition japonaise du Champ-de-Mars, le luxe des Japonais est plutôt artistique que somptueux. Nulle part, si ce n'est sur les diadèmes du Mikado et de la Kisaki, on ne les voit prodiguer l'or non plus que les pierreries. Les grands de l'Empire mettent tout leur orgueil dans l'ancienneté des objets qui composent leur mobilier. Rien n'a plus de prix à leurs yeux qu'un service assorti en vieille porcelaine naturellement craquelée, ou des vases de bronze antique, lourds, massifs, noirs et polis comme du marbre, ou enfin des meubles ou des ustensiles en ce vieux laque à poudre d'or mat que l'on nomme *salvocat*.

Il n'existe, à proprement parler, ni orfévres ni joailliers au Japon. C'est un pays qui possède la serpentine, la malachite, l'améthyste, la topaze, et cependant on n'y voit personne, pas même les femmes les plus coquettes, se parer de joyaux et de bijoux. Leur seul luxe, après celui des étoffes, consiste à charger le lourd édifice de leur coiffure de grosses épingles d'écaille ou de métal, ornées de pièces rapportées, dont les sujets sont emblématiques. Il ne faut donc pas s'étonner que les ouvriers lapidaires de Yédo n'aient rien de mieux à faire que de tailler des cristaux de roche. Les courtiers en vogue ne manquent jamais d'en offrir aux Européens de fort beaux exemplaires, parfaitement polis et travaillés en boule ou à facettes, mais cotés à des prix exorbitants.

Les ouvrages qui rappellent le plus le travail de l'orfévrerie, ont pour objet la décoration des armes des yakounines; car ceux-ci font enrichir de toutes sortes d'ornements d'un style essentiellement pacifique la poignée, la garde et le fourreau de chacun de leurs deux sabres, ainsi que le manche en métal d'un couteau qu'ils introduisent dans une gaîne pratiquée au fourreau du plus petit. Ces ornements sont quelquefois des merveilles de gravure, de ciselure et d'alliage de métaux. On y emploie tour à tour l'or, l'argent, l'acier, le cuivre, le bronze, et une composition connue sous le nom de *métal de Sawa*, dont on fabrique aussi des règles à tirer des lignes, des presse-papier, des agrafes, des serrures et des portefeuilles.

Yédo est la ville du Japon où l'on travaille le mieux les métaux. Les magasins de bronze de la Cité sont au nombre des plus intéressantes curiosités indigènes. Quelques-uns présentent l'aspect de grands bazars, étalant à côté des salles consacrées aux bronzes tout ce qui concerne la sellerie, c'est-à-dire, outre la selle et le harnais, les étriers, les mors, les grelots, ainsi que l'attirail même du cavalier, y compris ses gantelets, son casque, son armure complète; tandis que des compartiments reculés sont réservés aux articles de ménage, tels que la quincaillerie et la batterie de cuisine en fer, en cuivre rouge ou jaune et en étain. L'exposition capitale, celle des bronzes, se fait surtout remarquer par les grands ouvrages de style monumental, que l'on fabrique à l'usage du culte bouddhiste. Ce sont, par exemple, des cloches richement décorées d'ornements en relief; des tambours allongés reposant sur des chevalets; de grosses boules creuses et entaillées, faisant l'office de gongs, et des plaques ou des triangles sonores, suspendus à des potences de métal; d'un autre côté, les vases qui doivent orner le maître-autel : les uns, couronnés de plantes de lotus exécutées en métal niellé, les autres destinés à recevoir d'énormes bouquets de fleurs naturelles; ailleurs, les hauts candélabres en forme de pavillons à toitures ornées de clochettes; puis l'autel des parfums, reposant sur un trépied et supportant un élégant brasero à deux anses, surmonté d'un couvercle percé de trous pour donner issue à la fumée; enfin les statues et les statuettes des saints, et les animaux sacrés, tels que la cigogne, la grue, la tortue et le fantastique chien de Corée, tenant sous l'une de ses pattes une sphère évidée qui tourne sur elle-même.

Quant aux objets de moindre volume, ils sont en nombre si considérable, que je me borne à citer au hasard deux ou trois de ceux qui m'ont paru les plus dignes de remarque : ainsi, les encensoirs, les canettes pour l'offrande du saki, un petit sceptre sacré se terminant aux deux extrémités par une griffe à demi fermée, mystérieux instrument auquel on attache une vertu magique, et dont les prêtres se servent habituellement pour polir les grains de leur rosaire; enfin, et par-dessus tout, les chandeliers à une ou plusieurs branches, qui revêtent, pour la plupart, les formes bizarres ou gracieuses de figures fantastiques, d'élégants végétaux, de grands oiseaux de marais, et de petits enfants jouant avec des fleurs; les branches de ces chandeliers sont munies de pointes sur lesquelles on plante de hautes bougies de cire végétale, que l'on allume par le gros bout. Il y a d'ailleurs dans chaque temple bouddhiste au moins une lampe suspendue, dont on a soin d'entretenir constamment la flamme. Quant aux lampes domestiques, façonnées en forme de coupes, ce sont ordinairement de simples veilleuses, que l'on allume dans de hautes cages de papier transparent, ou sur un mince trépied de fer; la mèche de coton qui plonge dans l'huile repose sur une couche de moelle de roseau.

Parmi les ustensiles de bronze des ménages japonais, j'ai distingué des braseros, des aiguières, et même des aquariums d'un fort beau travail; mais c'est, si je ne me trompe, dans les grands vases de salon que l'art indigène atteint sa perfection. Ils ont quelquefois un mètre et demi de hauteur : les uns sont d'une belle couleur jaune, qui approche de l'éclat de l'or; on y déploie un grand luxe d'ornements en relief, dont les sujets sont tirés de la mythologie; les autres, d'un style plus sobre et plus sévère, étalent, sur une surface unie et d'une belle teinte noire, de légers dessins de fleurs, d'oiseaux et d'arabesques en fil d'argent incrusté au marteau dans le bronze. Et si quelque chose peut rivaliser de noblesse et d'élégance avec ces vases de bronze noir niellé d'argent, ce sont les vases en porcelaine, à fond gris clair, ou vert d'eau, ornés de quelques fines peintures dont la touche délicate et les tons harmonieux sont d'un charme inexprimable.

Après ces chefs-d'œuvre de bronze et de porcelaine, le triomphe de l'industrie japonaise est la fabrication des meubles et des ustensiles en bois laqué. Tel est le talent avec lequel les ouvriers indigènes savent utiliser l'incomparable vernis du Japon, produit de l'arbrisseau qui porte ce nom; telle est leur habileté à en combiner les effets avec les procédés de leurs arts décoratifs, que des meubles dont la matière première est presque de nulle valeur finissent par rivaliser d'éclat, et l'on dirait même de consistance, avec ceux dans la confection desquels nous faisons entrer le marbre et les métaux précieux.

L'ébénisterie de Yédo excelle à imiter les ouvrages en vieux laque, au point qu'il faut

LE SERVICE DU SAKÉ.

un œil exercé pour les distinguer des originaux. Dans la décoration intérieure des cabinets, des boîtes et des coffrets de goût moderne, elle emploie, de préférence au salvocat, la laque aventurine, à couleur brune, parsemée de paillettes d'or. A l'extérieur, la laque est généralement de couleur unie, rouge, brune ou noire, rehaussée de dessins à deux ou trois teintes, ou en feuilles d'or, avec ou sans relief. Souvent des arabesques, des dessins

JEUNE FILLE JAPONAISE SE PEIGNANT LES LÈVRES.

de branchages, de fleurs et d'oiseaux, en ivoire, en nacre et en écaille, sont incrustés dans la laque avec une délicatesse et une habileté surprenantes. Il n'y a presque jamais rien dans les formes, les dessins et toute l'ornementation des objets, qui ne puisse soutenir la critique du goût le plus sobre et le plus épuré. Si parfois, cependant, les kotans, auxquels nous donnons la dénomination de cabinets, nous paraissent un peu trop chargés de travaux en mosaïque, d'incrustations en porcelaine, en nacre, en argent, et même en or, c'est que la fabrication indigène a dû se conformer aux caprices des acheteurs étrangers, qui voulaient absolument retrouver sur le marché du Nippon quelque peu du gros luxe des magasins chinois.

Les principaux objets qui se fabriquent en bois laqué sont les norimons et les coffres de voyage des personnes nobles, les armoires, les nécessaires de toilette et les chevalets de miroirs des dames élégantes; les étagères à déposer les costumes de cérémonie ployés dans des cartons, ou les livres et les rouleaux d'une bibliothèque; enfin divers meubles à l'usage du culte public ou privé, tels que des pupitres, des tables à offrandes, des supports d'encensoirs, des trépieds pour les gongs, des chevalets de grosse caisse, et des autels domestiques.

Les nécessaires de toilette contiennent eux-mêmes plusieurs boîtes, qui varient de formes, de dimensions et d'ornementation, selon leur usage : il y en a pour les brosses et pour la poudre à dents; pour les fards, la poudre à riz et les autres cosmétiques; pour les peignes et pour les grandes épingles à coiffure; et, s'il faut le dire, hélas! pour les fausses tresses et les bourrelets de faux cheveux.

Les accessoires obligés du mobilier féminin sont la grande aiguière ovale, à brancard, dorée à l'intérieur, et enduite extérieurement d'un beau laque noir parsemé de fleurs d'or; puis la longue boîte à ranger les pipes et le tabac; enfin la cassette aux lettres, discrètement attachée par deux cordons de soie formant des nœuds dont la dame du logis connaît seule le secret.

Les nécessaires à lettres pour hommes sont, comme il convient, de dimensions respectables et d'un style sévère. On les fait à double fond, et le compartiment inférieur remplit l'office de cassette à resserrer les papiers, tandis que la partie supérieure, qui peut s'enlever, renferme tout le matériel de l'écrivain : des feuilles volantes, des pinceaux, un bâton d'encre de Chine, ainsi que la pierre et la petite burette d'huile dont on se sert pour broyer et délayer l'encre.

Outre les boîtes à correspondance, il en est de plus petites, de forme oblongue, que l'on prend généralement en Europe pour des boîtes à gants : les Japonais n'en font usage que pour expédier avec plus de politesse des lettres de félicitations ou de remercîment.

Les ustensiles en laque que l'on emploie dans les repas, concernent soit le service du riz, soit le service du saki, en y comprenant le dessert, qui l'accompagne toujours.

Les premiers se composent de grandes gamelles, de bols et de plateaux assortis, en rapport avec la variété des mets et des assaisonnements que l'on ajoute à l'aliment principal.

Le service du saki est tout ce qu'il y a de plus cérémoniel dans les banquets japonais : on apporte solennellement la précieuse boisson dans de gros pots en laque ou dans de longues canettes en métal, assujetties sur un dressoir de bambou. On la chauffe au bain-marie dans des flacons de porcelaine. Les coupes, petites ou grandes, sont en beau laque rouge orné de dessins de fantaisie, découpés en feuilles d'or, ou de riches peintures recouvertes comme d'une glace transparente, au moyen d'une légère couche de vernis

BOUTIQUE DE PHARMACIEN A YÉDO.

incolore. Il y a tels assortiments de ces charmantes coupes dont les sujets représentent les paysages les plus célèbres du Japon, ou les villes les plus remarquables que l'on rencontre entre les deux capitales, sur le parcours du Tokaïdo. Il en est même, d'un goût plus somptueux, qui invitent les convives à boire dans la nacre du nautile, de l'héliotis et d'autres coquillages, montés en filigrane d'argent.

Mais les pièces d'honneur sont les grands bols en forme de boucliers, que, vers la fin du banquet, on remplit à pleins bords, pour les faire passer à la ronde et provoquer d'héroïques défis.

C'est alors aussi que circulent de main en main les cabarets de pure nacre et les plateaux de mosaïque en nacre et en bois précieux, chargés de toutes les merveilles du dessert japonais.

Parfois, avant de le distribuer, on l'expose sur une table basse et ronde placée au milieu du groupe des invités: chaque sorte de pâtisserie, de confiture et de sucrerie ayant son plateau spécial, tous les plateaux réunis et assortis selon leurs formes et leurs dimensions

ÉCHANTILLONS DE BIJOUTERIE JAPONAISE.

décrivent sur la table six cercles concentriques régulièrement traversés de rayons qui vont du centre à la circonférence ; et dans chaque segment de cercle on dispose les friandises selon l'analogie des couleurs, de manière à reproduire de zone en zone toutes les teintes de l'arc-en-ciel.

Une autre surprise, non moins ingénieuse, consiste à mettre les sucreries dans une cassette de laque figurant un énorme poisson rouge. Quand le moment est venu de le dépecer, chaque convive, à tour de rôle, plonge la main dans les entrailles du monstre artificiel et en retire au hasard une boîte dont le contenu est souvent de nature à provoquer une hilarité générale; car les bonbons japonais représentent non-seulement une foule de jolis sujets tirés du règne végétal et du règne animal, mais toutes sortes de conceptions indescriptibles, dues à l'imagination éminemment facétieuse des confiseurs.

Les bonbonnières japonaises sont aussi variées dans leur genre que les boîtes de dragées de nos étrennes enfantines: il y en a en laque, en carton, en papier mâché, en nacre, en pâte de sucre; les unes tout unies et sans ornements, les autres enrichies de moulures, de sujets coloriés, de découpures de feuilles d'or ou de bandes de papier argenté; on en remarque aussi qui sont faites pour certaines spécialités, telles que le namé, petite pâtisserie pour les enfants, et les fruits de mer, sucreries aussi charmantes de formes que de couleurs, représentant une infinie variété de moules et de coquillages.

Cependant, pour rendre justice au discernement du bourgeois de Yédo, il faut ajouter que ce n'est point dans la fabrication des bonbonnières qu'il permet aux ébénistes de déployer toutes les ressources de leur art. De plus nobles sujets s'offrent à leur émulation : tantôt ce sont des boîtes pour l'encens destiné aux cérémonies publiques ou au culte domestique; tantôt des cassettes renfermant tout ce qu'il faut pour l'application des moxas ou pour l'opération de l'acuponcture. Et encore réserve-t-on les plus admirables travaux des mosaïstes, c'est-à-dire les miniatures en laque et en paillettes de nacre représentant des oiseaux, des fleurs et des arbres en fleurs, pour les boîtes à médicaments, sorte de tabatières à quatre ou cinq compartiments superposés, que l'on soulève ou que l'on ferme au moyen de deux cordonnets de soie, et qui contiennent ordinairement des pilules opiacées, de la thériaque, de la poudre d'huile de menthe et de la poudre de sucre blanc.

Le bourgeois porte sa boîte médicinale à la ceinture, avec sa pipe et sa blague à tabac; et quand il en est besoin, il la fait garnir, à son gré, sans ordonnance du médecin. Il ne lui est pas permis cependant de pénétrer dans la pharmacie. Le patron travaille avec ses aides sous les yeux du public, mais protégé par une grille en bois laqué, devant laquelle les chalands attendent patiemment dans la rue qu'il lui plaise de les servir et de recevoir leur argent à travers les barreaux de son sanctuaire.

MANCHE DE COUTEAU.

ENTRÉE DE JARDINS A MYASKI (YÉDO).

CHAPITRE XXXVIII

RÉCRÉATIONS ET COUTUMES DOMESTIQUES

Les peuples de civilisation chinoise ne possèdent rien de semblable à la bienfaisante institution sémitique d'un jour de repos, revenant régulièrement à la suite d'une certaine série de journées de travail. Ils ont des fêtes mensuelles dont les classes ouvrières profitent communément fort peu, et une semaine entière, la première de l'année, pendant laquelle, tous les travaux étant suspendus, la population des villes et des campagnes se livre aux divertissements qui sont à sa portée, chacun les choisissant selon sa position sociale et les ressources dont il peut disposer.

Le bourgeois de Yédo et en général l'artisan, le fabricant, le marchand japonais, ont vécu, jusqu'à l'arrivée des Européens, dans les conditions économiques les plus exceptionnelles du monde. Ne travaillant que pour la consommation intérieure d'un pays très-favorisé de la nature, assez grand et assez cultivé pour suffire à tous ses besoins, ils ont goûté pendant des siècles les charmes d'une vie à la fois modeste et facile. Il n'en est plus ainsi. J'ai assisté aux derniers jours de cet âge d'innocence, où, sauf quelques gros négociants que la fortune s'était obstinée à poursuivre de ses largesses, on ne travaillait généralement que pour vivre et l'on ne vivait que pour jouir de l'existence. Le travail même rentrait dans la catégorie des jouissances les plus pures et les plus ardentes. L'artisan se passionnait pour son œuvre, et, loin de compter les heures, les journées, les semaines qu'il y consacrait, il ne s'en détachait qu'avec peine lorsque enfin il l'avait amenée non pas à une certaine valeur vénale, qui était le moindre de ses soucis, mais à un degré plus ou moins satisfaisant de perfection. La fatigue venait-elle le surprendre, il quittait l'atelier pour se donner du repos tout à son aise, soit dans l'enceinte de son habitation, soit en compagnie de ses amis, dans n'importe quel lieu de plaisir.

Il n'est pas de demeure japonaise de la bonne bourgeoisie qui n'ait son petit jardin, asile sacré de la solitude, de la sieste, des lectures amusantes, de la pêche à la ligne, et des longues libations de thé ou de saki.

Les chaînes de collines qui sillonnent les quartiers situés au Sud, à l'Ouest, ou au Nord du Castel, sont remarquablement riches en belles parties de rochers, en jolis vallons, en grottes, en sources et en étangs, que la petite propriété utilise de la manière la plus ingénieuse, pour réunir dans un étroit espace les agréments d'un paysage varié. Si la nature n'y suffit pas, on a soin d'isoler le frais enclos au moyen de haies vives ou de palissades, et de cloisons de bambou recouvertes de plantes grimpantes. Quand il y a une entrée de jardin sur la rue, on jette un pont rustique sur le canal qui est devant la porte, et on dissimule celle-ci sous des touffes d'arbres et d'arbustes à l'épais feuillage. A peine en a-t-on franchi le seuil, que l'on se croirait au sein d'une forêt vierge, bien loin de toute habitation humaine. Cependant des quartiers de rocs négligemment disposés en escalier engagent le visiteur à gravir la colline, et tout à coup, dès qu'il en atteint le sommet, il découvre à ses pieds un spectacle charmant : il voit au fond d'un cirque de verdure et de fleurs un étang gracieusement découpé, dont les rives sont tapissées d'une bordure de lotus, d'iris et de nénufars ; un léger pont de bois le traverse ; le sentier qui y mène descend de gradin en gradin, et passe en longs circuits par des bosquets de bambous panachés, d'azalées, de palmiers nains, de momes et de camélias ; puis au pied de beaux groupes de pins des plus petites espèces, couronnant des rochers revêtus de lierre ; et enfin le long de collines gazonnées ou émaillées de fleurs, parmi lesquelles le lis élève sa blanche corolle au-dessus d'arbustes nains ou taillés en formes arrondies.

Quand on contemple ce tableau du fond de la vallée, il n'offre de tous côtés aux regards que des lignes gracieuses, des mouvements de terrain ondulés, des combinaisons de formes et de couleurs également harmonieuses. Rien n'y excite particulièrement l'attention ; tout, dans l'ensemble et dans les détails de la scène, tend à replier l'esprit sur lui-même, à le bercer de molles rêveries, et à ne lui laisser d'autre impression que la vague jouissance du repos.

Bien que les Japonais se complaisent, à l'occasion, en cet état voisin de l'insensibilité physique et de l'anéantissement idéal recommandés par le bouddhisme, ils sont pourtant fort éloignés de s'y livrer avec passion ou par système. S'ils ont quelque esprit de suite

JARDIN BOURGEOIS A YÉDO.

en ce qui concerne leur conduite journalière, il ne faut guère le chercher que dans leurs pratiques hygiéniques.

Au nombre de ces dernières, les bains tiennent le premier rang. Indépendamment de leurs ablutions matinales, chaque jour, ou peu s'en faut, les Japonais de tout âge et des deux sexes prennent un bain d'eau chaude. Ils aiment que la température en soit élevée, c'est-à-dire plutôt au-dessus qu'au-dessous de 50 degrés centigrades. Ils restent quinze à trente minutes dans l'eau, tantôt s'y plongeant jusqu'aux épaules, tantôt n'en ayant que jusqu'à la ceinture, selon qu'ils se tiennent couchés ou accroupis; et pendant tout ce temps ils évitent avec le plus grand soin de se mouiller la tête. Il n'est pas rare que des congestions au cerveau et même des coups de sang ne soient la conséquence de cette accumulation d'habitudes déraisonnables.

Une coutume passée à l'état de besoin journalier et pratiquée par l'universalité d'une énorme population ne saurait évidemment se renfermer dans le secret du huis-clos. Il s'est donc établi au Japon une sorte de convention tacite d'après laquelle le bain rentre dans la catégorie des actions que l'on peut appeler indifférentes, au point de vue de la morale publique, ni plus ni moins que le repos, la promenade, le sommeil, le manger et le boire.

Comme les gens des classes supérieures de la société jouissent de dortoirs et de salles à manger, chaque maison de la noblesse, ou de la haute bourgeoisie, possède aussi une ou deux salles de bains réservées à l'usage domestique; et même il n'est pas de petit ménage bourgeois qui n'ait quelque modeste réduit où se trouve une baignoire munie de son appareil de chauffage. Quand le bain est prêt, la famille entière en profite successivement; en premier lieu le père, puis la mère, puis les enfants, et toute la maisonnée, y compris les domestiques. Cependant il est rare que l'on utilise la baignoire commune, parce que les frais de combustible qu'exigerait son emploi, plus ou moins habituel, dépasseraient de beaucoup la dépense d'un abonnement de famille à un établissement de bains publics. Aussi le gros de la population ne fait-il régulièrement usage que de ceux-ci. On en trouve dans toutes les rues d'une certaine importance, et partout ils attirent une telle affluence de baigneurs, surtout pendant les deux dernières heures du jour, que les tenanciers ont dû, pour ne renvoyer personne, faire entrer tout le monde pêle-mêle dans les mêmes réservoirs. Il y en a toujours au moins deux, séparés par une cloison basse ou par un pont de planches, et suffisamment spacieux pour recevoir douze à vingt baigneurs à la fois. Généralement les femmes et les enfants se groupent d'un côté, et les hommes de l'autre; mais c'est sans préjudice du principe supérieur qui veut que tout nouveau venu s'installe où il trouve place, quels que soient les premiers occupants. Le tenancier lui-même s'établit sur une estrade d'où il peut observer aussi bien les personnes qui entrent, et qui doivent en passant lui payer le tribut, que celles qui sont au vestiaire ou dans les réservoirs. Tantôt il fume sa pipe, tantôt il lit des romans pour se désennuyer.

L'empire de la convention qui régit les maisons de bains s'étend au delà du seuil de ces établissements, c'est-à-dire que si des baigneurs de l'un ou de l'autre sexe éprouvent le besoin de prendre l'air sur le trottoir, chacun les considère respectueusement comme étant au bénéfice de la fiction réglementaire, et, qui plus est, celle-ci les couvre jusqu'à leur propre demeure, lorsqu'il leur plaît d'y apporter intacte la belle teinte de homard que leur corps a reçue dans l'eau chaude.

Quelque étranges que ces mœurs nous paraissent, il est avéré qu'aucun Japonais, avant l'arrivée des Européens, ne se doutait qu'elles pussent avoir un côté répréhensible. Elles lui semblaient, au contraire, en parfaite harmonie avec les convenances de sa vie domestique, et, au surplus, irréprochables au point de vue moral, puisqu'elles excluaient toute préoccupation étrangère au devoir hygiénique et religieux de la purification du corps. L'Européen, de son côté, n'a pas voulu croire à la réalité de cette absence de préoccupation, à la possibilité de cette vertu d'abstraction dont l'indigène se faisait fort. Mettant lui-même le pied dans les maisons de bains, son regard et son sourire ont rendu malséant ce qui ne l'était jusqu'alors aux yeux de personne : « Ce peuple n'a pas de pudeur, » s'est-il dédaigneusement écrié. « Cet étranger n'a pas de moralité, » a répliqué le Japonais. Sans avoir, de mon côté, ni la prétention de clore le débat, ni la velléité de le prolonger, il m'est impossible de souscrire à l'opinion couramment admise, qui refuse aux habitants du Japon le sentiment de la pudeur. L'un de ceux qui ont pris part à l'Exposition universelle disait, avec beaucoup de raison : « Nous voyons en plein jour, à Paris, des choses que nul de nous ne se permettrait de nuit, en présence de témoins. »

Mais une observation beaucoup moins contestable, et qui peut expliquer bien des singularités, c'est que les Japonais n'ont décidément pas le sentiment de la beauté plastique, et qu'elle n'exerce donc point sur leur imagination ces séductions que nos modes, nos mœurs et notre genre de vie tendent constamment à provoquer. Rien de plus caractéristique, à cet égard, que la manière dont les peintres indigènes dessinent les héros et les héroïnes de leurs scènes de genre et de galanterie. Mais encore un peu de temps, et le Japon sera sous l'influence des Japonais qui ont visité l'Europe, et spécialement de ceux qui y font actuellement un séjour prolongé. Si la comparaison qu'ils auront faite des deux civilisations ne les engage pas à recommander d'enthousiasme l'adoption de la nôtre dans ses moindres détails, on peut être bien certain qu'ils réformeront, en tout cas, leurs coutumes nationales sur les points qui ont provoqué les moqueries des étrangers.

Plusieurs des grandes maisons de bains de Yédo ajoutent aux ressources ordinaires de ce genre d'établissements quelques installations ayant un but thérapeutique, telles que des baignoires réservées et des douches d'eau froide ou d'eau chaude.

Les médecins des classes opulentes de la société sont toujours sûrs de se mettre dans les bonnes grâces de leurs patients en leur recommandant de faire, pendant la belle saison, une cure prolongée dans quelqu'un des endroits de montagnes réputés pour la vertu de leurs eaux. Il en est de particulièrement célèbres dans l'île de Kiousiou, au pied des volcans d'Aso et de Wounsentaké. Les sources thermales que l'on y trouve sont, pour la plupart, sulfureuses et d'une température très-élevée. On les utilise surtout dans les cas d'affections rhumatismales et de maladies de la peau.

Il n'est pas encore venu à l'esprit des Japonais de rehausser les charmes de la saison

ÉTABLISSEMENT DE BAINS PUBLICS, A YÉDO.

des bains par l'appât de la roulette et du trente et quarante. Tout ce qu'il y a parmi eux de gens de bonne compagnie, dédaigne les jeux de hasard. On abandonne les cartes aux laquais et aux palefreniers, et encore ne leur permet-on pas de jouer de l'argent.

Le petit bourgeois ne se dérange pas volontiers de ses habitudes pour augmenter la clientèle des eaux thermales en renom. Dans un cas d'insuffisance bien constatée de la Faculté, il entreprendrait plutôt un pèlerinage qu'une cure de bains.

Au reste, il n'est pas sans avoir ses idées sur la médecine. A son avis, la cause latente de toutes les perturbations de la machine humaine réside dans l'action plus ou moins

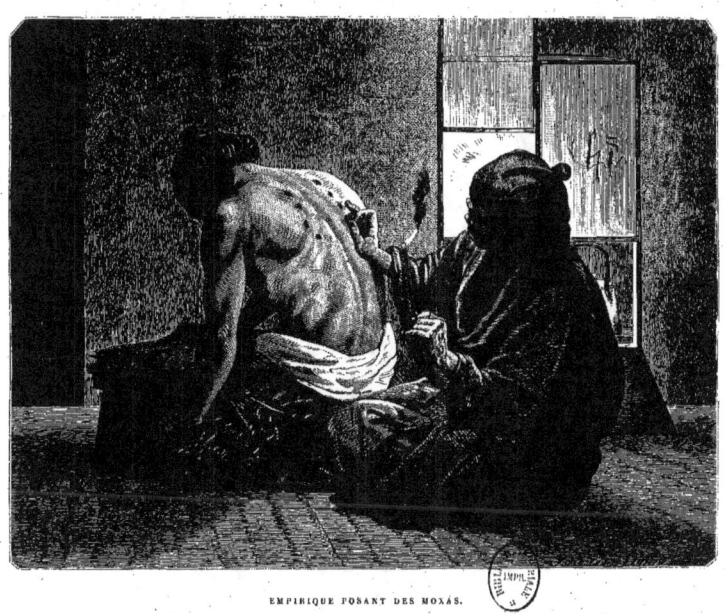

EMPIRIQUE POSANT DES MOXAS.

déréglée des vapeurs intestines, lesquelles apparemment ne sont autre chose que celles dont parle Sganarelle, c'est-à-dire « ces vapeurs formées par les exhalaisons des influences qui s'élèvent dans la région des maladies. » Les bains quotidiens contribuent, sans aucun doute, à les dégager et à les dissoudre. Toutefois, lorsqu'il survient quelque dérangement inopiné, quelque malaise subit, pendant les heures de travail ou de récréation, il est bon d'avoir sous la main la petite boîte à médicaments, et c'est pourquoi l'on a soin de la suspendre à la ceinture, au même jeu de cordons que la pipe et le sac à tabac. Mais si le gaz morbifique résiste aux poudres et aux pilules de la petite boîte, il faudra, selon les circonstances, recourir soit au remède caustique, soit à l'acuponcture. Le premier n'exige pas absolument l'intervention du chirurgien. Chaque ménage bien monté possède sa provision de petits cônes en feuille d'armoise, avec lesquels se fait l'application des moxas ; et toute bonne ménagère doit savoir quels sont, d'après les symptômes ou les effets du mal, les endroits du corps qu'il convient de soumettre à la brûlure, comme, par exemple, les épaules dans l'indigestion, les maux d'estomac et la perte de l'appétit ; les

TROIS MEMBRES DE LA CONFRÉRIE DES AVEUGLES.

vertèbres du dos dans les atteintes de pleurésie ; le muscle adducteur du pouce dans les cas de maux de dents, et ainsi du reste. Telle est la réputation du moxa chez le peuple japonais, qu'on l'emploie très-fréquemment à titre de préservatif, et même à époque fixe, une ou deux fois par an.

L'acuponcture, que l'on envisage comme le remède souverain contre la colique, consiste à pratiquer, au moyen de fines aiguilles en or ou en argent, six ou neuf profondes piqûres dans la région abdominale où est le siége de la douleur.

Comme il existe dans certaines contrées de l'Europe une classe d'empiriques qui joignent à la profession de barbier l'art d'arracher les dents, de poser des sangsues et d'appliquer des ventouses, le Japon possède toute une catégorie de chirurgiens subalternes, qui se vouent spécialement à l'exercice de la méthode caustique et surtout de la ponction par aiguilles. On les désigne sous le nom de Tensasi, « les gens qui palpent, » et cela en raison des préliminaires obligés de leurs opérations. Quelque talent qu'ils puissent déployer dans leurs diverses fonctions, il ne leur est jamais permis d'y joindre

TROUPES D'AVEUGLES EN VOYAGE ÉGARÉS AU PASSAGE D'UN BAC.

le massage, genre de traitement fort usité au Japon dans les cas d'irritation nerveuse ou d'affections rhumatismales.

Le motif de cette exclusion me fut révélé par un marchand de laque chez lequel j'eus l'occasion d'assister à un spectacle qui me parut, au premier abord, d'une interprétation difficile. Une femme couchée sur le flanc gauche, et gisant tout de son long sur les nattes de l'arrière-boutique, supportait patiemment en croupe le poids d'un grand gaillard qui, des deux mains, lui pétrissait les épaules. — « Et c'est votre femme? » demandai-je au bon bourgeois. Celui-ci, pour toute réponse, me fit un signe affirmatif, puis, étendant l'index et le médium de la main gauche sur ses deux paupières, il me signifia de la sorte que l'inconnu était un aveugle.

Je compris alors que chez les Japonais les lois de la décence exigent que le massage ait pour agents des hommes privés du sens de la vue, ce qui n'est point le cas dans nos établissements hydrothérapeutiques, et je protestai une fois de plus contre les allégations malveillantes que l'on se plaît à répandre touchant la pudeur des fils et des filles du grand Nippon.

Je me souviens aussi d'avoir fréquemment rencontré dans les rues des aveugles suivant avec précaution le trottoir, tenant de la main droite un bâton de montagne, et de la gauche un bout de roseau taillé en sifflet, dont ils tiraient par intervalles un son plaintif et prolongé.

C'est ainsi qu'ils signalent leur passage aux familles bourgeoises où il peut y avoir quelque sujet à masser. Tous ont la tête rasée et portent une robe d'étoffe unie, grise ou bleue.

J'appris qu'ils forment dans l'Empire une grande confrérie, qui se divise en deux ordres. Le plus ancien, celui des Bou-Setzous, a un caractère religieux et relève du daïri. Il fut institué et doté par le fils d'un Mikado, le prince Sen-Mimar, qui était devenu aveugle à force d'avoir pleuré la mort de sa maîtresse.

Je me demande si, dans toute l'Europe, on a jamais vu, je ne dirai pas un prince de l'Église, mais un simple fils de roi ou d'empereur dont les yeux se soient fondus pour un chagrin d'amour?

L'ordre rival des Bou-Setzous, qui est celui des Fékis, a une origine plus récente, mais non moins chevaleresque.

La grande victoire remportée à Simonoséki par le Siogoun Yoritomo, avait mis fin aux guerres civiles qui déchiraient l'Empire. Féki, le chef du parti rebelle, était resté sur le champ de bataille. Son valeureux général, nommé Kakékigo, ne tarda pas à tomber au pouvoir du vainqueur. Celui-ci fit traiter son prisonnier avec toutes sortes d'égards. Lorsqu'il crut l'avoir gagné par ses bons procédés, il l'appela en sa présence et le pressa de se rallier à la cause impériale : — « J'ai été le fidèle serviteur d'un bon maître, répondit le général ; et puisque j'ai dû le perdre, nul autre au monde ne lui succédera dans mon estime. Quant à vous, auteur de sa mort, je ne saurais vous regarder sans souhaiter de pouvoir faire tomber votre tête à mes pieds. Mais vous me confondez par votre magnanimité : acceptez donc le seul sacrifice par lequel je puisse lui rendre hommage ! »

Et en achevant ces paroles, l'infortuné s'arracha les deux yeux, comme pour les offrir à son nouveau maître.

Yoritomo le mit en liberté et lui fit une donation dans la province de Fiougo. Le général, de son côté, fonda pour les aveugles, avec l'autorisation du Mikado, l'ordre des Fékis, lequel l'emporta bientôt en nombre et en richesse sur celui des Bou-Setzous. Tous les membres de la société doivent exercer une profession : il en est qui se font musiciens, spécialement joueurs de biwà ; la plupart cependant s'adonnent à la pratique du massage. Les gains recueillis de ville en ville par les uns et par les autres sont versés dans la caisse centrale, qui pourvoit, au moyen d'une solde fixe, à la subsistance de tous les sociétaires indistinctement, jusqu'à la fin de leurs jours.

Le gouverneur de l'ordre réside à Kioto. On assure qu'il exerce sur ses administrés le droit de vie et de mort, sous la seule réserve de la suprématie impériale.

LE MASSAGE.

MARIAGE JAPONAIS.

CHAPITRE XXXIX

SOLENNITÉS DOMESTIQUES

S'il n'est pas difficile à l'étranger qui séjourne au Japon d'entrer en relations avec les gens du peuple, et de pénétrer même dans l'intimité de la vie bourgeoise, je doute que jamais il trouve l'occasion de se faire admettre à des fêtes de famille, chez quelque personne que ce soit de la société indigène.

Dans toutes les contrées de l'extrême Orient, le mariage d'une fille ne se célèbre et ne donne lieu à des réjouissances, plus ou moins prolongées, que dans la maison de l'époux. Mais tandis que le Chinois est fier d'inviter aux noces de son fils quelques hôtes étrangers, pour faire parade à leurs yeux de la pompe qu'il sait déployer dans les grandes circonstances, le Japonais, au contraire, entoure de la plus discrète réserve les formalités et les cérémonies relatives à cet acte solennel. Il l'envisage comme une affaire trop sérieuse pour qu'il puisse se permettre d'y appeler des personnes autres que les proches parents et les confidents des deux principaux intéressés.

La plupart des mariages japonais sont le résultat d'arrangements de famille, préparés de longue date sous la seule inspiration de ce bon sens pratique qui est l'un des traits du caractère national.

La fiancée n'apporte pas de dot, mais on lui fait un trousseau dont mainte dame d'un rang supérieur pourrait s'accommoder. On exige d'ailleurs de sa part une réputation sans tache, un caractère doux et paisible, une instruction appropriée à son sexe et toutes les dispositions d'une bonne ménagère.

Les considérations d'intérêt pécuniaire ne viennent qu'en seconde ligne, et elles donnent lieu plutôt à des combinaisons d'affaires qu'à des marchés d'argent. Ainsi, quand un bon bourgeois qui n'a pas d'enfant mâle, donne en mariage sa fille unique ou sa fille aînée, l'époux reçoit le titre de fils adoptif de son beau-père, prend le nom de celui-ci, et lui succède dans l'exercice de son industrie ou dans la gestion de son commerce.

Les noces japonaises sont précédées d'une cérémonie de fiançailles qui réunit les principaux membres des deux familles, et dans laquelle il n'est pas rare que les futurs époux apprennent pour la première fois les projets que leurs parents ont formés à leur égard.

A dater de ce moment on leur fournit l'occasion de se voir et d'apprécier la sagesse du choix qu'on leur a épargné la peine de faire. Les visites, les invitations, les présents, les préparatifs d'installation dans le futur domicile conjugal, se succèdent avec tant de charme, que bientôt les deux jeunes époux ne peuvent assez se féliciter de l'avenir qui leur est promis.

La noce a lieu généralement quand le fiancé atteint sa vingtième année et que sa compagne approche de la seizième. De grand matin on transporte au domicile de l'époux le trousseau de la jeune fille et on le dispose avec goût dans les pièces destinées à la célébration de la fête. C'est aussi là que les images des dieux et des saints patrons des deux familles sont suspendues, pour la circonstance, devant un autel domestique orné de fleurs et chargé d'offrandes. Les aquariums s'enrichissent de plantes variées, dont les groupes pittoresques présentent une signification symbolique. Des tables de laque supportent des cèdres nains et des figures personnifiant le premier couple, accompagné de ses vénérables attributs, la grue et la tortue centenaires. Enfin, pour compléter le tableau par une leçon de morale et de patriotisme, on mêle aux cadeaux de la fête, quelques paquets de fucus comestible, de moules et de poisson séché, qui rappelleront au jeune ménage la nourriture primitive et la simplicité de mœurs des anciens habitants du Japon.

Vers le milieu du jour, un splendide cortége envahit les salles ainsi préparées : la jeune épouse, vêtue et voilée de blanc, s'avance, escortée de deux amies de noce et suivie d'une foule de proches, de voisins et d'amis, en costume de cérémonie éclatant de brocart, d'écarlate, de gaze et de broderies. Les deux amies de noce font les honneurs, distribuent les places, ordonnent les apprêts de la collation, et voltigent d'un groupe à l'autre comme l'exige le rôle qui leur est assigné. On les surnomme le papillon mâle et le papillon femelle. Il faut que dans la coupe et dans les broderies de leurs robes, de crêpe et de gaze, elles personnifient le couple charmant dont la nature, selon l'opinion populaire, a fait l'emblème de la félicité conjugale. Puissiez-vous de même, semblent-elles dire aux deux fiancés, savourer les fleurs de la vie, planer d'un vol aérien sur la terrestre carrière, et la parcourir toujours joyeux, toujours unis, jusqu'à la fin, jusqu'à ce que votre heureuse existence s'exhale en commun dans un dernier embrassement !

A l'exception de certaines sectes bouddhistes, qui admettent parmi leurs rites une bénédiction nuptiale, nulle part au Japon l'on ne voit le prêtre intervenir dans la célébration du mariage.

On n'y connaît pas davantage les publications de bans, non plus que les autres formalités dont nos codes entourent l'accomplissement de l'acte civil. Dans toutes les villes japonaises, l'officier de police qui constate une fête nuptiale dans le quartier soumis à sa surveillance, inscrit de son chef un couple de plus sur le rôle de recensement qu'il doit tenir à jour. La notoriété publique, il faut le dire, est aussi complète que possible. Titsingh a écrit tout un volume pour suivre de degré en degré, selon les règles strictes de l'ordre traditionnel, la longue épopée de la négociation et de la conclusion d'un mariage dans les classes opulentes de la société japonaise. Il est digne de remarque que, parmi tant de cérémonies, on ne rencontre rien de semblable à un engagement signé par les intéressés, ni même à un acte de consentement mutuel non signé, mais dûment verbalisé. Cette absence de toute garantie propre à sauvegarder la liberté individuelle de l'un ou de l'autre époux constitue évidemment un privilége en faveur du sexe fort. Refuser à la femme le moyen de former opposition, c'est lui enlever le seul droit qui puisse la rendre, en principe, l'égale de l'homme. Il n'y a que le christianisme qui ait franchi ce suprême degré de l'émancipation de la femme, et un abîme sépare ce degré de l'extrême limite à laquelle ont atteint les civilisations païennes les plus avancées.

A part cette réserve, il est juste de reconnaître ce qu'il y a de respectable à ce que deux jeunes époux s'envisagent comme unis pour la vie, par le seul fait combiné de la publicité de leurs fiançailles et de la solennité donnée à leurs noces.

Un symbolisme touchant ressort de la cérémonie décisive qui remplace pour eux notre oui sacramentel. Parmi les objets étalés au milieu du cercle des conviés on remarque un vase en métal, de la forme d'un puisoir, muni de deux goulots. Cet ustensile est élégamment orné de bandelettes en papier de couleur. Au signal convenu, l'une des dames d'honneur le remplit de saki ; l'autre le prend par le manche, l'élève à la hauteur de la bouche des deux époux agenouillés, et y fait boire alternativement l'époux et l'épouse, chacun au goulot qui est placé devant ses lèvres, jusqu'à ce que le vase soit vidé. C'est ainsi que, mari et femme, ils devront épuiser ensemble la coupe de la vie conjugale : chacun y boira de son côté, mais tous deux y goûteront la même ambroisie ou le même fiel ; tous deux partageront également les peines et les afflictions, aussi bien que les joies de cette nouvelle existence.

Si le charme poétique du symbolisme des affections naturelles suffisait à moraliser les peuples, les Japonais seraient les meilleurs maris du monde. Malheureusement ce même homme qui a le droit de tuer sa femme sur un simple soupçon, si, par exemple, il la voit seule en conversation avec quelqu'un d'étranger à leurs relations de famille, ne se fera pas scrupule d'introduire une première concubine, et bientôt une seconde, puis une troisième, et peut-être une quatrième, sous le toit conjugal.

On prétend que pour ménager la dignité de l'épouse légitime, le rang suprême qui lui appartient comme mère de famille et maîtresse de maison, le mari daigne la consulter sur le choix de chacune des perles de beauté qu'il trouve bon d'ajouter au trésor de ses félicités domestiques. On assure que la dame la plus fière de ses droits et de ses prérogatives n'éprouve aucune jalousie, et ne voit pas même avec trop de déplaisir une augmentation du train de sa maison, qui lui permet de régner sur une suite d'autant plus nom-

VISITES DE CONDOLÉANCE.

breuse de bonnes femmes, ses très-humbles servantes, et de petits valets, esclaves des caprices de ses propres enfants.

Ce tableau toutefois est bien loin de répondre à la réalité. Il y a sans doute une classe de la société japonaise où les liens du mariage sont nécessairement très-relâchés : c'est la classe des daïmios, autrefois condamnés par l'inhumaine politique des Siogouns à laisser leurs femmes et leurs enfants en otage à Yédo, pendant que les soins de leur administration seigneuriale les obligeaient à faire eux-mêmes un séjour prolongé dans leurs châteaux ou forteresses de province. Mais les mœurs licencieuses de la noblesse ne peuvent se propager impunément dans les rangs de la bourgeoisie. Lors même que la mère de famille s'efforce de dévorer en silence son humiliation, c'en est fait pour les deux époux de la paix et du bonheur domestiques. Le relâchement des liens de l'estime et de la confiance mutuelles amène la rupture de la communauté des intérêts. Le désordre pénètre dans les affaires de la maison. Le mari néglige l'exercice de sa profession et cherche à s'étourdir sur son véritable état moral, par l'usage toujours plus immodéré du saki. Enfin la gêne, les maladies, et souvent aussi quelque catastrophe violente, entraînent la dissolution ou la ruine de ce même ménage qui s'était fondé sous les auspices des plus fortunés symboles.

Les gens de la petite bourgeoisie et en général ceux qui composent la masse du peuple, sont, par l'exiguïté de leurs moyens d'existence, à l'abri du fléau que je viens de signaler. La plupart des ménages de boutiquiers, d'artisans, d'ouvriers et de cultivateurs réclament le travail incessant du père et de la mère de famille, l'union constante de leurs

CÉRÉMONIES FUNÈBRES : SERVICE DEVANT LE CERCUEIL, DANS LA MAISON MORTUAIRE.

efforts, non point certes pour atteindre à l'aisance, mais uniquement pour satisfaire aux exigences les plus élémentaires de la vie.

L'irruption d'un vice quelconque dans un pareil ordre de choses en provoquerait la ruine immédiate. On voit de jeunes ménages qui luttent héroïquement pendant des années pour éteindre la dette de leurs frais de noces. D'autres ont su résister à l'entraînement de la coutume nationale.

Le procédé dénote un peuple qui annonce d'heureuses dispositions pour l'art de la comédie. Un couple de bonnes gens possède une fille à marier, et celle-ci connaît un brave garçon qui ferait un excellent parti, s'il ne lui manquait les fonds nécessaires pour donner à sa belle et à ses parents les présents de noce de rigueur et pour tenir table ouverte pendant une huitaine de jours. Un beau soir, le père et la mère, revenant du bain, ne trouvent plus au logis la jeune demoiselle. Ils s'informent dans le quartier :

personne ne l'a vue ; mais voisins et voisines s'empressent d'offrir leurs services pour aller à sa recherche, de concert avec les parents désolés. Ces derniers acceptent, et, de rue en rue, conduisent le cortége improvisé jusqu'à la porte de l'amoureux. C'est en vain que, retranché derrière ses panneaux, le galant fait la sourde oreille. Il doit enfin céder aux instances de la troupe qui l'appelle : il ouvre, et sur ses pas la jeune fille en larmes se jette aux pieds des auteurs de ses jours, qui la menacent de leur malédiction. Là-dessus, intervention des âmes charitables que ce spectacle émeut ; attendrissement de la mère ; fière et inexorable attitude du père ; coalition et assaut d'élo-

MENDIANTS A LA PORTE D'UN MORT.

quence de tous les assistants, pour fléchir la dureté de son cœur, et chaleureuses protestations du prétendant, qui s'engage à devenir le modèle des gendres. Enfin le père n'y tient plus : sa résistance est vaincue : il relève sa fille, il pardonne à l'amant et le nomme son beau-fils. Bientôt, comme par enchantement, des coupes de saki circulent dans les rangs de la société ; tout le monde prend place sur les nattes de l'appartement ; on fait asseoir les deux coupables au milieu du cercle, on leur verse à pleins bords un bol de saki, et quand ils l'ont vidé, le mariage est reconnu et proclamé comme valablement contracté, en présence d'un nombre suffisant de témoins, et le tabellion l'enregistre le lendemain sans la moindre difficulté.

UN CONVOI FUNÈBRE A NAGASAKI.

SOLENNITÉS DOMESTIQUES.

On ne connaît pas au Japon la coutume des voyages de noces. Loin de laisser les jeunes époux jouir en paix de leur bonheur, il n'est sorte de prétextes que l'on n'invente pour les accabler d'invitations et de visites, toujours accompagnées de collations et de libations prolongées.

Aussitôt que l'épouse a l'espoir de devenir mère, le ban et l'arrière-ban de la parenté se réunissent à son domicile, et la proclamation de l'heureuse nouvelle est saluée par un concert de félicitations bourrues, de questions indiscrètes, et de confidences hygiéniques, absolument intraduisibles dans nos idiomes de l'Occident, à moins que l'on ne veuille recourir au latin. La jeune femme, à dater de ce moment, passe sous la haute direction d'une matrone expérimentée, l'obassan, vrai personnage de comédie, dont toute la science consiste à se rendre indispensable pour le reste de ses jours dans la maison où elle a su faire agréer ses services. Le troisième mois atteint, nouvelle solennité, non moins difficile à décrire que la précédente. L'obassan en fait les honneurs : elle déploie avec dignité, étale aux yeux des témoins, décrit en long et en large, et finalement applique à sa protégée la ceinture traditionnelle de crêpe rouge, qui ne doit plus être déposée qu'à la sixième lunaison. Quand l'heure suprême s'est annoncée, parents et voisins font cercle autour de la patiente, qui, tantôt gisante sur le flanc, tantôt accroupie et se soutenant des deux mains à une bande d'étoffe fixée au plafond de sa chambre, subit avec une humble résignation la torture que lui imposent tour à tour les ordres de l'obassan et les avis contradictoires des conseillers officieux. L'événement même ne fait que redoubler leurs obsessions. Un inconcevable préjugé refuse à la jeune mère le repos réparateur que tout son être sollicite ; elle ne le trouve que lorsque son enfant, après avoir reçu les premiers soins nécessaires, est enfin déposé entre ses bras.

Ici commence la seconde phase de sa carrière conjugale. Son rôle de nourrice durera deux années au moins, pendant lesquelles ses largesses devront s'étendre jusqu'aux enfants de ses amies, selon les règles de civilité qui président aux visites des dames japonaises.

Par un autre échange de courtoisie, les grandes filles du voisinage se disputeront la faveur de porter le nouveau-né à la promenade, non point dans une pensée de puérile ostentation, mais afin de s'exercer, plus sérieusement qu'on ne peut le dire, à le combler entre leurs bras et sur leur poitrine de tous les soins, réels ou simulés, qui concernent l'apprentissage de leur future vocation.

Le trentième jour après sa naissance, tout citoyen du grand Nippon reçoit son prénom, ou plutôt son premier nom, car il en prendra un autre à sa majorité, un troisième en se mariant, un quatrième quand il exercera quelque fonction publique, un cinquième lorsqu'il montera en grade ou en dignité, et ainsi de suite jusqu'au dernier, le nom que l'on donne après la mort et que l'on grave sur la tombe, celui qui consacre la mémoire du défunt, de génération en génération.

La cérémonie qui correspond à notre baptême est une simple présentation du nouveau né au temple du dieu de ses parents. Excepté dans quelques sectes, elle n'est point accompagnée d'aspersion d'eau, ni de formalités de purification. Le père remet un billet portant trois noms entre les mains du bonze de service. Celui-ci les copie sur trois feuilles détachées, qu'il mêle et secoue au hasard en prononçant à haute voix une invocation sacramentelle, jusqu'à ce qu'enfin il les fasse voler en l'air, et la première feuille qui, en retombant, touche le sol du saint lieu, désigne, parmi les trois noms, celui qui est le plus agréable à la divinité. Le bonze l'inscrit aussitôt sur une feuille de papier bénit, qu'il détache de son goupillon et confie comme un talisman à la sollicitude du père de famille. Alors, l'acte religieux étant consommé, il ne reste plus qu'à le célébrer par des visites et des banquets appropriés à la condition sociale du héros de la fête. Celui-ci

CÉRÉMONIES FUNÈBRES : L'INCINÉRATION.

reçoit à cette occasion divers présents, parmi lesquels deux éventails s'il appartient au sexe masculin, et un pot de pommade s'il s'agit d'une fille. Les éventails sont les précurseurs des sabres, et la pommade est le présage des charmes féminins. On ajoute à ces dons, dans l'un et l'autre cas, un paquet de fil de chanvre, ce qui doit être l'équivalent d'un souhait de longévité.

Le baptême d'un enfant est toujours un sujet de munificence de la part de la famille envers les prêtres de sa religion. Il s'entend de soi-même que les prêtres ne manquent pas d'inscrire l'enfant au nombre de leurs ouailles et de le suivre avec sollicitude dans toutes les phases de sa vie. Les registres des bonzeries ont la réputation d'être

SOLENNITÉS DOMESTIQUES. 135

très-bien tenus; ils doivent être constamment à la disposition des officiers de police.

A l'âge de trois ans, le jeune garçon commence à porter la ceinture, et à l'âge de sept ans, s'il est samouraï, les deux sabres insignes de sa caste. Il va sans dire que ces armes, en rapport avec sa taille, ne sont que provisoires. C'est à quinze ans qu'il les échange contre les sabres éprouvés dont sa famille lui confère pour la vie le glorieux dépôt.

Dans la classe bourgeoise, à défaut de cérémonies chevaleresques, les trois dates que je viens de signaler, et principalement la dernière, sont l'objet de réjouissances qui ne le cèdent qu'aux fêtes du mariage. Le jour même où le jeune homme a quinze ans révolus, il atteint sa majorité, il adopte la coiffure des hommes faits, il entre en part dans les affaires de la maison paternelle. La veille encore on lui parlait comme à un enfant : tout à coup le ton de son entourage change à son égard; les formes cérémonieuses de

CÉRÉMONIES FUNÈBRES : ON RECUEILLE LES RESTES.

la civilité nationale rehaussent à ses propres yeux la valeur de son émancipation, et il s'empresse, de son côté, de répondre aux félicitations dont il est l'objet, de manière à prouver que, s'il est fier de sa nouvelle position, il en comprend aussi 'a responsabilité. Ce noble témoignage, en effet, ne se borne nullement à de vaines déclarations, et je n'hésite pas à relever, parmi les traits de mœurs les plus intéressants de la société japonaise, le zèle, la persévérance, le vrai sérieux, avec lesquels les jeunes gens de quinze ans savent abandonner les plaisirs de l'enfance pour commencer la rude école de la vie pratique et se mettre en état de faire honorablement leur chemin dans le monde.

L'apprentissage d'une profession manuelle équivaut à un servage de dix années. Le patron, pendant ce temps, donne le logement, les vêtements et la nourriture, mais jamais le moindre salaire, si ce n'est pourtant vers la fin, quand l'apprenti est devenu ouvrier, l'argent de poche dont il a besoin pour se procurer du tabac. Néanmoins l'instruction professionnelle ne souffre pas de cet état de choses. Le patron même est intéressé à ce qu'elle soit aussi complète que possible, car c'est lui qui présente à la tribu dont il est membre, l'ouvrier qui sollicite la maîtrise. Seulement, comme on vient de le voir, celui-ci ne peut guère la postuler qu'à l'âge de vingt-cinq ans révolus. Aussitôt qu'il l'a obtenue, son maître lui donne la liberté et, à titre de gratification, l'outillage nécessaire pour monter un modeste atelier. Le mariage ne tarde pas à embellir de sa douce consécration le nouvel établissement.

Il arrive assez fréquemment que l'ouvrier se marie avant de s'être établi ; mais c'est

CÉRÉMONIES FUNÈBRES : TOMBEAU OÙ L'ON DÉPOSE L'URNE CINÉRAIRE.

lorsque les circonstances économiques de ses parents lui permettent de placer sa femme sous leur toit et à leur table, en attendant qu'il puisse lui-même tenir ménage.

Dans toutes les familles japonaises, la mort est l'occasion d'une série de solennités domestiques plus ou moins somptueuses, selon le rang du défunt, mais en tout cas fort à charge aux parents les plus rapprochés. Ils ont d'abord à supporter les frais des cérémonies religieuses qui sont du domaine des bonzes : il faut payer les derniers sacrements ; les veilles et les prières qui se sont faites sans interruption dans la maison mortuaire jusqu'au moment des funérailles ; le service à domicile qui a précédé le départ du convoi ; la messe funèbre célébrée au temple, et toutes les fournitures relatives à

SOLENNITÉS DOMESTIQUES.

l'inhumation ou à l'incinération du cadavre, telles que cercueil, draperies, cierges, fleurs, combustible, urne, tombeau, collations et offrandes données à la bonzerie. Ensuite vient le tour des coulies qui ont lavé le corps, et de ceux qui ont porté le cercueil, et des valets du couvent chargés du gros ouvrage dans l'enceinte du cimetière. Mais ce n'est pas tout, car un pieux usage impose aux gens d'une certaine condition l'obligation d'installer à la porte de leur maison, la veille de la cérémonie funèbre, un domestique chargé de distribuer des aumônes en petite monnaie à tous les pauvres indistinctement qui viennent réclamer cette faveur. En outre, au retour du cortége, les personnes

LA FIN DU PARIA.

qui en ont fait partie s'imagineraient manquer aux plus simples égards, si elles ne prenaient congé du chef de la famille affligée en consommant la collation que celui-ci croit devoir leur offrir, comme témoignage de sa gratitude.

Quoi qu'il en soit de toutes ces dépenses, il faut chercher ailleurs la cause de l'impatience à peine dissimulée avec laquelle les Japonais s'acquittent envers leurs proches de l'accomplissement des derniers devoirs. La vérité est que, tout aguerris qu'ils sont à la vue du sang, aux scènes d'homicide, ils ne peuvent surmonter, même à l'égard des membres de leur propre famille, l'instinctive répugnance, la naïve et profonde horreur que leur cause la présence ou le seul voisinage d'un cadavre, lorsqu'il s'agit de simples cas de décès.

Il y a cependant de nobles exceptions. On trouve parmi les femmes japonaises des épouses et des mères qui, maîtrisant toute crainte superstitieuse, savent prouver à leur manière que l'amour est plus fort que la mort. Tandis que les hommes de la maison croient s'être acquittés de leur tâche en appelant les bonzes pour faire des prières, et d'autre part un barbier accompagné de deux ou trois coulies pour procéder à la dernière toilette du défunt ; tandis qu'ils se retirent dans une pièce éloignée de la chambre mortuaire, pour passer leur temps de réclusion à boire et à fumer, la mère de famille reste jusqu'à la fin la fidèle compagne ou la tendre protectrice de l'époux ou du fils dont il ne lui reste plus que le corps inanimé. C'est elle qui, dans les premières heures du deuil, reçoit les visites de condoléance des gens du voisinage et de la parenté. Humblement prosternée sur des nattes tournées à l'envers, au pied d'un paravent également renversé, qui élève une lugubre barrière autour du cadavre, elle mêle ses sanglots aux soupirs et aux paroles de consolation des nombreux visiteurs. Mais aussitôt que les ensevelisseurs paraissent, elle se relève et les assiste dans tous les préparatifs dont ils sont chargés. La tête du mort doit être complétement rasée et son corps soigneusement lavé, à grandes douches d'eau tiède, dont on l'inonde dans la chambre de bain, en le tenant assis sur un baquet retourné. Quand les coulies l'ont essuyé, ils le soulèvent avec respect pour l'introduire dans son cercueil. L'opération n'est pas toujours facile. Les riches japonais qui sont pour le principe de l'inhumation, aiment à reposer en terre, accroupis dans d'énormes jarres, chef-d'œuvre de la poterie indigène. Il faut, dit-on, une certaine dose d'énergie, appuyée de vigoureux poignets, pour faire passer successivement par le col étroit de la jarre, le torse, le buste, et surtout les deux épaules du défunt.

Les gens de la petite bourgeoisie et du bas peuple adoptent pour cercueil un simple tonneau de douves de sapin, cerclé en écorces de bambou.

Soit qu'on le conduise en terre, soit qu'on le mène au bûcher, c'est là, dans cet étroit espace, que l'on accroupit le cadavre, la tête baissée, les jambes repliées sous le corps, et les bras croisés sur la poitrine : admirable symbolisme, qui consacre sous une forme plus éloquente que les sentences d'une épitaphe le dogme d'une vie future ! Car ce n'est nullement par hasard que les Japonais donnent à leurs morts l'attitude de l'enfant dans le sein maternel. Pourquoi tairais-je, en effet, l'acte final, le trait le plus significatif des adieux suprêmes? Toute réticence serait regrettable en un sujet si solennel. Au moment où les coulies vont poser le couvercle sur le cercueil, cette pieuse femme qui a suivi dans toutes leurs phases les lugubres apprêts de l'ensevelissement, se penche une dernière fois sur le cadavre et lui glisse entre les mains le viatique le plus étrange sans doute, mais peut-être aussi le plus remarquable de toutes les mythologies de l'antiquité. Ce n'est autre chose qu'une petite feuille de papier ployée en quatre, contenant un tronçon du lien qui unissait le défunt à sa mère, à l'instant où il vint au monde. Quand l'amour maternel, ou son héritier auprès du défunt, a confié aux mystères de la tombe cet emblème naïf d'une naissance à venir, quand il a déposé sous cette forme bizarre son

SOLENNITÉS DOMESTIQUES.

humble protestation contre le triomphe apparent de la mort, aussitôt le cercueil se ferme, et la plus importante des cérémonies funèbres nationales, la vraie solennité domestique, est accomplie.

Tout le reste n'est que pratiques superstitieuses, vaines pompes et pures formalités, où l'exorcisme alterne avec la glorification de l'orgueil de famille. Ce n'est pas assez que le mikosi protége le cercueil; il faut qu'à sa sortie de la demeure mortuaire il passe sous un cerceau de bambou bénit, qui retient dans la maison de deuil les malignes influences. Les bonzes ouvrent la marche, armés de leurs rosaires. Les plus proches parents sont habillés de blanc ou coiffés d'un vulgaire chapeau de paille, qu'ils ne déposeront qu'après avoir accompli les cérémonies de la purification. Un écriteau que l'on porte en avant du mikosi, proclame le nom que le défunt recevra dans son épitaphe. Les chevaux d'un chef militaire figurent dans son convoi funèbre, revêtus d'un caparaçon blanc et conduits par des palefreniers en deuil. Ses sabres, ses armoiries, sa bannière, divers objets précieux propres à rappeler le rang qu'il tenait dans le monde, sont exhibés de distance en distance, dans les divers groupes des gens de sa suite ou de sa parenté.

Quant au convoi du pauvre, il se réduit à un très-petit nombre de proches et d'amis, qui, pêle-mêle et pressant le pas, se hâtent d'atteindre, au coucher du soleil, la sinistre vallée où la crémation vulgaire se fait sous les auspices de quelque bonze de bas étage, délégué d'un couvent voisin.

Les yétas, les parias de la société japonaise, privés des secours de la religion, dédaignent toute espèce de cérémonies : ils chargent sur de simples brancards les cadavres de leurs frères d'abjection et les emportent dans un lieu désert. Là, ils amassent un monceau de bois mort sur lequel ils étendent les corps recouverts d'une natte de paille; et ils attisent de leurs mains le feu qui doit rendre aux éléments ces misérables restes de créatures humaines.

Enfin, au-dessous de la classe des yétas proprement dits, c'est-à-dire des artisans qui exercent des métiers impurs, tels que ceux d'écorcheurs, de tanneurs, de corroyeurs; au-dessous même des êtres flétris qui leur sont assimilés, savoir : les maîtres des hautes œuvres, les pourvoyeurs du vice, les lépreux, les culs-de-jatte, les mendiants enregistrés, il existe encore au Japon une dernière catégorie d'individus confinés à l'extrême degré de l'infamie légale, et ce sont les « christans », les descendants tolérés des familles chrétiennes indigènes qui n'ont pas été entièrement détruites dans les grandes persécutions du dix-septième siècle. Leur condition, en effet, est pire que celle des simples yétas. Ceux-ci vivent entre eux, hors barrière, dans un état voisin de la liberté. La loi les ignore systématiquement, au point que l'espace de terrain occupé par leurs campements de chaume ne compte pas dans l'indication des mesures milliaires. Les christans, au contraire, sont parqués dans l'enceinte des villes, où on leur assigne comme gîte, soit un quartier semblable au ghetto des Juifs dans les cités du moyen âge, soit une prison quand ils ne sont qu'en petit nombre. La police les surveille jusqu'à leur dernier soupir, et c'est elle qui prend soin d'enlever et de faire disparaître leurs cadavres, on ne sait où ni comment, mais à coup sûr de manière que le nom du Crucifié ne soit pas prononcé sur leurs cendres.

140   LE JAPON ILLUSTRÉ.

En résumé, le respect des morts ou le culte des tombeaux, qui est, en apparence, l'un des traits estimables de la religion bouddhiste, n'existe, à proprement parler, que pour les classes privilégiées, et dans la proportion des avantages que les bonzes en retirent. Le mode d'inhumation, la forme des cercueils, et surtout la pratique de l'incinération, introduite, en l'an 700, par le prêtre Toséo, ont permis aux bonzeries de détailler à l'infini les lots de terrain dont elles disposent. Un modeste enclos suffit à toute une famille pour un grand nombre de générations. La table commémorative, dressée sur le lieu où l'on a enfoui l'urne cinéraire, n'occupe avec ses accessoires guère plus de place que l'urne elle-même. L'entretien défectueux des sépultures du commun peuple contraste vivement avec le bel ordre des terrasses et des grands monuments funéraires qui s'élèvent dans leur voisinage. Les uns et les autres sont cependant confiés aux soins de la même bonzerie; mais il en est des tombeaux comme des indulgences : les bonzes en ont fait une question de tarif.

PRÉSENTATION AU TEMPLE.

PÊCHE AU FEU DANS LA BAIE DE YÉDO.

CHAPITRE XL

SÉJOUR EN RADE

Une ingénieuse machination des gouverneurs des affaires étrangères du Taïkoun faillit brusquer d'une façon peu courtoise la fin de notre premier séjour à Yédo.

Cet épisode de ma mission me paraît de nature à être mentionné, à titre d'aventure caractéristique, particulièrement propre à donner une idée de la politique d'expédients qui a signalé le règne éphémère du dernier Taïkoun de la dynastie des princes de Ksiou, le malheureux Minamoto Iyémotsi, auquel a succédé le Stotsbashi, fils du prince de Mito.

Le gouvernement taïkounal s'était engagé, par écrit, sur une démarche officieuse de M. Lindau, à conclure un traité avec la Suisse. Lorsque je me présentai pour recueillir l'effet de cette promesse, les ministres japonais objectèrent que des circonstances impérieuses en exigeaient l'ajournement. Il est vrai qu'à cette époque les conséquences politiques et économiques de l'établissement des Européens au Japon indisposaient de plus en plus les grands dynastes féodaux. Le Mikado, sous la pression des mécontents, se refusait à sanctionner les conventions internationales auxquelles le Taïkoun avait souscrit.

Il n'était question à la cour de Kioto que de provoquer la fermeture du port de Yokohama et, en général, l'expulsion des Européens de tous les points qu'ils occupaient sur les côtes du Nippon. Dans la perplexité où les jetaient ces manifestations, les hommes d'État du Taïkoun imaginèrent de donner à la fois aux légations étrangères les assurances les plus tranquillisantes quant au maintien des relations internationales, et à la cour du Mikado toutes les satisfactions qui pouvaient lui être offertes sans en venir à une rupture formelle et irrémédiable avec l'Occident.

C'est ainsi que, par un système bien entendu de petites vexations journalières, ils déterminèrent les consulats étrangers à évacuer le bourg de Kanagawa, où, conformément

ENTRÉE DE LA LÉGATION AMÉRICAINE, À YÉDO.

à la lettre des traités, on avait établi leur résidence. Quant aux ambassades qui s'étaient installées à Yédo sur la foi des mêmes traités, elles durent, l'une après l'autre, subir le sort des consulats. Lorsqu'il ne resta plus dans la capitale que la légation des États-Unis, déjà délogée par l'incendie, et la mission diplomatique de la Confédération suisse, les agents du Castel ne voulurent pas s'arrêter en si beau chemin, et ils se flattèrent qu'en un jour et d'un seul coup de filet ils viendraient à bout de leur tâche.

Un soir donc que nous rentrions de la promenade, un gouverneur des affaires étrangères survient inopinément et demande d'un ton mystérieux à me parler sans témoins.

Il m'informe que le parti qui veut créer des embarras au Taïkoun l'emporte dans les conseils de l'Empire : tous les grands daïmios se sont retirés à Kioto, et le Taïkoun lui-même a dû s'y rendre en toute hâte ; si pendant son absence nous restons à Yédo, nous y serons menacés des plus grands malheurs, car les lonines que les princes ont laissés dans la capitale complotent de détruire jusqu'aux derniers vestiges les légations étrangères ; telle est, en un mot, la gravité de la situation, que le ministre américain s'est décidé à prendre passage, dans la nuit même, sur un steamer de la marine de guerre japonaise à destination de Yokohama : et voilà, concluait le gouverneur, une occasion dont la mission suisse ferait sagement de profiter !

Je lui répondis que, tout en le remerciant de l'attention, je ne partirais pas sans avoir en mains, pour ma décharge vis-à-vis du Conseil fédéral suisse, une lettre du Gorodjo exposant les circonstances qui le mettaient dans le cas de m'engager à quitter la capitale. En même temps, je dépêchai en ville un exprès, qui m'apprit qu'en effet tout le personnel de la légation américaine s'était transporté en rade.

Je résolus de l'y rejoindre pour obtenir, si possible, de la bouche du ministre, l'explication de ce départ précipité.

Il était déjà nuit close lorsque nous nous embarquâmes dans notre sampan. Nos yakounines avaient le leur, et nous suivaient à courte distance. Le temps était couvert ; des bandes de corbeaux regagnant tardivement la plage traversaient l'air au-dessus de nos têtes et dessinaient vaguement leur silhouette fantastique sur le disque de la lune quand elle sortait des nuages. Au bout d'une heure et demie de navigation, nous accostâmes, au delà des forts détachés, un gros vapeur, dont nous entendions bouillonner la chaudière. Le ministre américain me reçut au haut de l'escalier. Nous échangeâmes à la hâte quelques paroles pendant qu'on levait les ancres. Tout à coup les roues se mirent en mouvement, et mes compagnons et moi n'eûmes que le temps de nous jeter dans notre chaloupe pour gagner le large. Un instant après, le chef de l'escorte, debout à l'avant de son embarcation, me déclara qu'il avait l'ordre de ne pas nous laisser rentrer en ville à une heure si indue, et il me désigna du doigt, à quelques encâblures, un vaisseau où nous pourrions passer la nuit.

Ce bâtiment n'était autre que le yacht impérial, le fameux *Emperor*, dont lord Elgin fit hommage au Taïkoun, au nom de la reine Victoria, « avec autant d'à-propos, dit Oliphant, que si nous avions offert au pape une femme à marier ! » L'idée que ce beau navire atteignait enfin le but mystérieux de sa destinée, en se présentant là juste à point pour recueillir la mission suisse, nous parut non moins récréative que lumineuse. Le commandant nous fit très-bon accueil et nous ouvrit deux cabines vierges : l'une, celle du Taïkoun, approvisionnée de divans dont on pouvait faire quatre lits ; l'autre, arrangée en façon de boudoir à l'usage de l'impératrice, charmant réduit capitonné, dont l'ameublement dénotait en ses moindres détails la prévoyante sollicitude d'une lady très-expérimentée. Mais ce fut surtout le lendemain, au lever du soleil, que je pus apprécier comme ils le méritaient les contrastes accumulés dans notre habitation flottante : d'un côté, les glaces, les dorures, la soie, la moquette des cabines taïkounales ; de l'autre, à l'avant du navire, un vrai ménage de lazzarones, les yakounines campés sous la tente, accroupis ou couchés sur des nattes grossières, les uns dormant, le plus grand nombre buvant du thé, fumant leur pipe ou grignotant du riz, et un groupe, à l'écart, faisant une partie d'éventails : le jeu consiste, pour l'un des partenaires, à lancer son éventail fermé, dans la main droite de son camarade, que celui-ci tient entr'ouverte, de manière à former une sorte d'entonnoir, où l'éventail doit se planter, le manche en avant ; et le même exercice se répète indéfiniment, à tour de rôle.

Je priai ces messieurs de me reconduire au Tjoòdji. Ils s'empressèrent de faire appareiller les chaloupes ; et quand nous fûmes en route, ils convinrent avec mes compagnons d'employer gaiement la journée à une grande excursion à cheval dans les quartiers du Nord. Quant à moi, je restai au logis, où je ne tardai pas à recevoir la visite d'une délégation du Castel. On venait m'exprimer l'embarras dans lequel ma demande de la veille plongeait le Gorodjo ; mais je n'en persistai pas moins à exiger de sa bienveillance une lettre propre à justifier auprès de mon gouvernement la rupture momentanée des négociations. Vers le soir, un gouverneur des affaires étrangères m'apporta la nouvelle que ce point m'était accordé ; toutefois le Gorodjo me conjurait d'aller encore passer la nuit en rade en attendant sa missive.

La nuit était orageuse, la mer houleuse. L'expédition se composait de deux embarcations, la première montée exclusivement par nos officiers japonais. Nous remarquâmes qu'elle ne se dirigeait point du côté du yacht, mais sur un gros steamer de guerre, où l'on distinguait parmi l'équipage un mouvement qui nous parut suspect. A la vérité, le gros steamer ne fumait pas, mais il pouvait fort bien chauffer et lever l'ancre pendant la nuit. Nous laissâmes accoster par nos yakounines, puis, virant de bord, nous fîmes conduire notre sampan en droite ligne sur le yacht, malgré les cris du patron de nos sendôs, qui, tout en ramant avec ceux-ci comme nous l'entendions, ne cessait de répéter qu'il avait l'ordre de suivre la chaloupe des officiers.

Arrivés au yacht, nous en trouvons l'escalier levé. D'un bout à l'autre du bâtiment, silence de mort, obscurité complète. Les plus jeunes de notre troupe montent à l'abordage et abaissent l'escalier. Nous étions tous sur le pont, quand le commandant parut. Je lui démontrai que notre escorte faisait fausse route, puisqu'il était convenu avec le Castel que je devais retourner à bord, conséquemment là où j'avais couché la nuit dernière. Aussitôt il nous fit ouvrir nos cabines et apporter des lampes et du saki.

Pendant que nous nous installions dans nos dortoirs, la chaloupe des yakounines aborda, et une vive altercation s'engagea sur le pont, entre le chef de l'escorte et le brave commandant. Mais celui-ci tint bon, et déclara carrément qu'il ne nous livrerait que sur la production d'un ordre supérieur. C'est ainsi que nous demeurâmes en paisible possession de notre yacht, première et unique prise maritime que la Suisse ait jamais faite !

Nous y passâmes encore six nuits. Le Gorodjo, renonçant à toute vexation ultérieure, agréa les arrangements que je lui proposai et pourvut avec dignité aux formalités de notre départ. Déchargé des embarras de la protection du Tjoòdji et ne nous envisageant plus que comme des hôtes en visite, il nous laissa la libre disposition de nos journées, sous la seule réserve de ne pas rester en ville après le coucher du soleil. Quelques-uns de ses agents inférieurs crurent pourtant devoir tenter, par-ci parlà, de nous molester. Un jour que quatre membres de la mission débarquaient à l'Hatoban, des officiers du poste s'avisèrent de les retenir dans l'enceinte des bâtiments de la douane. Quand de pareils conflits surgissent, il faut s'abstenir de discuter avec les subalternes, et en référer immédiatement à l'autorité supérieure. Comme la réponse du gouverneur en chef de la douane se faisait attendre,

LE PÊCHEUR ET L'AIGRETTE.

nos amis organisèrent entre eux, avec le plus grand sang-froid, un tir au pistolet dans la cour même dont on leur fermait la porte, et bientôt on se hâta de leur en livrer l'accès.

Du reste, aucun incident désagréable, aucune rencontre fâcheuse ne vinrent troubler nos dernières excursions : partout, dans les rues les plus fréquentées, dans les parvis des temples les plus en vogue, aussi bien que dans les retraites des jardins publics, nous trouvâmes le même accueil, à la fois plein de bienveillance et de discrète curiosité.

Nos yakounines, de leur côté, déployaient une amabilité si peu commune et se relâchaient si visiblement de la rigidité de leur première consigne, que nous ne pûmes nous empêcher de leur faire part de nos doutes sur la réalité des dangers dont leur gouvernement nous avait entretenus. Ils déclarèrent cependant que la situation n'avait rien perdu de sa gravité, mais que l'on paraissait plus tranquille à Yédo depuis le départ des princes, et qu'en tout cas, les rues de la capitale étaient parfaitement sûres jusqu'au coucher du soleil.

PÊCHE A L'ÉPERVIER.

Notre résidence maritime nous fournit naturellement l'occasion de faire ample connaissance avec les pêcheurs de la baie. Ils constituent, si l'on en excepte les yétas, la classe la plus infime de la population de Yédo. Elle est disséminée sur l'immense périmètre des faubourgs méridionaux de la Cité et du Hondjo. Les barques innombrables qui font la pêche au large, au delà des forts détachés, viennent, au retour, s'amarrer le long des îles et des quais situés à l'embouchure de l'Ogawa.

Aux heures de la marée basse, le retrait de l'eau laisse à découvert des quartiers de rocs et des têtes de pilotis tout autour des cinq forts. Les bateaux qui profitent du reflux pour sortir de la baie déposent sur ces points mis à sec une partie de leur équipage, des

FÊTE DE GOTS-TENNOÖ : LA CHASSE DE L'IDOLE A LA MER.

jeunes gens surtout, armés des engins nécessaires pour pêcher à la ligne. Là, debout ou accroupis, un soleil ardent sur leur tête et l'éclatante réverbération de la mer à leurs pieds, ils restent immobiles comme les hérons et les aigrettes qui viennent charmer leur solitude. Quand on a la patience de ne pas les perdre de vue, on s'aperçoit de temps en temps qu'ils retirent avec prudence des poissons pris à l'hameçon : ils les glissent ensuite dans un long sac en filet, qui pend à leur ceinture et traîne dans l'eau, où ils conservent de la sorte leur capture vivante et fraîche pour le marché. Cependant la marée montante ramène les barques vers les forts; elles recueillent, en passant, les pauvres exilés et emmagasinent leur proie dans les viviers de la cale.

D'autres embarcations, plus légères, se bornent à circuler dans l'enceinte de la baie pendant toute la durée du reflux. Ceux qui les montent sont armés d'une longue perche qui se termine par un fer légèrement recourbé, avec lequel ils raclent au hasard les fonds vaseux où rampent les anguilles; ce mouvement remplace aussi le jeu de la rame et fait cheminer lentement le bateau.

Dans certains parages peu éloignés de la côte, on distingue toute une file de grosses barques, amarrées contre de fortes perches plantées en chevalet dans la mer; un long bambou posé sur le chevalet fait bascule et supporte un filet taillé en carré, que l'on plonge et laisse longtemps dans l'eau; mais comme il y a une quantité de ces engins autour des grosses barques, on en voit constamment monter ou redescendre.

Ailleurs, on submerge lentement un long filet semi-circulaire, et quand il est tendu à la profondeur convenable, les pêcheurs, munis de planches sonores qu'ils frappent en cadence, à coups de baguettes, font une bruyante battue pour effrayer le poisson et le chasser dans la direction du piége.

Mais la pêche la plus pittoresque est celle qui se fait avec cette sorte de filet que nous appelons épervier. Deux hommes seulement montent l'embarcation : l'un est le pêcheur, l'autre l'amorceur; celui-ci rame le plus doucement possible, s'arrête sur un geste de son camarade, saisit une grande coquille nacrée, la plonge dans le réservoir de la barque et la retire chargée de pâture pour les poissons, c'est-à-dire de menus coquillages cassés de telle façon que le petit animal qu'ils contiennent en sorte à moitié. Un instant après que cette pâture a été répandue dans la mer, le pêcheur, debout sur l'avant du bateau, ploie et plisse avec soin un filet, dont il tient l'ouverture dans la main droite; puis, tout à coup, du geste d'un semeur qui jette le grain dans le sillon, il lance si adroitement ce filet, qu'il lui fait décrire un demi-cercle sur l'endroit où l'on vient d'attirer les poissons; aussitôt il le ramène avec non moins d'adresse, et l'on ne tarde pas à voir briller dans les mailles les gloutons argentés qui se sont laissé prendre.

Un jour nous accostâmes deux de ces bateaux. Le patron du premier fit deux coups de filet si fructueux, que nos yakounines lui en achetèrent immédiatement le produit pour leur table. Je crois que leur règlement de compte, en petite monnaie de fer, n'atteignit pas la valeur d'un tempo (quinze centimes). Lorsque, à mon tour, je m'abouchai avec le patron du second bateau, les mêmes yakounines négocièrent en mon nom l'achat de deux fort belles pièces, pour le prix de deux quarts d'itzibou, valant ensemble un franc vingt-cinq centimes; mais ils reçurent pour leur peine toute une poignée de petits poissons et des crabes à discrétion. Je savais que ces officiers, étant très-mal payés, prélèvent tout ce qu'ils peuvent sur les barques, sur les marchés et dans les boutiques. Il ne se fait pas une vente pour un étranger, que le marchand n'arrange son prix de manière qu'il y ait quelque chose pour le yakounine. Il en est de même dans les payements faits aux coulies pour transport de personnes ou de bagages : on peut être sûr que ce qu'ils reçoivent n'entre pas intégralement dans leur bourse. L'aumône que l'on donne aux mendiants n'échappe pas davantage à cette dîme arbitraire.

La baie de Yédo est aussi animée la nuit que le jour par les bateaux de pêcheurs, et alors on y jouit d'un charmant spectacle, car ils font la pêche au feu. Chaque embarcation porte à l'avant une espèce de gril où l'on brûle des joncs et de la résine. Ces bateaux forment quelquefois un demi-cercle immense qui produit au loin l'illusion d'un quai étincelant de milliers de lumières.

Ces tribus de pêcheurs des plages de Yédo, cette population si déshéritée des biens qui attachent l'homme au sol, a une affection d'autant plus vive pour l'élément qui lui procure sa subsistance. Le marin ne connaît pas de plus belles fêtes que celles dont la mer est le théâtre. Quand les riverains du faubourg de Sinagawa célèbrent l'anniversaire de leur divinité favorite, Tengou, le dieu ailé, le grotesque et jovial messager du ciel, ils ne savent rien imaginer de mieux pour lui témoigner leur tendresse que de le transporter à la mer. Tandis que les vétérans de la bonzerie et leurs domestiques vaquent à la purification annuelle du temple et de son mobilier, les prêtres les plus vigoureux chargent sur leurs épaules le brancard où repose la châsse ou mikosi de leur divin patron, et lorsqu'ils ont atteint la plage, ils se dépouillent de leurs vêtements sacerdotaux et fendent les flots en bon ordre. Cependant les troupes de pêcheurs qui les suivent en tumulte enveloppent bientôt le cortége : saisissant de leurs bras vigoureux la sainte retraite de l'idole, ils l'enlèvent par-dessus les toques laquées des bonzes, et malgré les efforts, réels ou simulés, de ses gardiens officiels, qui luttent contre la foule au milieu des vagues écumantes, le mikosi chancelant, mais toujours debout, accomplit entre les mains du peuple son pèlerinage maritime. On appelle cette solennité la matsouri de Gots-Tennoô. Elle a lieu le sixième jour du sixième mois (juillet-août), et elle se prolonge, avec des rites différents, jusqu'à la fin du huitième jour, où les bonzes, pour conclure, distribuent à leurs ouailles des branches d'arbres chargées de fruits comme le peuple les aime, c'est-à-dire à peine parvenus à la maturité.

Un fait assez singulier, et qui semble en contradiction avec ce que je viens de dire de la religieuse affection des Japonais pour la mer, c'est que les bains de mer, autant que j'ai pu le remarquer, sont chose complétement inusitée parmi eux. Outre l'habitude qu'ils ont de prendre journellement des bains chauds, ils font volontiers leurs ablutions matinales en se versant des seaux d'eau sur le corps, à domicile, dans une chambre de bain, dont le plancher est en pente et percé de trous. L'eau destinée à cet usage doit avoir passé la nuit dans la chambre de bain. Les coskeis en remplissent chaque soir un grand cuvier, qu'on laisse à sec pendant la journée.

Mais tandis que, de notre côté, nous recherchions comme une jouissance l'occasion de prendre un bain en rade, jamais nous n'avons vu les indigènes se mettre à la mer pour le plaisir de se baigner. La peur des monstres marins ne saurait expliquer une pareille réserve, puisque dans certaines circonstances, telle que la matsouri de Sinagawa, toute la population masculine de la plage ne craint pas de faire une procession prolongée au sein des vagues de la mer.

EMBARCATION D'OFFICIERS JAPONAIS.

CHARCUTERIE DE POISSON; JONGLEUR DE RUE.

CHAPITRE XLI

FOUKAGAWA

Le quartier de Foukagawa, qui forme l'arrondissement ou le faubourg méridional du Hondjo, a été plus d'une fois le but de nos excursions maritimes.

Nous nous embarquions le matin, à la marée montante; nos rameurs guidaient notre sampan dans la direction du Nord, et bientôt, abandonnant le mouillage des vaisseaux de guerre, nous entrions dans l'enceinte de la rade en passant sous le canon des forts détachés.

A mesure que nous approchions de la ville, nous voyions se dérouler à notre gauche, tour à tour, les quais de Takanawa, Amagoten, Tetpozoò et le massif de la Cité que domine l'énorme toiture du temple de Monzéki. Nous atteignions à peu près la hauteur de l'île d'Iskawa, à l'embouchure du grand fleuve, et, tournant à droite, nous débarquions derrière les fortifications et les chantiers du gouvernement qui bordent l'extrémité Sud-Ouest du Hondjo.

Les rues voisines de la rade sont le siège de diverses industries, dont l'Océan surtout fournit les matières premières. On y remarque de vastes séchoirs pour les poissons, les mollusques et le fucus destinés au commerce, ainsi que de grands étendages consacrés à la préparation de l'aboura-kami, cette étoffe de papier huilé qui remplace pour les Japonais nos tissus imperméables.

Les ouvriers indigènes excellent à faire de la colle de poisson et à fabriquer, au moyen du suc glutineux de certaines herbes marines, des contrefaçons vraiment étonnantes des nids comestibles de la salangane de Java. Les gros négociants de la Cité les exportent en Chine avec toutes les ruses d'emballage propres à induire en erreur les gourmets du Céleste-Empire; et je ne réponds pas que l'Europe elle-même soit complétement à l'abri de cette bizarre supercherie.

Cependant le produit le plus distingué du quartier consiste en saucisses de poisson. On en fait de diverses sortes, dont chacune a sa couleur. Un gros four blanchi à la chaux, installé au centre d'une cuisine spacieuse, reçoit, lorsqu'il est convenablement chauffé, un vase de fer où l'on cuit une certaine catégorie de poissons. D'autres sont hachés tout crus, et d'autres enfin, d'une petite espèce, aussitôt qu'on les juge suffisamment séchés, doivent être réduits en poudre dans des mortiers de bois dur. Il faut ensuite assortir, assaisonner, rouler en pâte la chair ainsi préparée, la comprimer et la ficeler dans ses enveloppes, passer celles-ci en couleur, et soigner l'emballage des produits terminés, pour les expédier par petites caisses chez le marchand qui a donné la commande. Une demi-douzaine de personnes généralement vaquent en commun à ces opérations. Le chant et les gais propos animent le travail. On manie en cadence les couteaux et les pilons. Mais qu'il survienne tout à coup quelque bruit lointain de spectacle de rue, chacun se précipite aux portes et va grossir le cercle des curieux.

Il ne s'agit peut-être que de la danse du lion de Corée. Que de fois ne l'a-t-on pas vue! Et pourtant jamais on ne résiste à l'appel discordant du fifre, du timbre et des tambourins qui annoncent son approche.

Une troupe de quatre histrions débouche, en effet, d'une rue voisine. Il y en a trois qui forment l'orchestre, le quatrième donne la représentation. Il s'est affublé d'un très-ample manteau rayé ou tigré, surmonté d'une énorme tête de lion fantastique. Le monstre s'allonge à volonté, et domine soudainement d'un à deux mètres les gens qui l'accompagnent. Les enfants, tout alentour, poussent des cris où l'effroi se mêle à la provocation. Quelques petits audacieux s'aventurent jusqu'à soulever les pans du manteau, et même à pincer les jambes du mystérieux saltimbanque. Tantôt celui-ci les menace et tourne la tête de leur côté, en ouvrant la gueule et en secouant l'épaisse crinière de morceaux de papier blanc qui encadre sa face écarlate; tantôt il se met à sauter en cadence, au son des instruments de ses acolytes. Lui-même est muni de son propre tambourin; mais, dès qu'il cesse de danser, il le dépose, et, s'affaissant tout à coup, il se transforme en quadrupède, exécute quelques grotesques cabrioles, et finit par se dépouiller de son accoutrement. Alors le monstre s'évanouit, mais le jongleur reste. Il saisit une baguette de tambour et la fait tenir en équilibre sur le pouce de la main gauche; puis il superpose une seconde baguette à la première, et une troisième en croix au-dessus des deux autres;

DANSE DU LION DE CORÉE (COMÉDIEN DE RUE)

enfin il les jette en l'air et les reçoit dans ses mains et les fait circuler toujours plus vite et sans interruption, en y ajoutant successivement une, deux, trois boules, sortant on ne sait d'où.

L'admiration des spectateurs est à son comble. Un des musiciens fait passer l'assiette, c'est-à-dire l'éventail. La représentation est close, et le jongleur, pour se reposer, allume sa pipe à celle de quelque voisin bénévole. Il n'est pas rare de le voir en premier

CHIFFONNIER.

lieu se charger négligemment de sa défroque, et ensuite fumer avec bonhomie, la tête recouverte, jusque sur le nez de l'énorme et grotesque figure du monstre. Ce dernier tableau n'est pas la partie la moins pittoresque du spectacle.

A mesure que nous pénétrons dans les rues et sur les places populeuses du faubourg, tout un monde de petits métiers et de petits plaisirs se révèle à nos regards.

Nous distinguons çà et là les humbles demeures de divèrses classes d'industriels ambulants, qui se mettent en route pour la Cité avant le lever du soleil, et qui ne regagnent leur gîte que dans les ombres de la nuit. Ce sont les savetiers raccommodeurs de sandales en bois, les étameurs, les chaudronniers en plein vent, les trafiquants de porcelaine brisée, les marchands de vieux habits, les colporteurs d'étoffes au rabais pour ceintures et kirimons de femmes : tous gens très-consommés dans l'exercice de la patience, ainsi que dans le calcul des fractions de fractions ; quand le boulier-compteur n'y suffit pas, l'index de la main gauche va chercher le chiffre rebelle jusque sous la petite mèche à boudin qui couronne le sommet de la tête ; ainsi l'exige le génie de la comptabilité japonaise.

Mais gardons-nous d'oublier le chiffonnier de Yédo, qui a, sans le savoir, contribué pendant quelques années à l'alimentation des papeteries de l'Angleterre. C'est le matin et le soir qu'il va se promenant et furetant sur les places publiques et dans les rues populeuses du Hondjo et de la Cité marchande, chargé non d'une hotte, mais d'une sorte de

TRAFIQUANT DE VAISSELLE CASSÉE.

MONTREUR DE MARIONNETTES.

corbeille à papier, qu'il porte à la main gauche. Il tient de la main droite une paire de longs bâtonnets à l'aide desquels il pince et enlève délicatement, pour le jeter dans son panier, tout ce qui lui paraît de bonne prise.

Les gens à professions ambulantes ne s'arrêtent guère aux curiosités du chemin qu'ils parcourent. A Yédo cependant on les verra échanger volontiers quelques propos sympathiques, accompagnés de deux ou trois bouffées de tabac, avec leurs amis naturels, les bohèmes de carrefour dont la bonne ville abonde. Celui-ci fait danser sur le pavé ce que nous appellerions un polichinelle, mais c'est proprement une poupée articulée revêtue du costume de la secte des prêtres sauteurs. Celui-là exhibe sur une table le modèle d'un temple d'Amida : une souris blanche en gravit les degrés, donne un coup de sonnette sous le portail et fait ses dévotions devant l'autel. Un troisième montre des oiseaux dressés à tirer de l'arc, à piler du riz, à puiser de l'eau d'un puits, à traîner un chariot de balles de coton. Un jongleur de rue se tient en équilibre sur deux hautes planchettes posées de champ, et fait faire la roue au-dessus de sa tête à trois ou quatre flacons ou tasses en porcelaine; il casse un œuf et en tire vingt mètres de lacet; il broie un peu de papier dans la paume de sa main, et une nuée de moucherons artificiels en sortent un instant après.

La plupart de ces baladins spéculent moins sur la recette de la représentation que sur le débit de quelques objets de pacotille ou de rebut, que les marchands de la Cité leur remettent en commission. Des marionnettes et des diablotins attirent autour de la caisse qui leur sert de tréteaux, des troupes d'enfants dont les regards ont bientôt découvert que cette caisse est remplie de cornets de sucreries. Le revendeur d'éventails en ouvre un et fait rouler en avant et en arrière, sur la tranche même de l'instrument dont il veut démontrer l'excellence, une grosse toupie ou une balle de jeu de paume. D'autres histrions colportent dans les quartiers aristocratiques des échantillons variés de l'industrie des faubourgs.

SERTISSEUR DE LANTERNES.

CISELEUR DE ?

Dans plusieurs boutiques de Foukagawa l'on fabrique et l'on met en vente, par paquets élégamment liés de cordonnets de soie, les bâtonnets de bois dur ou de bambou (hasi) qui font l'office de nos fourchettes, ainsi que des cure-dents d'un bois doux et savoureux (*viburnum kambok'*) qui semble être expressément créé pour le rôle que les Japonais lui attribuent dans les plaisirs de la table; enfin des brosses à dents façonnées tout entières de bûchettes de bois blanc dont on taille l'une des extrémités de manière à la convertir en un petit bourrelet de filaments à moitié frisés.

Les Japonais ont une poudre à dents qui leur est propre, dans laquelle il entre, dit-on, de la poussière d'ivoire. Elle se débite dans de petites boîtes dont le couvercle à coulisses est orné de gravures coloriées, qui varient selon que la marchandise est de première ou de deuxième qualité. On fait plus de luxe et l'on va jusqu'à la cassette de métal pour la poudre avec laquelle les femmes mariées se teignent les dents en noir.

Des ouvriers de la plus humble apparence, menuisiers, ébénistes, tourneurs, font une multitude de jolis ouvrages en bois d'ormeau, en écorce d'arbre, en bambou, en os, en ivoire, en corne de cerf, en ambre jaune, en coquilles de mer, en écaille de tortue et en noix de coco.

Les ouvriers chinois qui travaillent l'ivoire s'évertuent à exécuter des chefs-d'œuvre de patience, tels que de petites sphères évidées, au nombre de trois ou quatre, tournant les unes dans les autres. Les artisans japonais ne mettent point leur gloire dans les difficultés vaincues; une plus noble ambition les anime : ils recherchent par-dessus tout la perfection dans l'imitation de la nature; et quand ils se livrent aux caprices de leur imagination, c'est ordinairement l'humour, une verve comique de bon aloi, et non le goût du burlesque et du baroque, qui caractérise les ouvrages sortis de leurs mains. Toutefois, ce qu'il y a de plus exquis parmi les figurines des tourneurs en ivoire de Yédo, ce sont incontes-

TARAUDEUR DE PIPES.

FABRICANT D'ARCS.

tablement celles qui représentent des animaux, et tout particulièrement le tigre, le buffle, l'ours, le singe et la souris. Ces petits objets d'art, qui n'ont à nos yeux qu'un intérêt de curiosité, font partie intégrante de l'attirail des fumeurs indigènes de l'un et de l'autre sexe. Pour porter sur leur personne leur pipe dans son étui et leur blague à tabac, ils les adaptent au bout d'un fort cordon de soie, dont l'autre extrémité est garnie d'une ou deux de ces breloques, qui retiennent le cordon et l'empêchent de glisser lorsqu'on le passe à la ceinture. C'est aussi le procédé que l'on emploie à l'égard de la boîte aux médicaments.

J'ai remarqué dans le rayon d'une grande place publique un très-curieux assemblage de gros et de petits métiers, la plupart foncièrement vulgaires, et tous, sans exception, dignes de fixer, chacun dans son genre, l'attention de l'observateur.

Celui de tisserand s'applique non-seulement à la soie et au coton, mais à la toile d'ortie, dont les peintres japonais font une grande consommation, et à la toile de chanvre, qui ne saurait être d'une qualité inférieure dans un pays comme le Japon, où le plus précieux de nos textiles d'Europe atteint deux mètres de hauteur.

Les ateliers des tresseurs d'osier, des bordeurs de nattes, des relieurs et des cartonniers offrent un pittoresque mélange d'ouvriers de tout âge et des deux sexes. Les tonneliers entassent dans de spacieux magasins des baquets et des vases de diverses dimensions, reliés en cerceaux de bambou et mis en réserve spécialement pour la vente en gros du saki.

Les boutiques de boissellerie présentent un grand choix de coffres et de cassettes en bois de toutes sortes, parmi lesquels il faut surtout mentionner le camphrier de Kiousiou, qui conserve à perpétuité son odeur aromatique. Un assortiment de ces caisses en comprend une demi-douzaine, qui peuvent s'emboîter les unes dans les autres, de manière à être expédiées en un seul colis.

MARCHAND D'ÉTOFFES AU RABAIS.   FABRICANT DE POUPÉES INVERSABLES.

Il y a aussi des assortiments de boîtes très-solides en carton laqué, et une infinie variété d'ustensiles de ménage et de petits meubles à resserrer : les uns, laqués, tels que les bols à riz, les autres en bois blanc ou en bambou. Parmi ceux qui se subdivisent en compartiments et qui se ferment au moyen de panneaux ou d'un couvercle, bon nombre sont à secret et d'autant plus remarquables sur ce point, que l'on n'y distingue ni charnières, ni ressort : tout l'artifice est dans l'agencement même de l'ouvrage de boissellerie.

L'une des choses qui frappent le plus l'Européen chez les artisans japonais, c'est l'extrême exiguïté des ressources techniques dont ils disposent.

On distinguait, à proximité des boutiques ou magasins que je viens de décrire, un groupe de quatre ou cinq échoppes qui étaient le siège d'autant de métiers différents. Je suis persuadé que tout l'outillage des cinq ateliers réunis ne valait pas cent francs.

La première échoppe me parut consacrée à la fabrication d'une sorte de poupées en papier mâché, qui jouissent de la plus grande faveur dans les ménages japonais. Elles n'ont que la tête et le buste, l'un et l'autre enveloppés d'un manteau écarlate, et l'on dit que, sous cette forme, elles doivent perpétuer de génération en génération la mémoire d'un grand prêtre du Bouddha qui s'était totalement usé les jambes dans la pratique de ses dévotions. Ces poupées sont inversables, ou plutôt reprennent toujours leur équilibre, comme nos diablotins de sureau. Il y en a de toutes dimensions. Les escamoteurs s'en servent en guise de muscades dans leurs tours de gibecière.

Plus loin deux ouvriers, armés chacun d'un petit marteau et d'un poinçon, s'occupent à ciseler des pipes en métal, et un troisième à en tarauder les tuyaux de bois, au moyen d'une simple planche percée de six trous d'inégale grandeur, sertis en spirale de fer.

Là un fabricant d'arcs en expose un instant les bois à la flamme d'un feu de copeaux, pour leur donner le pli nécessaire; tandis que son camarade arrange avec un peu de colle et de ficelle les houppes de soie, de crin ou de papier, que l'on arbore au sommet de longues piques pour signaler de loin le rang ou la nature des fonctions d'un chef civil ou militaire.

L'atelier voisin est celui d'un vieux bonhomme qui, sans autre instrument qu'une pince, ajuste aux lanternes de papier leur monture de cerceaux et de crochets en fil de fer.

A l'entrée d'une ruelle latérale, une demi-douzaine d'ouvriers font des socques et des sandales en bois. Ici le travail est divisé; chacun a sa spécialité. Celui-ci, armé d'une scie à main, coupe les bûches en tronçons égaux, que le second refend en forme de semelles et de planchettes transversales; le troisième rabote et arrondit les socques massifs et les simples sandales; le quatrième y pratique les trous par où l'on fait passer les cordons de paille. La vrille dont il se sert, descend et monte à volonté, sous l'impulsion qu'il lui imprime des deux mains au moyen d'une baguette horizontale, aux extrémités de laquelle sont attachées deux courroies qui s'enroulent et se déroulent tour à tour sur l'axe de ce singulier instrument. Enfin les autres ouvriers sont employés à vernir les chaussures de luxe ou à préparer par dizaines de paires les paquets qui doivent être transportés dans les magasins de détail.

Cependant il me restait à voir la plus originale des boutiques du quartier, celle d'un horloger fabricant de cadrans solaires et d'horloges rivales des « coucous » de la forêt Noire, avec cette différence, qu'elles sont établies sur le système des heures mobiles, qui croissent et décroissent selon la marche des saisons.

L'artiste, accroupi devant une petite enclume fichée en terre, fait toutes les parties du mécanisme de son chronomètre, à l'exception du timbre qui sonne les heures. Ses outils, répandus autour de lui sur les nattes qui recouvrent le sol, se composent d'un marteau, de deux ou trois limes, d'une couple de pinces et de quelques forets.

Quant aux cadrans solaires, qui sont des instruments portatifs, de la forme et de la taille d'un gros marron, il n'en soigne que l'installation intérieure; la boîte se fabrique chez les ouvriers en cuivre. On l'ouvre comme une noix dont les deux coquilles seraient unies par une charnière. Au centre de l'une des demi-sphères est fixé un petit gnomon, dont l'ombre atteint la surface plane de la périphérie, et celle-ci est divisée en douze parties égales, selon le système japonais des douze heures uniformes numériques, qui en valent chacune deux des nôtres. L'autre moitié de la petite boîte contient dans une cavité cylindrique une aiguille aimantée, oscillant librement dans le plan horizontal. Au-dessous de l'aiguille se trouvent quatre caractères distants les uns des autres de quatre-vingt-dix degrés, et désignant les quatre points cardinaux. La surface plane circulaire de cette demi-sphère est divisée également en douze parties correspondant à celles du côté opposé et marquées des mêmes nombres, mais dans l'ordre inverse. Pour faire usage du cadran solaire, il suffit de l'orienter par le moyen de l'aiguille aimantée, et alors la direction de l'ombre du petit style permet d'estimer l'heure, plus ou moins approximativement.

HORLOGER.

égales, selon le système japonais des douze heures uniformes numériques, qui en valent chacune deux des nôtres. L'autre moitié de la petite boîte contient dans une cavité cylindrique une aiguille aimantée, oscillant librement dans le plan horizontal. Au-dessous de l'aiguille se trouvent quatre caractères distants les uns des autres de quatre-vingt-dix degrés, et désignant les quatre points cardinaux. La surface plane circulaire de cette demi-sphère est divisée également en douze parties correspondant à celles du côté opposé et marquées des mêmes nombres, mais dans l'ordre inverse. Pour faire usage du cadran solaire, il suffit de l'orienter par le moyen de l'aiguille aimantée, et alors la direction de l'ombre du petit style permet d'estimer l'heure, plus ou moins approximativement.

HORLOGER.

CIRQUE DE LUTTEURS.

CHAPITRE XLII

GYMNASTES ET LUTTEURS

Au bruit des voix, des chants et des instruments de travail qui retentissent dans les ateliers, se mêlent les cris et les coups de tambourins de deux troupes de saltimbanques installées à deux angles de la place. L'une travaille en plein air. Ses héros sont l'avaleur de sabres et le sauteur prodigieux. Celui-ci passe impunément à travers deux cerceaux entre-croisés, fixés au sommet d'une perche, qui supporte en outre une cruche posée en équilibre au point d'intersection des cerceaux. Mais le tour le plus fort consiste à franchir d'outre en outre un gros cylindre en treillis de bambou, long de deux mètres environ et couché sur deux chevalets. Quand il veut porter au comble la stupéfaction des spectateurs, le saltimbanque allume et aligne à intervalles égaux, dans l'intérieur du cylindre, quatre grosses bougies, au-dessus desquelles il passe comme un trait, sans les éteindre ni les déranger.

Sa tendre épouse, assise sur une caisse à côté du cylindre, accompagne d'un air de guitare les diverses phases de la représentation. Aux sons criards de l'instrument, elle allie de temps à autre les accents d'une voix tantôt caverneuse, tantôt glapissante, selon qu'elle juge à propos d'encourager sourdement ou de célébrer avec une juste fierté les prouesses de l'homme étonnant dont elle embellit la périlleuse existence.

L'autre troupe de saltimbanques est celle des gymnastes de Kioto. Ils se produisent sous un vaste hangar où sont disposés des engins tels que mâts, barres et parallèles, qui diffèrent peu des instruments de nos salles de gymnastique. Le bambou en fournit presque complétement la matière première. La troupe est nombreuse, sûre de son fait, rompue à tous les exercices de bravoure et à toutes les gentillesses du métier. Elle n'a pas de comique en titre : chacun est son propre bouffon et pratique avec la plus parfaite aisance l'art de passer, à la minute, du plaisant au sublime, et réciproquement. Ce que la représentation offre de plus original aux yeux de l'Européen, c'est la simplicité du costume des acteurs : privés jusqu'à ce jour de la notion du tricot, leur garde-robe, à tous ensemble, tiendrait dans une couple de mouchoirs de poche. Leur coiffure est une burlesque contrefaçon des bonnets de daïmios ou des toques du daïri. Ils ne la déposent ni pour travailler aux instruments, ni même pour exécuter le tour difficile qui consiste à saisir entre deux doigts de pied une ruche de paille abandonnée sur le sol, à l'enlever de terre de la sorte en demeurant les bras croisés, et finalement à s'en couvrir la tête, sans perdre un instant l'équilibre.

Le peuple de Yédo me semble médiocrement passionné pour ces représentations de gymnastes. Elles ne lui offrent pas un intérêt assez dramatique. Il préfère les émotions que procure le spectacle de la lutte de l'homme contre l'homme ou contre les lois du monde matériel. Il entend que ses histrions surmontent, pour lui plaire, de graves obstacles et de sérieux dangers. Enfin, et par-dessus tout, il leur demande de fournir sans relâche de nouveaux aliments à son insatiable recherche du fantastique et du merveilleux.

Ce n'est pas assez que les danseurs de corde accomplissent avec grâce et agilité les tours de voltige les plus étonnants : il convient que la corde soit tendue à une grande élévation, et que le danseur l'agite, la balance, la secoue violemment en se tenant en équilibre sur un seul pied, de telle sorte que sa chute paraisse imminente et menace, à la ronde, les têtes des spectateurs.

Il ne suffit pas que l'on voie des jongleurs non moins habiles de la main gauche que de la main droite ; il en faut dont la dextérité réside au bout des pieds : témoin ce jongleur japonais de l'Exposition de Paris, qui, étendu sur le dos, jouait des deux jambes avec un grand cuvier à peu près comme un autre l'eût fait des deux mains avec un ballon en caoutchouc.

La lutte elle-même, qui était chez les Grecs et qui est encore chez les montagnards suisses le plus simple, le plus noble et le plus populaire des exercices de gymnastique, devient au Japon un vrai spectacle d'hippodrome, une joute phénoménale, exécutée en plein cirque par des athlètes de profession.

Il n'en est pas moins constaté que, sous cette forme étrange, les luttes athlétiques sont au nombre des plus anciens divertissements du peuple japonais. Mais, pour ne

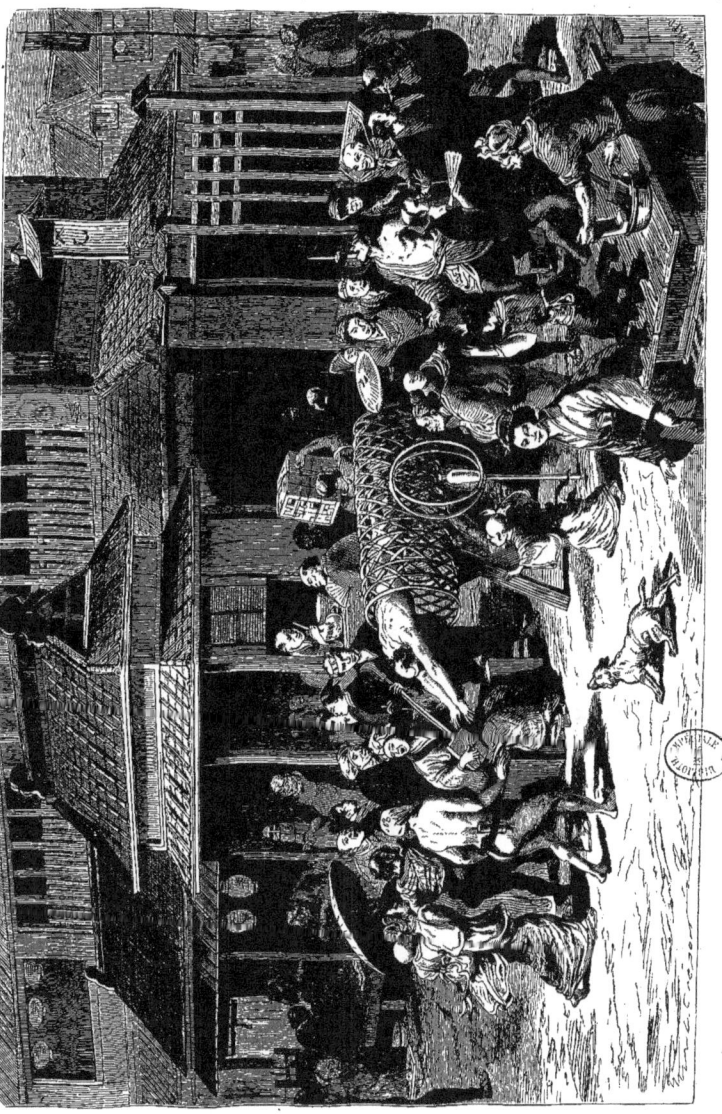

SALTIMBANQUES ET AVALEURS DE SABRES.

GYMNASTES ET LUTTEURS.   169

rien omettre, nous devons faire observer que la passion du jeu entre pour une grande part dans l'attrait des représentations. Les Japonais, ne possédant pas l'institution des courses de chevaux, ont imaginé, comme compensation, les paris sur l'issue des joutes engagées entre les sociétés composant la tribu des lutteurs.

Cette illustre tribu fait remonter sa charte de fondation au septième mois de la troisième année du règne de Zinmou, le premier des Mikados, c'est-à-dire à l'an 658 avant Jésus-Christ.

Placée sous la protection impériale, c'est de concert avec le gouvernement que la

GYMNASTES DE KIOTO.

corporation organise pour chaque année le programme de ses représentations en les répartissant de côté et d'autre, au moyen d'escouades détachées dans les principales villes du Japon. Nulle part elle ne possède de cirque permanent. Les constructions que l'on improvise en son honneur, lorsqu'elle répond à l'invitation de quelque ville ou de quelque bonzerie, présentent parfois des dimensions considérables; mais on n'y déploie aucun luxe.

L'ordonnance des cirques de lutteurs est toujours la même. Il est rare que l'on y fasse plus d'un rang de galeries. Celles-ci sont mises en communication avec le parterre au moyen de simples échelles de bambou. Hommes et femmes prennent leurs places pêle-mêle. A l'exception d'un petit nombre de loges réservées aux autorités, on n'admet pas d'autre distinction que celle des deux classes du tarif, d'après lequel le public des galeries paye le prix le plus élevé. La multitude envahit le cirque longtemps avant l'heure de la représentation. Les chances de la lutte étant l'objet de paris passionnés, les spectateurs qui ont l'habitude de s'intéresser à cette loterie, ne manquent pas d'occuper souverainement les postes d'observation qu'ils trouvent à leur convenance, ordinairement les derniers rangs de l'amphithéâtre que forme le parterre autour de l'arène et du champ clos des lutteurs. Aucun de ceux-ci ne se montre dans le cirque pendant que le public achève de s'installer. Tous sont consignés au vestiaire, où ils doivent déposer leurs vêtements, ceindre leurs reins d'une fine écharpe de soie à longues franges, et se parer du tablier de velours où ils ont fait broder leurs armes et suspendre les diplômes de leurs victoires. « Il y a dans toute représentation, dit M. Lindau, différentes sociétés de lutteurs. Le champion de chaque société en est en même temps le chef ; il possède, comme les héros du *ring* anglais, une ceinture d'honneur, qui d'ordinaire lui a été donnée par le seigneur de sa province natale, et dont il se pare au commencement et à la fin du spectacle. »

Les divers apprêts de la lutte sont d'une longueur interminable. Jamais, malgré l'assistance de leurs camarades, les nobles athlètes ne trouvent leur ceinture assez serrée, leur coiffure assez ramassée sur la nuque, leur tablier assez dignement assujetti sur les hanches. Et puis il leur faut passer en revue toutes les articulations de leurs bras et de leurs jambes, les faire craquer l'une après l'autre, s'étirer les membres aux bourrelets de paille qui pendent au bout de grosses cordes attachées au plafond du vestiaire. Enfin le son d'une caisse retentit au sommet de la tour, ou plutôt de la haute cage en bois, qui s'élève au-dessus du grand portail du cirque. La tumultueuse impatience de la foule fait place au recueillement, car on ne s'attend à rien de moins qu'à une apparition prodigieuse. Les estampes qui ornent les affiches du spectacle ont surexcité toutes les imaginations. Ce ne sont pas de simples mortels que l'on va voir défiler dans le cirque, mais plutôt des géants, des colosses, des héros fabuleux, qui dépassent toutes les proportions de l'espèce humaine !

Cependant un obséquieux personnage, de très-petite taille, costumé avec la dernière recherche, et saluant tout autour de lui avec les formes de la plus exquise politesse, le régisseur enfin, s'installe au centre de l'arène, d'où il débite, d'une voix claire et cadencée, le programme de la représentation, la nomenclature et les titres glorieux des deux troupes rivales qui vont entrer en lice, ainsi que l'état des paris engagés entre les spectateurs au sujet du prochain combat. Le tambour se fait entendre pour la seconde fois, et c'est le signal de la parade. Les lutteurs s'avancent à la file, pas à pas, les bras pendants, la tête haute, dominant de toute leur stature les spectateurs accroupis sur les degrés du parterre. Un sourd murmure d'admiration accompagne leur marche triomphale. Le fait est qu'il serait difficile de composer en aucun autre lieu du monde une procession comparable à celle des athlètes de Yédo. Ils suivent de père en fils je ne sais quel régime hygiénique, perfectionné de siècle en siècle, dont les produits rivalisent avec des résultats

APPRÊTS POUR LA LUTTE.

que les éleveurs britanniques eux-mêmes n'ont encore obtenus que dans l'ordre des ruminants.

Après cette parade de mardi gras, les lutteurs se divisent en deux camps, ôtent leurs tabliers et s'accroupissent dessus, à droite et à gauche de l'arène. Celle-ci forme un petit tertre circulaire, exhaussé d'un demi-mètre au-dessus de la base de l'amphithéâtre.

Elle est sablée, entourée d'un double bourrelet de sacs de paille, et protégée par une élégante toiture que supportent quatre piliers de bois passés en couleur. Tout le reste du cirque est à ciel ouvert. Du haut des galeries du vaste cirque de Hondjo-Mirokoudsi, on distingue, au delà du Yétaï-bassi, les toits de la Cité, les parcs du Castel et la cime lointaine du Fousi-yama.

A l'un des piliers de l'arène est suspendu un goupillon (le goheï); à un autre, un sac de papier contenant du sel; le troisième est orné d'un sabre d'honneur; au pied du quatrième et au dehors de l'arène, on a déposé un seau d'eau dans lequel plonge un petit puisoir.

Il y a quatre juges du camp. Chacun se poste au pied ou à proximité d'un pilier. Le régisseur ne sort pas de l'arène. Armé d'un éventail de commandement à longs cordons de soie, il invite un représentant de chacune des troupes rivales à monter sur le tertre, puis il proclame avec emphase, aux applaudissements de la foule, les titres des deux illustres champions. Toutefois l'action n'est pas encore près de s'engager. L'art de faire de l'embarras constitue l'un des principaux mérites de l'athlète japonais. Notre paire de héros commence par se toiser; mais c'est une simple reconnaissance, après laquelle chacun tire de son côté et va se donner de l'air, piétiner le sol, boire une gorgée d'eau, prendre une pincée de sel et la répandre sur la terre pour conjurer les mauvais sorts. Puis on se rencontre comme par hasard, et l'on se met en position, c'est-à-dire que les deux adversaires s'accroupissent en face l'un de l'autre, sur la plante des pieds, et se regardent au blanc des yeux. Quand ils en ont assez, ils se redressent avec beaucoup de calme, retournent à la salière ou au puisoir, s'assurent de nouveau qu'ils sont suffisamment sanglés, frappent en cadence leurs cuisses ou leurs genoux, en relevant alternativement le pied droit et le pied gauche.

Enfin ils reprennent leur première position, et, cette fois, passent à la seconde : c'est toujours le même regard, la même fixité apparente ; mais on remarque que peu à peu le corps se soulève, les avant-bras se tendent et les doigts jusqu'alors crochus s'allongent, à la rencontre de l'adversaire. Tout à coup l'attaque a lieu simultanément. Les mains repoussent les mains, sans jamais se laisser prendre, et sans jamais parvenir à franchir cet obstacle. Le jury s'empresse de certifier que les deux lutteurs sont d'égale force, et ils vont se reposer.

Tel fut le résultat, et telle est la fidèle relation de la première des joutes athlétiques dont j'aie été témoin. Je déclare que ce n'était nullement la moins intéressante. Le jeu ne consiste, en effet, qu'à pousser ou à jeter l'adversaire hors du cercle tracé autour de lui par les coussinets de paille. Il suffit qu'il franchisse d'un pas cette limite, et il a perdu la partie : son heureux rival est censé rester maître de l'arène. Souvent le fait a lieu sans que les spectateurs y aient pris garde.

C'est moins par leur force musculaire et par leur adresse que par leur poids, c'est-à-dire par le choc violent ou par la pression constante d'une masse charnue contre une autre masse toute pareille, que les lutteurs japonais aspirent à remporter la victoire. Jamais je n'ai vu d'athlète japonais lancé à terre. Les joutes animées, les incidents dramatiques, les situations pittoresques, sont des cas tout à fait exceptionnels. Il est très-rare, on le conçoit, que sur deux combattants également énormes il y en ait un qui lâche le pied ou qui se laisse enlever en l'air. D'ailleurs, au moindre indice de danger, ou aussitôt que la lutte prend un caractère passionné, le petit régisseur se livre à mille simagrées pathétiques et se hâte d'intervenir. Tout au plus permet-il qu'un athlète favorisé du sort parvienne à saisir son rival par une jambe pour le faire reculer à cloche-pied. Il n'en faut pas davantage pour provoquer chez les spectateurs un enthousiasme impossible à décrire. Le vainqueur est toujours largement rémunéré par la société qui lui doit d'avoir gagné un pari. Elle lui jette ordinairement des gages, tels que des ceintures et des mouchoirs, dont il opère la restitution au domicile des propriétaires contre la somme que ces derniers sont chargés de lui faire tenir.

Les lutteurs qui jouissent d'une certaine célébrité ont leurs entrées dans les maisons de la haute bourgeoisie et même de la noblesse. Le gouvernement leur octroie le droit de porter un sabre. Les enfants les désignent par leur nom sur la voie publique, et lorsqu'il leur plaît de diriger leurs pas vers les places consacrées aux réjouissances populaires, ils y rencontrent, de la part des deux sexes, un accueil digne des hommages qui entourent les toreros dans les villes espagnoles.

REPOS DU LION DE CORÉE.

LIVRE VII

YÉDO

LES ARRONDISSEMENTS DE L'OUEST ET DU NORD

LE CHAR DE TRIOMPHE DU SAINT DE MIÔDJIN.

CHAPITRE XLIII

LES MATSOURIS

Pendant tout le temps de notre résidence en rade, je ne me joignis qu'aux expéditions maritimes de la société, abandonnant à mes jeunes compagnons les grandes excursions à cheval, dont le poste de yakounines du Tjoôdji était le point de départ.

Ils parcoururent de la sorte les arrondissements qui s'étendent à l'Ouest et au Nord du Castel, jusqu'aux célèbres jardins d'Odji et aux abords du Sendjoô-bassi, dans la banlieue septentrionale de Yedo.

Les arrondissements de l'Ouest sont compris entre la grande chaussée qui les sépare des quartiers du Midi et les cours d'eau qui, provenant de la banlieue occidentale, alimentent les fossés de l'enceinte extérieure du Castel. Ils sont au nombre de trois, savoir :

XVIII. Okoubo,
XIX. Isigaï-Ousigomé,
et XX. Kobinata.

On n'y rencontre aucun édifice remarquable et pas plus de deux palais de première classe; mais les yaskis d'hattamotos y abondent aux environs du fossé qui forme la limite entre ces arrondissements et le quartier de la garde.

Les habitations d'artisans sont agglomérées à l'Ouest, et fréquemment séparées des résidences militaires par des places d'armes ou des champs de courses. Sur toute l'étendue de leur extrême zone occidentale, ces quartiers populaires se confondent avec la banlieue et en revêtent le caractère essentiellement agreste.

Quant aux arrondissements du Nord, je les divise en deux groupes ayant chacun sa physionomie, son cachet distinctif : d'un côté, vers les rives de l'Ogawa, les deux Asaksa, dont je parlerai plus tard, quartiers d'opulentes bonzeries et de lieux de plaisir; et de l'autre, cinq grandes agglomérations de rues et de quartiers populaires entrecoupés de places publiques, de nombreux palais de première classe ou de yaskis d'un ordre inférieur, ainsi que d'énormes bonzeries, telles que le Tohiëisan, qui appartient au Taïkoun, et la Roksa-mia, consacrée au culte Kami ou plutôt au Robou-sinto, qui est un mélange de l'ancienne religion avec les cérémonies du bouddhisme.

Voici les noms de ces cinq arrondissements :

XXI. Otowa,
XXII. Koïskawa,
XXIII. Komakoumé,
XXIV. Hondjo-yousima,
et XXV. Staïa, ou Okasa-staïa.

En les parcourant dans la direction de l'Ouest à l'Est, on les voit, pour ainsi dire, se transformer graduellement et présenter le tableau successif de toutes les phases de la vie sociale de Yédo : à leur extrémité occidentale, des rizières, des vergers, des jardins, une population vouée à la culture des céréales, des légumes, des fruits et des fleurs; puis les rues, les ateliers, les boutiques d'une foule d'artisans et de petits industriels; ensuite des champs de foire, des résidences aristocratiques, des parcs, des bonzeries, des jardins publics, et enfin, depuis Staïa jusqu'au fleuve, plus rien que des jardins, des temples et des maisons de thé.

Chacune des bonzeries de la ville de Yédo, ou peu s'en faut, a sa matsouri ou fête patronale annuelle. Il en est cependant, parmi les plus grandes, qui ne la célèbrent que tous les deux ans. La plupart de ces solennités n'intéressent que l'arrondissement, le quartier, la rue ou le petit groupe de fidèles qui contribuent à l'entretien de la bonzerie. Mais il y a de notables exceptions, des matsouris en faveur dans toute une partie de la ville, telle que le Hondjo ou la Cité, et même quelques-unes qui jouissent, dans la ville entière, de la popularité la plus illimitée.

Les matsouris de Yédo, comme on peut aisément le comprendre, sont loin d'avoir conservé l'élévation patriotique et la noble simplicité qui distinguaient ces fêtes dans les temps de la splendeur du culte national des Kamis.

Le sens mythique de la solennité s'est perdu, sa signification morale est tombée dans l'oubli. Les foires et les réjouissances, qui n'étaient que l'accessoire de la fête, en sont devenues l'objet principal, ou plutôt l'unique intérêt. C'est ainsi que certaines fêtes reli-

LA MATSOU I DE ROKSA-MIA : PROCESSION NOCTURNE DANS LA FORÊT.

LA MATSOURI DE ROKS-MIA. — RETOUR AU TEMPLE APRÈS LA PURIFICATION DES LIEUX SACRÉS.

gieuses du moyen âge ont disparu en nous léguant cependant leur kermesse, la foire populaire, qui d'année en année s'était développée sous leur protection. La grande kermesse de Munich porte encore aujourd'hui un nom, celui de Dult, qui rappelle que primitivement l'on y faisait surtout le trafic des indulgences. De même à Yédo, certaines fêtes rappellent les noms des anciennes divinités nationales : la déesse du soleil, Ten-sjô-daïzin ; le dieu de la lune, Sosano-wô-no-mikoto; le dieu de l'eau, Midsou-no-kami ; le patron du riz, Inari ; le dieu de la mer, Yébis; le dieu de la guerre, Hatchiman, dont on célèbre l'anniversaire le premier jour du Lièvre du second mois (mars). Mais ce qui caractérise ces solennités, ce sont la pompe théâtrale et les séductions de tout genre que l'on y déploie : ici, les processions, les chœurs de musique, les danses et les pantomimes des prêtres; là, les mascarades et les représentations scéniques en plein vent; ailleurs, les illuminations; ou encore, certaines spécialités de jeux publics : un tir à l'arc, des courses de chevaux, des luttes d'athlètes, des loteries publiques, et presque partout un marché quelconque de fruits ou de poissons de la saison, de pâtisseries, de sucreries, de fleurs, et même d'objets usuels, tels que des éventails, des parapluies, des objets en paille tressée, des lanternes de papier et des jouets d'enfants.

Quoi qu'il en soit, le sujet des matsouris, dans une ville comme Yédo, où les temples se comptent par centaines, défie toute énumération et même toute description détaillée. Quelques rapides esquisses suffiront cependant pour donner une idée du genre, et je les prends parmi les fêtes qui, plus que toutes les autres, ont le privilége de mettre sur pied la population presque tout entière de la grande ville.

Le cinquième jour du cinquième mois (juin-juillet), on se rend en foule dès le matin dans les bois du faubourg de Foutchiou pour y cueillir des herbes dont la vertu est réputée souveraine dans les cas de maladies contagieuses. Une foire improvisée sur la lisière de la forêt invite les pèlerins à se pourvoir de tout ce qui leur est nécessaire, et même au delà, pour qu'ils puissent passer cette journée sans privations quelconques.

Le soir venu, les prêtres de la Roksa-mia, dans le voisinage, procèdent soudainement à la purification annuelle des lieux saints. Tandis que l'on nettoie le temple, une procession solennelle doit promener dans les bois, pendant la plus grande partie de la nuit, les reliques et le mobilier du sanctuaire. Des bûchers de bois résineux sont préparés dans les cours de l'enceinte sacrée, au pied des toris de l'avenue, dans les éclaircies ou les carrefours de la forêt, et sur toute la route que parcourra le cortége.

A un signal donné, au bruit des fifres, des gongs et des grosses caisses de la bonzerie, tous les bûchers s'allument à la fois, et la procession se met en route, abondamment pourvue de lanternes de papier transparent de diverses couleurs. De tous côtés, la foule accourt sur le passage du cortége en poussant des cris de joie, auxquels répondent par milliers les oiseaux effarés, surpris dans leur sommeil par ces lueurs et ces clameurs étranges.

En tête de la procession, derrière le premier corps de musique, marchent les chevaux d'honneur du Kami, conduits à la bride par des palefreniers revêtus de l'antique costume national. A leur suite viennent les grands prêtres et leurs acolytes, et leurs serviteurs portant les armes sacrées, trophées des anciens héros; enfin, précédés du gohcï, l'antique goupillon, deux personnages masqués de têtes de chiens de la Corée, ainsi que toute la troupe des prêtres et des valets employés à la parade des mikosis, des meubles et des ustensiles du temple et de ses dépendances.

Quand le cortège a parcouru toutes ses stations extérieures, il rentre au lieu sacré, et les bûchers s'éteignent. La foule se disperse dans les restaurants de la foire et sur les chemins de la ville; l'ombre et le silence reprennent possession de la forêt, et les oiseaux, à leur tour, rentrent peu à peu dans leurs asiles.

Le vingt-quatrième jour du huitième mois (septembre-octobre), la confrérie du temple de Temmangò, dans le Hondjo, dont la purification a lieu le vingt-cinquième jour du second mois, exhibe et promène dans les rues principales de Yédo l'image de son dieu, installée sur un chariot traîné par un buffle. Les principaux officiers des familles qui protégent cette bonzerie et les prêtres qui la desservent précèdent et suivent le char, accompagnés de coulies qui portent les coffrets et les paniers renfermant les ustensiles et les autres objets sacrés du temple.

Le Tohiéïsan célèbre sa procession annuelle le deuxième jour du dixième mois (décembre-janvier). Les bonzes, à leur retour, font lecture au peuple de certains fragments des livres saints; ils lui servent à boire du thé préparé et bénit de leurs mains, et lui ouvrent libéralement les jardins et le bois sacré qui font partie des dépendances du couvent. Le septième jour est consacré à des pantomimes sur des sujets tirés de l'ancienne histoire du Nippon.

Dans la grande procession bisannuelle du temple de Kanda-Miòdjin, qui est placé sous l'invocation de Kanda, patron de Yédo, il y a toute une cavalcade de personnages historiques, parmi lesquels on distingue Taïkosama.

Pour donner plus de relief encore à la parade, les bonzes y invitent un certain nombre de courtisanes, qui figurent au cortége, portées dans d'élégants palanquins.

Le char du saint de Miòdjin est traîné par deux buffles et par un nombre illimité de fidèles, volontairement attelés aux cordes de paille du sacré véhicule. A quelques pas en arrière de celui-ci, on porte sur un plateau la tête hideuse et colossale du démon dont le saint a triomphé. Les bonnes gens du peuple en contemplent avec effroi les cornes gigantesques, la crinière ébouriffée; ils se montrent les uns aux autres ses yeux sanglants, sa peau d'écarlate, son horrible mâchoire. Pour ajouter à l'effet du spectacle, des bonzes, à quelques pas en arrière, sonnent de la conque et en tirent de lugubres hurlements. Un peu plus loin, l'on exhibe la hache énorme au moyen de laquelle le héros victorieux fit tomber la tête du monstre.

Mais toutes les merveilles réunies de la procession de Miòdjin pâlissent devant les splendeurs de la fête que donnent annuellement les prêtres du temple de Sannoò, consacré à la mémoire de Zinmou, le fondateur de l'empire du grand Nippon. C'est la plus imposante des matsouris de Yédo. Elle a lieu le quinzième jour du sixième mois.

Tengou, le fidèle portier et messager des dieux, ouvre la marche. Paré de son plus beau costume de héraut céleste, il déploie à demi une paire de grandes ailes aux couleurs de l'iris. Son air souriant, ses yeux malins, son teint cramoisi, son nez d'une longueur démesurée, disposent le peuple à la gaieté et assurent au cortége l'accueil le plus sympa-

L. — MATSOURI DE MIÔDJIN : PARADE DE LA TÊTE DU DÉMON.

thique. Lorsque les mauvais esprits aperçoivent l'image de Tengou à la porte des temples de la religion nationale, ils ont hâte de passer leur chemin. La procession n'a donc point à redouter leur funeste rencontre.

Quant à l'ordre public, la police municipale s'en charge. Plus d'un million de spectateurs sauront observer en ce grand jour la plus exacte discipline. Dans toutes les rues et sur toutes les places que doit parcourir le cortége, il y a des estrades en amphithéâtre pour les femmes, les vieillards, les enfants; des places marquées pour quiconque veut en payer le tarif; des stations libres pour les prolétaires; mais chacun est tenu de demeurer tranquille à son poste pendant toute la durée de la fête. Les marchands ambulants qui vendent des fruits, des gâteaux, du thé et du saki, ont seuls la permission de circuler en dehors des cordeaux qui séparent la foule de la voie réservée au cortége.

La procession de Sannoô est une espèce d'encyclopédie nationale en action, où se trouvent réunis pêle-mêle, et agencés l'on ne sait comment, toutes sortes de souvenirs historiques, de symboles mythologiques, de traditions et de mœurs populaires, à peu près, et sans autre point de comparaison, comme on voit dans l'antique fête des vignerons de Vevey, Bacchus, Silène, les vieux Suisses et l'arche de Noé, Cérès, Pomone et les armaillis du ranz des vaches. De part et d'autre la liberté scénique est aussi complète que possible. Quand l'art atteint cette largeur démocratique, la critique n'a plus qu'à s'incliner. Passons donc aux détails les plus pittoresques de la cérémonie.

Voici le patron des danses sacrées du daïri. L'image, revêtue du vieil accoutrement théâtral de Kioto, est exhaussée sur un tambour très-élevé, supporté par des figurants en habits de fête et à chapeaux couronnés de fleurs.

Vient ensuite la procession de l'éléphant blanc. L'animal en papier-carton marche au pas de ses porteurs, dont on ne distingue que les pieds qui se remuent sous les jambes du colosse. Il est précédé d'une musique tartare où les sons des flûtes et des trompettes s'allient au bruit de la grosse caisse, des cymbales, des gongs et des tambourins. Les hommes de ce groupe portent la barbe, un chapeau pointu surmonté d'une aigrette, des bottes, une longue robe retenue par une ceinture, et quelques-uns d'entre eux font flotter dans les airs des bannières chinoises couvertes d'images de dragons.

Plus loin, une langouste gigantesque chemine montée par un prêtre du culte Kami et entourée d'une troupe de nègres.

A sa suite, une centaine de cultivateurs sont attachés au char du buffle : le roi des animaux domestiques, placé sur le véhicule, à l'ombre d'un sapin et d'un pêcher en fleurs, est accompagné du demi-dieu qui l'a introduit au Japon.

Six autres chars sont consacrés à étaler en pittoresques trophées les instruments et les produits de la culture du riz.

Un cortége de prêtres de la religion des Kamis compose l'escorte d'honneur d'une voiture faite à la ressemblance de celle du Mikado et d'un splendide chariot que surmontent le gong sacré et le coq du daïri.

D'antiques bannières, dont quelques-unes ornées d'esquisses de chevaux, précèdent une cavalcade d'officiers supérieurs, costumés, pour la plupart, selon les modes de la cour de Kioto.

Tout à coup deux monstres terribles apparaissent. Ils ont la face d'un tigre et les cornes d'un taureau. Leur croupe énorme s'élève au-dessus des casques des hommes d'armes qui les environnent. Peut-être rappellent-ils, sous une forme fantastique, le souvenir de ces tigres qui, dans la campagne de Corée, causèrent tant d'ennuis aux soldats de l'héroïque mère d'Hatchiman.

C'est à ce groupe que se rattache l'exhibition des armes antiques de l'arsenal de Sannoô : lances et hallebardes, sabres à deux mains, arcs, flèches, éventails de guerre et enseignes de commandement.

Peu à peu cependant cette exposition perd son caractère belliqueux, et l'on voit défiler, sous des bannières couvertes de signes hiérographiques, les prêtres et les coskeis chargés des mikosis, des vases du sanctuaire et de tout le mobilier du temple et de ses dépendances.

Une autre troupe de coskeis balance, au bout de longues perches, des lanternes de papier formant un gracieux assemblage de transparents variés. On reconnaît dans le nombre les armes du quartier de Sin-Yosiwara, et voici le bouquet de la fête !

Les sept plus belles dames de cette partie réservée de la capitale s'avancent majestueusement l'une après l'autre dans leur costume de parade. Chacune est accompagnée de sa fille de chambre et d'un coskei porteur d'un haut et ample parasol de soie destiné à protéger la belle contre les rayons du soleil.

Elle est coiffée en cheveux, dont l'orgueilleux édifice à deux ou trois étages exige le soutien de larges peignes entrelacés de crêpe et renforcés de toute une auréole de gigantesques épingles en écaille blonde.

Sa figure resplendit de l'éclat des plus savantes préparations cosmétiques.

Sa toilette permet de compter le nombre de ses robes, grâce aux cinq ou six collets, si ce n'est plus, que celles-ci étalent sur sa poitrine.

Un ample kirimon les recouvre, et même il balayerait la terre, s'il n'était quelque peu relevé, de manière à bouffer sur la taille, au moyen d'une énorme ceinture composée d'une pièce entière de soie ou de velours.

Enfin la coquette a eu soin d'adopter pour ce jour de gloire la haute chaussure à planchettes, qui ajoute, sans qu'il y paraisse, quelques centimètres à sa noble stature.

Au surplus, les sept figurantes sont toutes bien connues du peuple. A leur passage, il les désigne par leurs noms, et ces noms sont brodés sur leur riche costume de parade. Celle-ci, c'est la dame à l'éventail de guerre : elle l'étale sur sa grande ceinture de velours, et elle y ajoute comme agréments quatre coqs de divers plumage, dont deux tout blancs, brodés en relief sur les pans et sur les larges manches de son kirimon ; les plumes de soie de leur queue flottent gracieusement en l'air à chaque mouvement de la belle. La seconde est la dame aux poissons d'or : elle en porte un de chaque côté de sa robe, sur un fond de vagues et d'écume en fil d'argent ; les broderies accessoires représentent de petits enfants qui jouent avec des rubans de toutes sortes de couleurs voltigeant librement sur le kirimon.

MATSOURI DE SANNOÔ : LA MUSIQUE TARTARE.

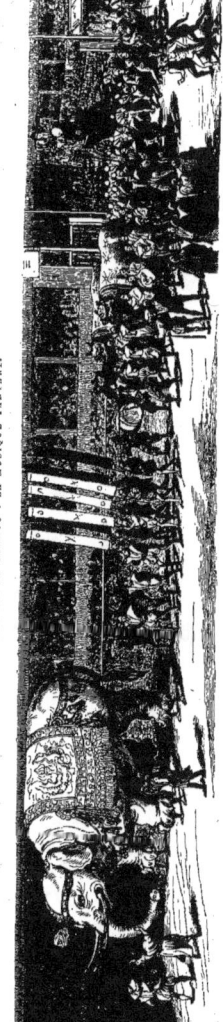

MATSOURI DE SANNOÔ : L'ÉLÉPHANT BLANC, LES TIGRES DE CORÉE, LE COQ DU DAÏRI.

MATSOURI DE SANNOÔ : LA LANGOUSTE, LES COURTISANES, LE BUFFLE, LE RIZ.

Peindrai-je ensuite la dame aux têtes de mort, la dame aux candélabres, la dame aux grues, la dame aux chrysanthèmes? Mais où faudrait-il s'arrêter, si l'on voulait décrire dans tous ses détails le tableau des hommages publics rendus aux courtisanes par les prêtres et par le peuple de Yédo? En présence de pareilles mœurs, on ne peut qu'admirer l'à-propos avec lequel la grande matsouri de Sannoô admet au rang de ses idoles et promène solennellement dans les rues de la ville la grotesque statue d'un singe à face rouge, coiffé de la mitre sacerdotale et armé du goupillon.

Du haut de son tambour orné de riches tentures, cette moqueuse image domine au loin la foule et semble offrir aux yeux des spectateurs l'ironique caricature des parades religieuses auxquelles ils viennent d'assister.

CORTÈGE DES COURTISANES A LA FÊTE DU TEMPLE DE SANNOÔ.

FÊTE DES POUPÉES.

CHAPITRE XLIV

LES FÊTES DU CALENDRIER

Les matsouris ou kermesses des temples du Japon rendent au gouvernement de ce pays un service qui serait fort apprécié en Europe : elles le déchargent du souci d'amuser ses sujets. Ceux-ci, de leur côté, suppléent de leur propre fonds à ce qu'elles peuvent encore laisser à désirer. Il y a donc des fêtes japonaises qui ne consistent point en représentations et en divertissements donnés au peuple par les bonzes, mais en véritables réjouissances publiques, dans lesquelles le peuple lui-même est l'unique acteur et le véritable héros de la journée.

Ce sont d'abord les Go-Sékis ou cinq grandes fêtes annuelles. Issues du daïri, elles avaient dans l'origine un cachet religieux qui ne nuisait en rien à la gaieté des manifestations extérieures, car la morale du culte Kami proclame qu'un cœur joyeux est par le fait dans l'état de pureté.

La Séki du premier jour du premier mois est naturellement la principale des fêtes du nouvel an. C'est celle des visites de félicitations et des étrennes. Ces dernières consistent au moins en deux ou trois éventails que le visiteur apporte, selon l'usage, dans une boîte de laque entourée de cordons de soie; mais quelles que puissent être la nature et la valeur du présent principal, il l'accompagne d'un cornet de papier contenant un morceau séché de la chair du coquillage nommé awabi, ou du siebi, poisson des plus vulgaires; et cette manifestation est un pieux hommage rendu à la frugalité des antiques mœurs nationales. D'autre part, la famille qui reçoit la visite y répond par une petite collation composée de saki, de pain de riz et d'oranges mandarines. La langouste joue aussi un rôle important dans l'échange des étrennes. Chaque ménage en conserve religieusement une jusqu'à l'année suivante : toutefois, quand il le faut, on la réduit en poudre pour la consommer, car elle est efficace contre certaines maladies.

La seconde des Go-Sékis, la fête des Poupées, a lieu le troisième jour du troisième mois. Je l'ai vue à Nagasaki le 20 avril 1863. Elle est consacrée à la jeunesse féminine. La mère de famille orne de branches de pêchers en fleurs la chambre de parade, et y fait une exposition des poupées que ses jeunes filles ont reçues à leur naissance. Ce sont de jolies figures, élégamment costumées, représentant le Mikado, la Kisaki et d'autres personnages de la cour impériale. On leur offre un festin complet, que les jeunes filles, quand elles sont en âge de le faire, préparent de leurs propres mains, et vers le soir on le consomme gaiement avec les amis de la maison.

Le cinquième jour du cinquième mois (juin), une fête d'un caractère moins intime, celle des Bannières, se célèbre en l'honneur des jeunes garçons. Que l'on se figure une ville comme Yédo, toute pavoisée, dès le matin, de tiges de bambous de la plus haute taille, surmontées de plumets, ou de houppes de crin, ou de boules de papier doré, et supportant, les unes une touffe de longues banderoles de papier de couleur flottant au gré du vent; les autres, des poissons en paille tressée ou en papier laqué; le plus grand nombre enfin, de hautes bannières tendues sur un cadre de roseaux et ornées d'armoiries, de noms de famille, de sentences patriotiques ou de figures héroïques. C'est un spectacle charmant, surtout lorsqu'on le contemple du haut d'une galerie donnant sur l'une des grandes rues de la Cité. Les passants paraissent et disparaissent parmi les images des bannières. Les magasins de bronzes exhibent, à l'étalage, des casques, des armures complètes, des hallebardes gigantesques aux formes fantastiques. Le marchand obséquieux reçoit ou accompagne sur le seuil les officiers qui viennent visiter son nouveau choix de fournitures militaires et commander quelque pièce digne de figurer parmi les cadeaux de la journée. Des troupes de jeunes garçons en habits de cérémonie circulent sur la voie publique, les uns ayant à la ceinture deux petits sabres semblables à ceux des yakounines, d'autres portant sur l'épaule un énorme sabre de bois orné de couleurs variées et de beaux rubans de papier; d'autres encore, chargés de petites bannières reproduisant les sujets favoris de celles qui tapissent les rues. A cet égard, le goût du peuple s'est prononcé tout spécialement pour l'une des figures les plus pittoresques du vieux Nippon, le brave Shyoki, le chevalier sans peur et sans reproche de la première guerre de Corée. La foule aime à contempler son visage austère, toujours impassible au sein du danger : le vent agite sa barbe et sa longue chevelure, et fait flotter sur sa tête les deux classiques

FÊTE DES BANNIÈRES.

fanons de l'ancienne toque du daïri; mais ses grands yeux calmes et vigilants, sa main droite armée du glaive et la fermeté de son attitude en font le type accompli de la bravoure et de la prudence réunies. Longtemps après qu'il eut cessé de vivre, Shyoki remportait encore des victoires. Quand les Mongols tentèrent d'envahir l'île de Kiousiou, le Siogoun ne voulut pas se borner à leur opposer ses meilleures troupes, il fit déployer à leurs yeux un grand nombre de bannières portant l'image de Shyoki, et ce spectacle seul les glaça d'épouvante.

Malgré l'inaltérable fidélité avec laquelle les artistes japonais reproduisent les traits conventionnels de leurs grands types nationaux, ils en varient à l'infini les poses, l'action, l'attitude, tous les accessoires, en un mot, qui ne peuvent compromettre l'identité du personnage. Ainsi, le vieux Shyoki, dans sa carrière aventureuse, eut à combattre des ennemis très-divers, entre autres une légion de petits démons à peau rouge, extrêmement taquins, opiniâtres et malicieux : ils s'attachaient à ses pas, s'embusquant sur les arbres, derrière les rochers, sous les ponts et dans les roseaux. La manière dont il leur fait la chasse et dont sa proie tantôt lui échappe, tantôt reste en son pouvoir, forme le sujet d'une épopée burlesque à laquelle depuis des siècles les peintres indigènes ne cessent d'ajouter quelque épisode de leur invention. Souvent leurs dessins à l'encre de Chine sont de petits chefs-d'œuvre de verve héroï-comique.

La quatrième des grandes fêtes annuelles, celle du septième jour du septième mois, est connue sous le nom de fête des Lampes ou des Lanternes. A Yédo, les petites filles parcourent en troupes les rues illuminées de la Cité, et chantent de tout leur cœur en balançant de la main droite des lanternes de papier appropriées à leur taille. Dans certaines villes du Sud, la population visite les collines tumulaires et passe la nuit parmi les tombeaux.

Le treizième, le quatorzième et le quinzième sont des jours où l'on va dans les temples prier pour les morts et brûler des cierges en leur faveur. Cependant, le quinzième étant l'époque des règlements de comptes de la première moitié de l'année, les réjouissances publiques qui succèdent à l'accomplissement de ce lourd devoir admettent les divertissements les plus variés.

Les mascarades accompagnées de danses nationales figurent au premier rang des plaisirs populaires. Tous les masques ont leur signification, leur caractère traditionnel. Il y a les types nobles : d'abord les placides figures des gentilshommes et des dames du daïri, puis les farouches physionomies des héros des guerres civiles. Il y a les masques fantastiques, articulés, aux mâchoires mobiles, à l'imitation de ceux que portent les acteurs du Mikado.

D'autres représentent le grotesque et divin Tengou, la bonne Okamé, la plus joufflue des Japonaises dont l'histoire fasse mention ; ou la malheureuse Hiyotoko, idéal de la laideur. Ceux-ci reproduisent toutes les variétés connues de la race des démons, ceux à un œil, à deux yeux, à trois et à quatre yeux, sans cornes ou avec une corne, ou à deux et même trois cornes, depuis les diablotins jusqu'aux géants et jusqu'à l'odieuse Hanggia, le démon féminin. Enfin une dernière catégorie comprend les masques faits à la ressemblance de maître Kitsné, le renard, ou de Sarou, le singe, ou du lion de Corée, ou de Kappa, l'homme-grenouille, qui hante les falaises du Nippon.

Quant aux danses, on en voit de tous genres : la seule ronde du riz compte une trentaine de figures, exécutées par des hommes seuls, ayant pour tout costume une ceinture de paille de riz, un chapeau rond de même étoffe, rabattu sur les yeux, et un petit manteau flottant sur la taille, dont les larges manches simulent une paire d'ailes de papillons de nuit.

La cinquième des Go-Sékis tombe sur le neuvième jour du neuvième mois. C'est la fête des Chrysanthèmes. Dans toutes les collations de famille on effeuille de ces belles fleurs sur les tasses de thé ou sur les coupes de saki. Les libations préparées de la sorte ont la propriété de prolonger l'existence. Le bourgeois de Yédo croirait manquer à ses devoirs d'époux et de père s'il n'usait que modérément de ce précieux spécifique.

Selon l'opinion de Kæmpfer, les anciens Japonais ont fixé leurs cinq grandes fêtes annuelles aux jours qui, par leur imparité, étaient censés les plus malheureux, et leur but n'a pas été seulement de divertir leurs dieux par les récréations que tout le monde prendrait ces jours-là, mais aussi de détourner toute fâcheuse influence par les souhaits et les vœux que le peuple se fait mutuellement.

Cependant ce n'est pas assez que ce résultat soit à peu près certain : on a jugé opportun de relier entre elles les cinq grandes solennités par une chaîne de fêtes d'un ordre inférieur, spécialement consacrées aux manifestations de la joie publique. Comme l'année japonaise est divisée en mois lunaires, les syzygies de la lune, l'apparition régulière de cet astre et la pleine lune ont paru donner tout naturellement le signal et fixer les dates de ces réjouissances mensuelles. On les appelle les Reïbis, et il y en a trente-huit dans l'année, savoir : le premier, le quinzième et le vingt-huitième de chaque mois, auxquels il faut ajouter le solstice d'hiver et le solstice d'été. Les Reïbis ne sont pas proprement des jours de chômage. Chacun, il est vrai, se pare de ses habits de cérémonie, mais on ne les garde que pour faire ses dévotions matinales dans le temple de son choix et pour accomplir une tournée de visites de félicitations auprès des grands parents, des chefs civils ou militaires, ou des patrons dont on relève. Du reste, liberté pleine et entière soit de se remettre au travail, soit de se divertir en famille ou dans les jardins publics. Tel est, en gros, le caractère des fêtes mensuelles. Ce qui les distingue les unes des autres, ce sont essentiellement certaines particularités en rapport avec le climat et les productions naturelles des diverses saisons. C'est ainsi que la bouillie aux fèves (du *phaseolus radiatus*) ne doit pas manquer dans les collations du premier mois, ni un plat de légumes frais dans celles du second mois. Les jeunes garçons prennent une part active aux réjouissances qui accompagnent les travaux champêtres du printemps. On leur permet de porter un petit goupillon et de se couvrir la figure d'un masque imitant un museau de renard, en mémoire du dieu du riz, qui apporta de la Chine au Japon cette précieuse céréale monté sur un cheval à tête de renard.

Le mois suivant, les jeunes filles, à leur tour, conduisant par la main les plus petits de leurs frères, se rendent en foule sur les bords du Sumida-gawa. Elles ne sont point

MASQUES JAPONAIS.

masquées, mais poudrées et fardées, et ornées d'épingles et de colifichets dans leurs cheveux et à la ceinture. Elles vont ainsi cueillir des bouquets de fleurs et riposter, en quelque sorte, au luxe printanier des vergers et des prairies par les éclatantes couleurs de leur toilette enfantine.

Parmi les fêtes du quatrième mois, le huitième jour est consacré au baptême du Bouddha, tel qu'on le représente à sa naissance, debout, montrant d'une main le ciel, et de l'autre la terre.

Non-seulement les dévots arrosent de thé bénit l'image en bronze du saint enfant, exposée sur le baptistère des temples de sa religion, mais les coskeis des bonzeries par-

ENFANT AVEC UN MASQUE DE RENARD.

courent les rues de la ville, portant sa statuette fixée au centre d'un baquet, afin que la même cérémonie puisse se faire à domicile, et se répéter de maison en maison, non certes sans qu'il leur en revienne une honnête récompense.

Le vingt-huitième jour, chacun est invité à se plonger dans la contemplation du Fousi-mi, le *dolichos polystachios*, et à ne faire de libations que sous des berceaux de cette plante, heureusement très-commune dans les jardins publics.

Les fêtes du sixième mois se rapportent à la récolte des céréales : riz, froment, millet ou paddi. Les prêtres bénissent de petits carrés de papier blanc fixés à des chevilles, que les cultivateurs achètent et plantent aux quatre coins de leurs champs, dans la persuasion que ces rustiques amulettes sont indispensables pour donner au sol toute sa fécondité.

Cette saison de l'année est pour les bourgeois de Yédo l'époque des réjouissances publiques qui ont pour théâtre les fraîches retraites des rives du Sumida-gawa, où les jardins d'Odji aux berceaux de verdure humectés de l'écume des cascades, ou les eaux mêmes du grand fleuve, sur lesquelles la population citadine célèbre ses nuits vénitiennes, jusqu'à ce que le dernier jour du mois la convoque à une solennité d'expiation et de purification générales.

Le dieu de l'eau, ancienne divinité du culte Kami, est fêté d'un bout à l'autre de l'empire pendant tout le septième mois, ce qui représente à peu près la durée de la saison pluvieuse. On plante de hautes tiges de bambou ornées de leurs branches supérieures, de clochettes de verre et de bandes de papier bénites, à proximité des sources, des puits, des canaux d'irrigation ; et chaque matin et chaque soir, au bruit des gongs des bonzeries, on hisse çà et là des bannières portant pour inscription : *Respect et hommage au dieu de l'eau!* Dans les demeures des campagnards, la famille expose sur l'autel domestique dressé en l'honneur du Kami des offrandes de riz, de poisson et de petite monnaie.

Le huitième mois s'ouvre par un fastidieux échange de civilités entre les clients et leurs patrons, les employés et leurs chefs, les subalternes et leurs supérieurs.

Le quinzième jour est dédié au dieu de la lune. On prétend que c'est le moment de l'année où l'astre de la nuit jette le plus vif éclat. Les fleuves et les canaux sont sillonnés de gondoles où les citadins se livrent en famille à la contemplation de la pleine lune. Le calme de l'air et la douceur de la température pendant les soirées des mois de septembre et d'octobre favorisent les rendez-vous bourgeois et les nocturnes parties de plaisir dans les jardins publics de la ville et de la banlieue.

Le dixième mois est placé sous l'invocation de Yébis, qui est à la fois le dieu de la pêche et l'un des patrons favoris des marchands. Ceux-ci, en braves et loyaux collègues, font assaut de politesses et de présents, parmi lesquels figurent nécessairement des gâteaux de millet, ainsi qu'un gros poisson rouge, nommé Taï, fort estimé dans les festins japonais pour la délicatesse de sa chair et sa belle apparence. C'est en son honneur que souvent on confectionne, sous la forme de poissons rouges, les grandes boîtes en laque dans lesquelles on enferme et dépose, sur la natte des repas, les diverses pièces de dessert qui accompagnent le service du saki.

Les dames de la Cité ne sont pas moins diligentes à s'acquitter des devoirs que leur position sociale leur impose. Elles se font des visites de bon voisinage, et ne négligent pas non plus de brûler quelque cierge devant l'image de Yébis, pour la prospérité des entreprises commerciales de leurs maris.

De grand matin on les voit se rendre par troupes à telle ou telle bonzerie qui a su réserver dans son sanctuaire un autel, tant modeste soit-il, au dieu qui, plus que tout autre, a le privilége de recevoir les hommages des bourgeoises.

DANSE DE LA ROKRE DU RIZ.

Elles y vont en toilette de pèlerinage, la tête coiffée d'un mouchoir de coton d'une éblouissante blancheur, artistement appliqué autour de leur épaisse chevelure.

Vers le milieu du mois, chacun est moralement tenu de constater et de communiquer à ses voisins la nouvelle que les feuilles de l'érable palmé commencent à changer de couleur.

Au commencement du onzième mois, l'érable est dans toute la magnificence de sa parure d'automne. Une foule de curieux se réunissent pour l'admirer dans les jardins des bonzeries et des maisons de thé.

PÈLERINAGE A L'AUTEL DE TÉBIS.

Au solstice d'hiver, félicitations générales : c'est la Fête des femmes mariées. Il n'y a pas de tournée d'affaires, pas de voyage de négoce, ni de cause ni de prétexte quelconques qui puissent retenir les maris loin du toit conjugal. Ils accourent de toutes parts, et le soir la Cité s'illumine, et l'on entend de maison en maison retentir le bruit des soupers de famille, le son des guitares et les joyeux accents de voix qui, l'on doit en convenir, ne sont généralement pas de la première fraîcheur.

Le quinzième jour est surnommé la Traversée du fleuve, en raison d'une solennité religieuse et domestique qui symbolise la fuite du temps et la transition à la nouvelle année.

Avec le douzième mois, enfin, l'on entre dans un si grand tourbillon de liquidation d'affaires, de restauration de mobilier et de réinstallation de ménage, dans une telle succession de cérémonies, de formalités, de fêtes et de réjouissances, que l'on ferait tout un volume sur les quatre ou cinq semaines de la fin de janvier et du commencement de février dans les villes et les campagnes du grand Nippon.

Je me bornerai, sur ce point, à décrire plus tard les scènes dont j'ai eu l'occasion d'être témoin oculaire dans mon second séjour à Yédo.

FÉLICITATIONS DU NOUVEL AN.

EGIROGIO-BABA, PLACE DE MANÉGE, A YÉDO.

CHAPITRE XLV

LES CHAMPS DE FOIRE DE YÉDO

Pour abréger le temps qui s'écoule d'une fête à l'autre, le bon peuple de Yédo s'est créé mille ressources de divertissement et de récréation. Il en est de périodiques et de permanentes. Il y en a pour le jour et pour la nuit. Les unes s'étalent sur la voie publique ; d'autres ont pour siége les temples et leurs dépendances ; d'autres encore, des bâtiments spéciaux, baraques, cirques ou théâtres. La plupart sont à la portée de toutes les bourses. Même la Sibaïa, qui correspond à notre grand Opéra, est accessible aux gens du peuple, et n'a cependant jamais reçu ni sollicité le moindre subside, soit de la ville, soit du gouvernement.

J'ai cru remarquer, selon les groupes caractéristiques que forment les quartiers de Yédo, une certaine gradation dans la nature, le goût et la valeur artistique des réjouissances populaires. Les arrondissements du Midi et de l'Ouest, ainsi que le faubourg de Foukagawa, ne sont généralement exploités que par des histrions de bas étage ; le Hondjo a deux fois par an les plus beaux spectacles de lutteurs ; la Cité marchande, sur la rive droite de l'Ogawa, possède des théâtres où l'on joue la comédie bourgeoise ; parmi les champs de foire permanents qui existent sur diverses places publiques de la ville, celui de Yamasta, dans le Nord, fait de ce quartier les Champs-Élysées de Yédo ; les deux arrondissements d'Asaksa sont à la fois l'athénée et le pandémonium du Japon.

Une petite rivière qui traverse en diagonale, du Nord-Ouest au Sud-Est, les arrondissements du Nord, forme un très-beau lac dans le Hondjo-Yousima, à l'Occident de Staïa, et va se perdre dans le grand fleuve au Sud des docks d'Ogawa-Bata. Une chaussée transversale conduit, presque en ligne directe, de la rive orientale de ce lac à l'Adsouma-bassi, où elle opère sa jonction avec la route du Nord, sur la place où débouche ce dernier des ponts de l'Ogawa.

Toute la zone comprise au-dessous de la chaussée et du lac est un mélange indescriptible de rues bourgeoises, de jardins publics et de maisons de thé, de magasins du gouvernement, de temples, de palais armoriés et de yaskis d'hattamotos.

Tout ce qui est au-dessus rentre exclusivement dans la catégorie des lieux de plaisir, y compris les temples, qui se succèdent presque sans interruption sur toute la ligne de la chaussée.

C'est dans la zone inférieure que se trouvent les champs de courses et les jardins de tir à l'arc des samouraïs habitant les quartiers du Nord.

Bien que ces lieux d'exercices et de récréation ne soient pas accessibles au peuple, ils méritent d'être mentionnés comme intéressant une notable partie de la population citadine.

Les uns sont à l'usage exclusif de la haute noblesse, et les autres pour les nobles de la création des Siogouns.

Le manége de Bagirogio-Baba appartient aux officiers de cette dernière classe. Il est à ciel ouvert, exposé à tous les regards. Des restaurants bourgeois, installés dans le voisinage, fournissent aux hattamotos les rafraîchissements qu'ils leur commandent, pendant et après leurs exercices d'équitation. L'une des extrémités de la place est bordée d'un parc peuplé d'arbres de haute futaie. A l'autre extrémité, vis-à-vis du parc, s'élève l'une des plus hautes tours d'alarme de Yédo. Ces constructions bizarres sont de simples mais très-solides échafauges, percés à jour, et surmontés d'une esplanade, où l'on monte d'étage en étage, au moyen d'échelles assujetties dans la charpente. C'est au sommet de ce haut poste d'observation, que des guets de nuit font le quart, et doivent signaler les commencements d'incendie, en frappant à coups de maillet sur une cloche d'airain suspendue à la toiture de l'édifice.

Les champs de courses de l'aristocratie féodale sont complètement entourés d'une clôture de constructions en bois de sapin, tout unies et sans autre jour à l'extérieur que les portes d'entrée des hommes et des chevaux. Il est permis toutefois à des troupes de comédiens ambulants ou de chanteuses de légendes, d'y adosser leurs mobiles baraques de planches et de paillassons. A l'intérieur, au contraire, l'édifice offre l'aspect d'une galerie quadrangulaire, ouverte et divisée en compartiments pareils à des loges de théâtre : chaque membre de la société possède la sienne en propre, ornée de tentures aux armes de sa

LE CHAMP DE FOIRE DE YAMASTA OU LES CHAMPS-ÉLYSÉES DE YÉDO.

famille, et flanquée de dépendances à l'usage des gens de la maison ; car ce sont eux qui doivent subvenir à tous les détails du service de leurs maîtres, sans en excepter la collation et les rafraîchissements de rigueur.

Il se fait de loge en loge des visites de cérémonie, et la discipline du manége s'exerce dans toutes les formes de la plus stricte bienséance.

Il n'y a ni jockey-club, ni turf proprement dit, ni anglomanie quelconque à Yédo. Les yakounines ont suffisamment à faire à maîtriser leur monture dans les simples exercices de manége. Les gens du peuple doivent être portés à les plaindre plutôt qu'à les admirer, en les voyant se cramponner en selle, courber la tête et serrer des deux mains contre leur poitrine les brides de leurs petits chevaux. Aussi recherche-t-on de préférence le spectacle des cirques établis sur les champs de foire. Là, des écuyers de profession montent à nu des chevaux dressés, et exécutent toutes sortes de tours d'équilibre, de voltige et d'adresse. Les femmes ne prennent jamais une part active aux exercices de la troupe. Celle-ci peut être ambulante et transporter son cirque tantôt dans un quartier, tantôt dans l'autre ; mais c'est un cas exceptionnel : généralement elle reste attachée à l'arrondissement qui a été le théâtre de ses premiers succès. Je n'ai jamais vu de cirque olympique japonais parcourir les villes de province. Il est probable qu'il en existe en permanence dans des cités telles que Kioto et Osaka. Ce qu'il y a de certain, c'est que les troupes de comédiens, de gymnastes, d'écuyers et de saltimbanques qui exploitent les champs de foire des quartiers du Nord de Yédo, n'auraient rien à gagner de chercher ailleurs un terrain plus favorable à leur industrie ; car ils se trouvent au confluent des plus grands courants de circulation que le Japon présente, soit en population citadine, soit en pèlerins et en voyageurs. D'un côté, c'est le mouvement de la route du Nord ainsi que du Hondjo sur la rive droite, et réciproquement ; et, de l'autre, celui qui relie à la route du Nord les quartiers du Midi et de l'Ouest, sans passer par la Cité, à l'orient du Castel.

Comme on voit, sur les grands fleuves de la Chine, une île verdoyante s'élever au-dessus des eaux fangeuses et sillonnées de milliers de jonques, telles apparaissent les collines touffues d'Ouwennô, entre les grandes artères de circulation, tant fluviales que terrestres, des arrondissements du Nord.

Ouwennô est une immense bonzerie, renfermant, comme Siba, des tombeaux de Siogouns et des sépultures de familles Gosankés. L'accès en est interdit aux étrangers ; mais, de la place où débouche la route de l'Adsouma-bassi, l'on jouit en plein de la vue des parcs et des jardins de la bonzerie, qui dominent de leurs fraîches terrasses les eaux bleues du lac et sa charmante petite île dédiée à Benten. Elle est reliée au rivage par une chaussée plantée d'arbres et ornée de ponts cintrés. Adossé aux bosquets sacrés, un vaste temple à hautes galeries forme le point culminant de la scène.

Tout autour des rives orientales et méridionales du lac, et sur toute la circonférence de l'île dont le temple de Benten occupe le centre, des centaines de maisons de thé attirent journellement, surtout à l'époque de la floraison des pêchers, des milliers de visiteurs, de tout âge et des deux sexes. La plupart, appartenant à la classe bourgeoise, viennent goûter dans ces jolies retraites les joies innocentes de la famille. Petits garçons et petites filles se répandent dans les vergers, dans les vérandas et sur les barques des maisons de thé, pour contempler, parmi les feuilles et les fleurs des lotus et des nénufars, les poissons rouges, les grosses carpes, les crabes et les tortues qui pullulent dans les eaux du lac.

Un grand nombre de promeneurs vont, au retour, rejoindre la route du Nord, en traversant le champ de foire de Yamasta.

Ici, nous sommes dans les Champs-Élysées de Yédo. Des porteurs d'eau arrosent le macadam des avenues, au moyen de seaux fêlés, suspendus aux deux extrémités du bambou qu'ils maintiennent en équilibre sur leur épaule. Les allées d'arbres protégent de leur ombre des troupes de joyeux enfants, les uns se pressant sur les pas d'un histrion qui fait danser un singe, les autres accourant vers des marchands de pantins et de papillons artificiels; tandis que des groupes à l'écart assistent aux démonstrations d'un fabricant de

DISEUR DE BONNE AVENTURE.

chalumeaux destinés à faire des bulles d'eau de savon, ou aux expériences, non moins effrayantes qu'inoffensives, d'un artificier venu du Céleste Empire.

Sur les larges trottoirs, plantés d'érables, qui bordent de part et d'autre la chaussée principale, de petits industriels, accroupis à la file, chacun sur son paillasson, ne se lassent pas de vanter la marchandise étalée devant leurs genoux. Quelle agréable variété de produits exposés à l'attention du public! Quelle pittoresque exhibition d'enseignes à images coloriées et à gros caractères chinois! Faut-il des pièces encore plus persuasives? Le marchand de mort aux rats jonche le sol, autour de lui, d'une collection de ses victimes, dont les cadavres, horriblement ballonnés, démontrent aux spectateurs les plus incrédules le prodigieux effet de sa drogue. Son voisin, affublé d'une pelisse de Yéso, rehausse l'effet de cette réclame en mettant sous les yeux des passants une tête et deux pattes d'ours, pour prouver indubitablement que c'est bien de la graisse d'ours qu'il vend, au choix des

LE THÉATRE AU JAPON : LA PARADE.

amateurs, soit dans des coquilles de mer, soit dans de longs cornets de papier imperméable. Les Japonais font grand usage de son spécifique pour certaines maladies de la peau. Il est moins facile de comprendre à quoi leur servent les peaux de grenouilles qui rentrent aussi dans les articles de commerce de Yamasta.

Voici, sur d'élégants dressoirs, le séduisant étalage des lots d'une banque en plein vent, ainsi que les petits livres mystérieux d'un diseur de bonne aventure. Un diablotin cornu et cramoisi répond, en frappant du marteau sur un timbre, aux questions que le sorcier lui pose.

Plus loin, un groupe de curieux examine au stéréoscope des sujets que la police européenne prohibe, quant à la vente sur place, mais tolère sans scrupule lorsqu'il ne s'agit que d'en infecter le commerce d'exportation. Survient une espèce de bonze jongleur, dont la spécialité consiste à jouer impunément avec le feu. Une pièce d'artifice est attachée à son bras gauche, la mèche tout allumée. Chacun se hâte d'éloigner l'importun personnage, en lui jetant un széni dans la boîte qu'il porte sur sa poitrine. Les petits marchands ambulants qui lui succèdent rencontrent un meilleur accueil. Celui-ci vend des tranches de melon d'eau; celui-là, de l'eau tiède légèrement infusée de thé. Le troisième est un colporteur de tabac, de pipes et de sacs à tabac. Lui aussi aborde les promeneurs, en leur montrant une mèche allumée, et, pour le coup, c'est le moyen de les attirer, car, chez ce peuple où tout le monde fume, personne ne connaît l'usage du briquet. Nos allumettes phosphoriques n'ont pas de succès au Japon. Elles y arrivent avariées, ou s'y détériorent sous l'action d'une atmosphère presque constamment humide. Dans chaque maison, l'on entretient, jour et nuit, un brasier. Les voyageurs allument leur pipe à celle des fumeurs qu'ils rencontrent sur leur route. Au surplus, tous les indigènes s'entendent à faire du feu à la manière des sauvages, par la friction de deux bûchettes en bois d'essences différentes.

Plus on approche de la grande place de Yamasta, plus la foule augmente. Les trottoirs sont envahis par des boutiques volantes, en perches de bambou et en paillassons. Çà et là cependant quelques hardis industriels savent se passer de tout abri, et tenir néanmoins le public à une distance respectueuse. Tels sont, entre autres, l'astronome populaire et le marchand de nouvelles et faits divers. Le premier expose à un cercle d'auditeurs le meilleur des systèmes planétaires et joint au charme de sa démonstration le mystérieux attrait d'une longue lunette, au moyen de laquelle chacun peut faire, aux moindres frais possible, toutes les observations qu'il lui plaira, sur le soleil, sur la lune et sur les étoiles. Le second, vieux bonhomme à la voix nasillarde, répète machinalement la complainte de la dernière exécution capitale, et lentement, sans s'interrompre, il distribue, feuille par feuille, aux passants qui lui tendent la pièce de monnaie, les paquets d'imprimés dont il s'est chargé l'épaule et le bras gauche. Les productions éphémères des presses de Yédo ajoutent quelquefois aux nouvelles de la ville une relation succincte, et ornée de gravures, des événements les plus intéressants du monde occidental.

Bien qu'il n'y soit, à proprement parler, jamais question de politique, l'histoire nationale elle-même n'étant pas encore sortie des langes des annalistes, on ne peut s'empêcher de voir dans ces informes gazettes le germe d'une publicité périodique. J'en ai recueilli quelques fascicules brochés, qui traitaient de la guerre d'Amérique, du président Lincoln, du combat du *Merrimac* et du *Monitor* : des communications de ce genre doivent pourtant, à la longue, rendre la bourgeoisie japonaise accessible à une certaine éducation politique.

Qui dira même que celle-ci n'ait pas encore commencé ? Ne la voit-on pas plutôt se développer journellement, à l'école des dramaturges et des comédiens de Yédo ? Il y a de singulières scènes et comme une verve, plus ou moins contenue, de satire politique et religieuse dans tous les divertissements dramatiques de cette capitale, sur les planches de la grande Sibaïa nationale, aussi bien que sur les tréteaux de la foire et jusque dans les petits théâtres de marionnettes qui s'abritent sous le feuillage des allées de Yamasta. Le Guignol japonais fait du dieu des richesses une sorte de polichinelle. Les histrions de carrefours introduisent d'anciens Mikados dans leurs parades fantastiques. Le costume de cour des daïmios figure parmi les danses des pantins et au milieu des mascarades les plus burlesques. L'un des types favoris du drame héroï-comique, c'est le seigneur matamore, charge grotesque du dynaste querelleur, vaniteux et altéré de sang. Les yakounines et les hattamotos n'échappent pas davantage aux plaisantes allusions et aux mordantes saillies du drame populaire.

Le champ de foire de Yamasta contient, à lui seul, vingt à trente théâtres de baladins, de jongleurs, d'escamoteurs, de conteurs de légendes et de joueurs de farces bourgeoises ou de mascarades historiques. On y remarque, en outre, un ou deux cirques olympiques, et, sur les quatre côtés de la place, à l'entrée des jardins publics ou le long des promenades plantées d'arbres, une multitude de petits restaurants, de boutiques volantes et de baraques consacrées aux récréations que l'on pourrait désigner brièvement, par analogie avec nos cafés chantants, sous le nom de thés chantants, de thés-concerts, et de thés dansants.

Aucune des constructions de la place ne présente de caractère monumental. Les matériaux de bâtisse dont elles se composent sont partout les mêmes : des poutres de sapin, des tiges de bambou, des planches, des nattes et des châssis, des rideaux de soie ou de coton et des bâches de papier imperméable. Mais sur ce fond uniforme et d'une grande simplicité la réclame étale, de façade en façade, un luxe incroyable d'affiches, d'enseignes, de tableaux et de bannières aux couleurs éclatantes. Les parades, de leur côté, ajoutent à tant de séductions les charmes d'une éloquence audacieuse, infatigable, s'exerçant sur tous les tons de toutes les gammes possibles, avec un accompagnement assorti de grosses caisses, de tambourins, de fifres et de trompettes.

Les principaux spectacles s'annoncent de fort loin, au moyen d'une haute tour carrée, qui n'est, en réalité, qu'une cage de bambou recouverte en papier huilé. Les pièces de leur répertoire sont classées bien au-dessous des drames de la Sibaïa, au point de vue du mérite littéraire. Je me figure toutefois que si nous en possédions quelques-unes, des meilleures, fidèlement traduites, elles nous fourniraient de précieuses données sur le vrai génie du peuple japonais.

Après avoir fait connaissance, en Hollande, avec le théâtre de Jüdels, auteur dramatique et acteur de kermesses, qui transporte de ville en ville ses planches, sa troupe et sa verve intarissable, j'ai été agréablement surpris de retrouver au Japon quelque chose d'analogue : des comédiens de foire travaillant selon le goût du peuple et cherchant au sein du peuple même la source de leurs inspirations. Chez les nations où il existe un art privilégié, aristocratique ou conventionnel, il importe que la poésie native des classes populaires puisse se développer à part, avec une entière indépendance, car c'est de ce courant, d'abord ignoré et méconnu, que doit sortir tôt ou tard la rénovation des formes surannées.

LE SEIGNEUR MATAMORE.

LE THÉATRE : INCIDENT DEVANT LA TOILE.

CHAPITRE XLVI

LA SIBAÏA, THÉATRE NATIONAL DU JAPON

Le grand théâtre du Japon moderne, la Sibaïa, est loin d'avoir un caractère aristocratique. Il n'existe d'autre théâtre de cour dans tout le Nippon que celui du Mikado. Le tempérament peu littéraire des Siogouns et de leur entourage les a tenus en dehors du mouvement des esprits dans leur propre capitale. Tout ce qui se rattache au Castel affecte de dédaigner les représentations scéniques. La Sibaïa serait donc dans les conditions les plus propres à favoriser l'essor de la poésie dramatique nationale. Malheureusement, les auteurs qui la cultivent n'ont pas encore appris à voler de leurs propres ailes, à s'affranchir complétement de l'école chinoise et des types conventionnels que ses premiers disciples ont introduits sur la scène japonaise. Il en résulte que le théâtre japonais reste dans un état d'infériorité relativement à son modèle, tandis qu'il pourrait certainement l'égaler, sinon le surpasser, en revendiquant librement son entière autonomie.

La Sibaïa n'en est pas moins l'une des curiosités les plus intéressantes du monde. Si elle n'atteint ni au mérite littéraire des pièces, ni à la perfection de jeu des acteurs du théâtre chinois, elle l'emporte sur celui-ci en valeur poétique, parce qu'elle a un caractère plus naïf, plus passionné, plus franchement humain. En Chine, le public assiste à la pièce et juge les acteurs. Au Japon, le public prend part à la pièce de concert avec les acteurs, il échange avec eux ses sentiments et se donne lui-même en spectacle. A cet égard, la Sibaïa rappelle les petits théâtres diurnes de l'Italie, mais avec toute la différence qu'il peut y avoir, quant à la puissance des impressions, entre une amusante et facile récréation, et le tableau d'une grande scène populaire, tumultueuse, confuse, souvent inintelligible, et où la gaieté même apparaît sous un jour étrange et fantastique.

Bien que la Sibaïa se soit implantée dans toutes les villes du Japon, c'est à Yédo, et spécialement dans la Cité et dans les arrondissements du Nord, que sont les principaux foyers de la vie qui anime cette institution : d'abord, le groupe de théâtres ou Sibaïa-Matsi de Nippon-Kita, aux environs du Riogokou-bassi, comprenant les quatre grands théâtres nommés : Hounoumégahora, Sakaïdjo, Foukijoutjo et Sarou-Wakawatsi ; puis dans la partie Nord-Est d'Asaksa-Imato, un autre groupe non moins considérable, une Sibaïa-Matsi occupant trois rues longitudinales et quatre transversales, et contenant les théâtres de Nakamourasa, de Nizimmoura et de Kawasasaki.

Les auteurs dramatiques de Yédo écrivent principalement pour ces théâtres. C'est de là que les pièces nouvelles se répandent dans tout l'Empire. Les troupes de comédiens de la capitale prennent leurs vacances et voyagent en province, comme les troupes de lutteurs. Elles se composent d'hommes, exclusivement. Il n'y a que les danseuses de profession qui montent sur les planches, et seulement pour le ballet du grand opéra. Les comédiens forment d'ailleurs une caste à part, que les gens comme il faut couvrent de leur mépris. L'homme de l'extrême Orient, non moins que l'homme de l'Occident, veut bien qu'on le mette en scène, mais il exclut de sa société celui qui le joue.

La Sibaïa est donc, par excellence, le théâtre des classes moyennes de la population japonaise. Elle attire aussi, quand ils en peuvent faire les frais, bon nombre de coulies et de prolétaires ; mais tout ce qui est au-dessus de la bourgeoisie ou s'abstient complétement des représentations dramatiques, ou n'y assiste qu'à l'abri des loges grillées. Parmi la foule qui encombre les quartiers des théâtres, à l'heure de la parade, il est extrêmement rare que l'on rencontre des hommes à deux sabres. Ce n'est pas qu'il ne se trouve çà et là des samouraïs mêlés aux gens du peuple, mais ils ont soin de garder l'incognito. Un gentilhomme « naïboun », c'est-à-dire déguisé, sans armes, et encapuchonné d'un bonnet de crêpe qui ne laisse à découvert que ses yeux, peut se permettre, sans déroger, les excursions les plus compromettantes.

La parade a toujours lieu avant le coucher du soleil. Sur des tréteaux dressés à droite et à gauche des portes des théâtres, une délégation de la troupe des comédiens vient en habits bourgeois, et l'éventail à la main, haranguer la multitude, lui exposer le sujet des pièces de la soirée, ainsi que le mérite des principaux acteurs chargés de les interpréter. A cet exorde, débité du ton le plus emphatique, succèdent les bons mots, les interpellations plaisantes, l'éloquence de la mimique et du grand art de manier l'éventail. Déjà les lan-

UNE SCÈNE DU THÉÂTRE JAPONAIS.

LA SIBAÏA, THÉATRE NATIONAL DU JAPON.

ternes s'allument : entrez, Messieurs ! entrez, Mesdames ! prenez vos places : c'est l'instant, c'est le moment ; la pièce va commencer.

Cependant nul ne se hâte, car le spectacle de la rue captive l'attention générale. L'illumination déploie tout son prestige. Une première rangée de lanternes rouges brille tout le long de l'avant-toit du rez-de-chaussée, et une seconde sous la toiture de l'étage supérieur. Entre les deux, des bocaux de papier transparent, dont chacun contient une bougie, ornent le rebord de la galerie qui repose sur le toit du rez-de-chaussée. Près des portes enfin, d'énormes lanternes oblongues éclairent les images et les inscriptions reproduisant les sujets et les scènes capitales des pièces. Il y a telles affiches peintes sur bois qui sont de la hauteur de la maison, et des bannières qui la dépassent. Chaque théâtre a ses armes et ses couleurs, arborées sur les enseignes, sur les bannières, sur les lanternes et, dans des proportions gigantesques, sur les trois faces principales d'une sorte de belvédère ou de tour carrée, installée sur la toiture, à la façon de nos mansardes. Tous les édifices qui se relient à ceux de la Sibaïa, sont occupés par des restaurants et rivalisent avec la décoration extérieure du théâtre, non quant à la dimension des objets d'ornementation, mais quant à leur mérite artistique. Ce sont généralement des tableaux et des sculptures en rapport avec le nom que l'on donne à chacun de ces établissements : l'un est le restaurant du Fousi-yama, l'autre celui du Soleil levant, et plus loin il y a ceux du Tori, du poisson Taï, de la Jonque marchande, de la Grue, des Deux Amants, etc.

Mais il est temps d'entrer au théâtre. Nous montons l'escalier de bois qui conduit à la seconde galerie. Un employé nous ouvre une loge spacieuse, et sa servante y apporte, sur des plateaux, du saki, du thé, du gâteau et des sucreries, un brasero, des pipes et du tabac. Aussi longtemps que les comédiens japonais feront un pareil accueil au public qui vient les entendre, ils pourront nous abandonner l'institution de la claque et braver gaiement l'importation de l'usage des sifflets, si jamais personne osait songer à l'introduire.

Les salles de spectacle sont construites sous la forme d'un carré long. Elles ont deux rangs de galeries, dont l'étage supérieur renferme les premières places du théâtre. On y voit beaucoup de dames en grande toilette, c'est-à-dire plongées jusqu'aux oreilles dans leurs robes de crêpe et leurs manteaux de soie. L'autre galerie et les baignoires ne sont occupées que par des hommes. On distingue, sur l'avant-scène, quelques loges grillées. Il n'existe ni rampe ni orchestre. Le parterre, vu de loin, ressemble à un damier. Il est divisé en compartiments de huit à douze places chacun. La plupart sont loués à l'année, par des familles bourgeoises, qui y amènent régulièrement leurs enfants, et, à l'occasion, leurs visites de province. Les locataires trouvent toujours moyen de s'arranger, car ils connaissent assez les familles des compartiments voisins pour les charger, au besoin, du trop-plein de la société. Les couloirs sont inconnus. On va prendre ses places ou l'on passe chez le voisin en marchant sur les poutres qui encadrent les compartiments, à la hauteur des épaules des spectateurs. Ceux-ci ont l'habitude de se tenir accroupis ou assis, sur de petites caisses. Il n'y a ni échelle, ni escalier pour descendre au milieu d'eux. Les messieurs tendent la main ou les bras aux dames et aux enfants. Ces manœuvres d'installation forment la partie la plus pittoresque des préliminaires de la représentation. Le service du tabac et des rafraîchissements se fait, pendant toute la soirée, par des coskeis et par des servantes, au moyen des mêmes voies de communication.

Sur les deux côtés du parterre, à un compartiment de distance des baignoires, s'étendent deux ponts en planches, qui ne sont qu'une prolongation de la scène : le premier et le plus étroit, celui de droite en entrant, va jusqu'à l'une des portes de la salle ; le second, mesurant la largeur de quatre planches, forme un coude à angle vif à l'extrémité des baignoires, et se perd sous une tenture qui descend de la première galerie. C'est sur

LE THÉÂTRE : SCÈNE DE DANSE.

ce pont que se produisent certains personnages héroïques ou tragi-comiques, ainsi que les danseuses du ballet de l'opéra.

La salle est éclairée par des lanternes de papier accrochées aux galeries. Il n'y a pas de lustre au plafond, qui est tout plat, l'architecture japonaise ne connaissant pas la coupole.

J'ai vu cependant à Yokohama hisser de grosses lanternes, au plafond du théâtre, pour éclairer, dans l'entr'acte, des exercices de saltimbanques, entre autres celui de l'homme volant, qui traverse, en effet, tout le théâtre en restant suspendu en l'air, au moyen d'un mécanisme mobile adroitement dissimulé.

LA SIBAÏA, THÉATRE NATIONAL DU JAPON.

Le rideau qui voile la scène avant la représentation est orné d'une gigantesque inscription en caractères chinois, et surmonté d'un carton de cible, centré par une flèche. Ce signe symbolique est, dit-on, le pronostic ou le gage du talent que les comédiens sauront déployer pour frapper à coup sûr l'esprit des spectateurs.

En attendant, une certaine impatience se manifeste parmi la foule, et une altercation, assaisonnée de quelques voies de fait, s'engage dans un compartiment de coulies, au pied du rideau. Des acteurs interviennent dans le débat, les uns en passant la tête par des trous que l'âge a pratiqués dans les caractères chinois, les autres en rampant sous la toile pour sortir de la scène. Bientôt l'ordre se rétablit. Les coulies eux-mêmes montent sur les planches, à l'invitation des comédiens, qui semblent leur assigner un poste ou leur répartir une tâche; et, en effet, c'est à l'aide de leurs bras vigoureux que le lourd rideau s'élève lentement vers le plafond, tandis que la musique de la troupe, cachée dans les coulisses, fait un tapage de tambourins, de gongs, de flûtes et de cliquettes, à réduire au silence non-seulement les conversations bruyantes, mais les chuchotements les plus intimes.

La représentation dure généralement jusqu'à une heure du matin. Elle se compose d'une comédie, d'une tragédie, d'un opéra-féerie avec ballet, et de deux ou trois intermèdes de saltimbanques, de bateleurs et de jongleurs.

Les rôles principaux sont annoncés par un bruit de cliquettes, avec cette particularité, que, dans le cas spécial, on ne heurte pas les morceaux de bois l'un contre l'autre, mais que l'on en frappe le plancher sur l'avant-scène.

L'apparition de personnages infernaux est toujours précédée d'un éclair.

Les acteurs qu'il faut mettre le plus en évidence sont escortés d'un ou deux coskeis, chacun portant un long bâton au bout duquel est emmanché un petit chandelier muni d'une bougie allumée. Les spectateurs n'ont qu'à suivre les mouvements combinés des deux lumières pour savoir, à la minute, ce qu'ils doivent admirer : tantôt l'expression de la physionomie du comédien; tantôt sa pose, son geste, et parfois aussi certains détails de son costume et sa coiffure.

Il en est de même à l'égard des danseuses.

Souvent on voit, pendant le ballet, les coskeis, accroupis sur le pont du parterre, profiter du voisinage immédiat des spectateurs pour leur faire émécher les bougies, avec les doigts, bien entendu; et le premier venu s'y prête avec plaisir. Comme le dit fort bien M. Layrle, il est impossible de trouver dans un public de théâtre plus d'entrain et de bonhomie. Dans la comédie bourgeoise, il n'est pas rare que des spectateurs interrompent les acteurs et leur donnent la réplique. Les uns et les autres concourent, à leur manière, au succès de la soirée et à la satisfaction de tous les intéressés. Le zèle et le dévouement du public se manifestent même par des largesses en dehors des contributions théâtrales ordinaires. M. Layrle a remarqué que chaque salle de spectacle est tapissée de morceaux de papier avec lesquels les artistes rappellent les actes de générosité dont ils ont été l'objet et font connaître le nom et l'adresse des donateurs.

Le moment n'est pas venu d'apprécier le théâtre japonais au point de vue littéraire. Aucune pièce n'en a été traduite, en quelque langue de l'Europe que ce soit. Sir Rutherford Alcock donne une analyse détaillée de la représentation à laquelle il a assisté, à Osaka. En comparant mes propres observations avec les siennes et avec celles de M. Layrle, je crois pouvoir conclure que le Japon moderne en est encore à l'enfance de l'art dramatique. Les circonstances politiques de ce pays y rendent le drame historique impossible. Ce qui s'en rapproche le plus dans le répertoire de la Sibaïa, est un mélange indigeste d'histoire, de mythologie et de fantaisie burlesque, dont je doute que les Japonais mêmes trouvent le secret.

L'opéra, plus informe encore que le drame, reste fort en arrière de la scène lyrique du Céleste Empire et ne l'imite que par son côté le plus fastidieux, le merveilleux de la démonologie bouddhiste. La comédie bourgeoise seule me semble riche de promesses pour un avenir plus ou moins rapproché, parce qu'elle se développe dans les conditions du naturel et de la réalité. Elle renferme, il est vrai, comme l'opéra lui-même, des scènes d'une grossièreté incroyable. Cependant rien ne paraît plus immoral aux Japonais que notre propre théâtre. Cette apparente contradiction s'explique aisément. Le réalisme japonais admet sur la scène, comme dans les romans, des types et des situations dont *la Dame aux camélias*, *les Filles de marbre* et toute notre littérature du demi-monde ne donnent qu'une faible idée. D'autre part, il exclut absolument toute intrigue portant la plus légère atteinte à l'inviolabilité du caractère de la femme mariée. Ni Phèdre, ni la mère d'Hamlet, ni les maris de Molière, ni Werther, ni même Charlotte, ni à plus forte raison l'ignoble madame Bovary, ni quoi que ce soit d'analogue, ne peut offrir le moindre attrait à l'imagination des Japonais. Plus ils restreignent la notion des relations coupables, plus ils sont scrupuleux à la faire respecter, et c'est pourquoi toute œuvre d'art qui tend à l'affaiblir, leur paraît simplement une monstruosité.

Le foyer et les coulisses des théâtres de l'extrême Orient ne présentent pas moins d'intérêt à l'observateur étranger, que le spectacle proprement dit et le public qui y assiste. On n'y rencontre que des hommes, excepté, de temps en temps, quelques servantes ou femmes d'artistes qui apportent à ceux-ci des rafraîchissements ou qui viennent mettre la dernière main à la toilette des comédiens prêts à entrer en scène, sous le costume de l'un ou de l'autre sexe ; en sorte que le coup d'œil d'ensemble produit l'agréable effet de ce que l'on est convenu d'appeler un ménage de garçons. Au milieu du désordre général, on finit cependant par distinguer des groupes dont chacun a son caractère propre : ici, des musiciens occupés à se rafraîchir et indifférents à tout le reste, jusqu'à ce que la voix du régisseur leur signifie de reprendre leur poste ; là, deux comédiens répétant de concert les poses et les gestes qui doivent, dans un instant, faire l'admiration des spectateurs, et un autre, accroupi devant un miroir pour se farder le visage et ajuster sur son front une coiffure féminine. Un jeune diable, de son côté, a rejeté sur ses épaules son masque, ses cornes et sa crinière, et se donne de l'air avec un éventail, tandis que le seigneur matamore fume tranquillement sa pipe dans un cercle de saltimbanques. Sur ces entrefaites, les comparses vont et viennent, chargés de châssis destinés à opérer peu à peu un changement de décoration. L'artificier fait jouer la trappe aux apparitions au-dessus de laquelle il fera voltiger tout à l'heure un tourbillon de flammes. Et la pièce va son train, à grand

LE RESTAURANT DU THÉÂTRE.

LA SIBAÏA, THÉATRE NATIONAL DU JAPON. 227

renfort de coups de caisse, entre les conversations du public du parterre et celles des acteurs désœuvrés.

Au restaurant, la confusion semble inextricable. Là, tout le monde est accroupi sur les

EXERCICES D'ÉQUILIBRE AVEC UN FAUX NEZ.

nattes, sauf les personnes de service. Chaque groupe, chaque cercle de convives en est d'autant plus libre dans le choix de ses divertissements. On dirait la méthode lancastrienne de l'enseignement mutuel, appliquée à une grande école d'adultes des deux sexes, dont toute l'étude consisterait à boire, à manger, à deviser gaiement, à faire des jeux ou de la musique pour la récréation de deux ou trois amis. On joue aux dames, au trictrac, à la mourre, et aux cornets de dés, qui sont des solides en laque, de la forme d'un carré long : il en faut quatre pour deux personnes, un dans chaque main ; on les heurte alternativement l'un contre l'autre selon le rhythme, toujours plus précipité, d'une chanson de circonstance. Toute erreur est frappée d'une pénalité, qui consiste ordinairement à boire une rasade de saki.

Cependant une troupe de chanteuses, sans s'effrayer du bruit, s'installe vers l'autel domestique, sous l'image du dieu du contentement. Bientôt les guitares et les voix ont excité l'enthousiasme d'un jeune lion de la haute bourgeoisie : il se lève, et il exécute, sous les yeux des dames de sa société, un pas très-élégant, dont le jeu de son éventail révèle la difficulté.

Le restaurant supplée à l'insuffisance des rafraîchissements du théâtre : un beau poisson cuit à point, un bol de riz bien chaud, ont une saveur exceptionnelle au bout de cinq ou six actes de représentation. L'on sacrifie sans remords aux plaisirs de la table les scènes ou la pièce que l'on connaît le mieux, et le dessert se prolonge jusqu'à ce que le gong donne le signal du grand intermède des saltimbanques. Alors le restaurant change complétement d'aspect. La société bourgeoise s'empresse de reprendre ses places au théâtre. Les auteurs dramatiques, les littérateurs de profession, les Mécènes et les dilettantes de la Sibaïa, se réunissent avec leurs dames dans les salles abandonnées, comme si leur conscience d'artistes ne leur permettait pas de voir les planches sacrées de la comédie momentanément transformées en tréteaux de bateleurs.

C'est, le plus souvent, dans l'intimité de ces rendez-vous littéraires, dans ces nocturnes et joyeux conciliabules des restaurants de théâtres, que les jeunes écrivains de la capitale se forment à leur profession ; que les auteurs en vogue subissent la bienfaisante épreuve de la discussion publique, et que la révision des doctrines et des traditions reçues s'opère lentement, mais irrésistiblement, dans le domaine des lettres et jusque dans la sphère des institutions religieuses.

Seul, le régime politique et social de l'Empire est censé jouir du respect universel. Si la satire ne craint pas de s'attaquer aux types les plus marquants de la féodalité, c'est que sans doute elle y est autorisée par la faveur exceptionnelle d'un pouvoir encore en lutte avec cette institution ; et si, d'un autre côté, la bourgeoisie ose rire des officiers du Castel, c'est que l'on veut bien le lui permettre, en échange de ses services, et à titre de satisfaction puérile réputée sans conséquence.

Le jour où les deux partis politiques en viendront aux prises, ils auront pour galerie un peuple à l'esprit frondeur, sans sympathie quelconque pour aucun des combattants et d'une égale indifférence à l'égard de l'un et de l'autre, quant au triomphe de leurs armes.

Un jour M. de Wit, consul général des Pays-Bas, demandait à un vieux bourgeois de Yédo ce que ferait le peuple dans le cas d'une guerre de l'Empire avec une puissance étrangère. — « Nous nous sauverions dans l'intérieur, répondit le vieillard, sans hésitation. — Comment donc ! vous vous sauveriez ? — Certainement, ce n'est pas à nous de nous battre, c'est l'affaire des gens à deux sabres. — Et s'ils en venaient à se battre entre eux ? — Nous nous cacherions pour regarder de loin. — Quoi qu'il en soit, poursuivit M. de Wit, je pense que vos gens à deux sabres ne se battraient pas mal. — Il en est de ceci, dit le Japonais, comme de ces constructions blanchies à la chaux, que l'on estime propres à résister au feu. Le plus sûr est de ne jurer de rien avant qu'elles aient été mises à l'épreuve.

ÉQUILIBRISTES.

DANSE DES PRÊTRES D'ODJI-GONGHEN.

CHAPITRE XLVII

LES JONGLEURS

Les saltimbanques au service de la Sibaïa forment une corporation indépendante de la confrérie des comédiens.

Ce sont proprement des jongleurs, des équilibristes, des acrobates, dont il est facile de se faire une idée, d'après ceux que l'on a vus à Paris pendant l'Exposition universelle. Il y a peu de chose à dire de leurs exercices, dont les principaux instruments sont le trapèze, le cerceau, le bâton, la perche et des échelles de diverses dimensions.

Ce qu'ils font de plus extraordinaire à Yódo, c'est une série de tours d'équilibre, opérés au moyen d'un faux nez démesurément long, ou même d'une perche de bambou, fixée, je ne sais comment, au milieu de leur figure. L'un des chefs, par exemple, se couche sur le dos, et fait monter au bout de son nez un enfant qui s'y tient en équilibre sur un pied et met un parasol en équilibre sur son propre nez; non content de cela, le même homme, sans rien déranger au premier tableau, dresse une jambe en l'air, et un autre enfant, appuyant son nez sur la plante du pied de cette jambe, se soulève peu à peu jusqu'à ce qu'il ait les deux pieds en l'air, et il reste immobile dans cette position. Les exercices, avec une perche à la place du nez, paraissent si fabuleux, qu'ils doivent recéler quelque supercherie, telle qu'un point d'appui quelconque, dissimulé par une décoration de théâtre.

La troupe qui exécute ces prouesses est sous l'invocation du divin Tengou, et parée de ses principaux attributs, c'est-à-dire, outre le long nez, une grande paire d'ailes, un sabre et un costume de héraut.

Une autre corporation, infiniment plus intéressante, est celle des jongleurs prestidigitateurs. Leurs troupes les plus savantes se produisent principalement à la foire de Yamasta et dans les dépendances du grand temple de Quannon d'Asaksa. Elles font aussi des voyages en province. M. de Polsbroek en invita une à Benten pour y donner une représentation aux notabilités de l'Occident qui se trouvaient alors en résidence à Yokohama. Ma chambre de travail étant à côté du salon, que nous avions converti en théâtre, et les deux pièces ouvrant sur la véranda, dont les jongleurs firent leur vestiaire et leur place de répétition, j'eus le plaisir d'assister à tous les préparatifs de leur soirée. Ils étaient au nombre de six, accompagnés de quatre musiciens et de plusieurs domestiques. Leur mobilier comprenait, entre autres, de hauts trépieds, divers dressoirs et d'élégantes tables basses en beau laque rouge, ainsi que de grands vases en porcelaine, des chimères en cuivre jaune et des caisses et des boîtes de toute grandeur, en laque noir et en bois blanc, à double fond, à tiroirs ou à secret. Ils en sortirent des chandeliers, des bougies, une petite lanterne magique, des tasses de porcelaine remplaçant les gobelets de nos escamoteurs, des poupées inversables, des marionnettes, des écharpes, des rubans, des turbans, des lacets, du papier, des pipes, des sabres, des éventails, et tout un assortiment de toupies, depuis les dimensions d'une assiette à soupe jusqu'à celles d'une coquille de noix.

L'orchestre se composait d'un samsin, d'un fifre, d'une paire de cliquettes en bois, d'un tambourin et d'une grosse caisse. Il faut dire qu'il n'avait pas d'autre ambition que d'assourdir le tympan et de distraire, à point nommé, l'attention des spectateurs, comme aussi de la provoquer, dans certaines occasions solennelles, particulièrement pour annoncer que l'un des chefs de la troupe allait ouvrir une nouvelle série d'exercices par un discours approprié à l'importance du sujet.

Admettant que les tours de passe-passe de l'Europe valent bien ceux de l'extrême Orient, je laisse de côté ce détail de la représentation. Quant à celle-ci, prise dans son ensemble, je ne puis mieux en définir le caractère qu'en donnant à ce genre de spectacle la qualification de charmante mystification. Il est difficile, en effet, de se jouer plus agréablement de la crédulité du peuple et de sa propension au merveilleux, que ne le font les jongleurs de Yédo. A l'exception des tours d'adresse et d'escamotage, dans lesquels ils déploient une dextérité étonnante, tout le reste n'est au fond et d'un bout à l'autre, en paroles et en actions, qu'une sorte de persiflage ou de moqueuse négation du prodigieux, opérée au moyen de prestiges de leur invention, admirables de simplicité, sublimes de niaiserie.

Que l'on ajoute à cela les mérites d'une troupe consommée dans l'exercice de son art; une ingénieuse mise en scène, un goût exquis, ou plutôt un esprit d'à-propos parfait, dans le costume, les décors, les draperies, l'arrangement des machines et du mobilier; un

JONGLEURS PRESTIDIGITATEURS.

aplomb, une grâce, un sérieux comique imperturbables, alliés à l'adresse, à la verve, à l'entrain le plus soutenus, et l'on comprendra que cette catégorie toute spéciale de jongleurs occupe une place distincte et des plus honorables parmi les nombreuses confréries des gens de leur métier.

Ce qu'ils ont de particulièrement remarquable dans l'agencement de leurs exercices, c'est l'habileté avec laquelle ils passent des simples tours d'adresse aux artifices de la jonglerie, et réciproquement, sans que le spectateur se doute du changement, ni s'aperçoive de la transition. L'un d'eux, par exemple, s'accroupit devant un haut chandelier de fer, et, agitant d'une main son éventail, il saisit de l'autre la bougie allumée, la lance en l'air, la reçoit, et, sans jamais l'éteindre, la fait sauter comme une balle, en observant la mesure d'une chanson de circonstance, accompagnée par l'orchestre; puis, remettant la bougie en place, il la souffle et en fait jaillir, comme par le jeu de son éventail, un jet d'eau qu'il reçoit dans un bol de porcelaine.

Son camarade, à genoux devant un tabouret recouvert d'un tapis et éclairé, sur les côtés, par deux grosses lanternes de papier, y exhibe deux jolies marionnettes, auxquelles il fait jouer une petite comédie, entremêlée de couplets et de danses; et c'est une comédie à quatre personnages : les changements de rôles se font à vue, sans que le jongleur bouge un instant de sa place. La pièce finie, il passe ses marionnettes à un autre, qui les range soigneusement dans leur caisse, et lui-même exécute une scène de travestissement, au bout de laquelle, étendant et agitant les larges manches de sa jaquette comme les ailes d'un oiseau, il saute tout à coup sur l'une des grosses lanternes de papier et s'y tient immobile sur la pointe des pieds. Le compère, de son côté, rouvre la caisse des marionnettes et en tire un déjeuner complet. Saisissant la théière, il offre à boire aux spectateurs en leur présentant sur un plateau une tasse qu'il remplit à pleins bords; mais on ne trouve plus rien dedans lorsqu'on veut y porter la main. Le jongleur étonné y touche du bout des lèvres, mais se détourne avec dégoût pour rejeter tout un essaim de mouches. Les œufs qui accompagnent le thé n'ont rien d'extraordinaire, si ce n'est que le jongleur peut les faire tenir debout sur son front, et même les surmonter d'une soucoupe qui y reste en équilibre.

L'entr'acte est animé d'intermèdes comiques, dont l'un des plus amusants représente le repos des jongleurs. Accroupis silencieusement au pied d'une tenture blanche, ils y dessinent, en exhalant la fumée de leurs pipes, des caractères chinois parfaitement lisibles.

Les tours variés qu'ils exécutent avec les éventails, vont de plus en plus fort, jusqu'à ce qu'ils se confondent avec des artifices d'optique et de fantasmagorie. Ainsi, pour terminer la série des premiers exercices, le jongleur fait passer sous les yeux du public un grand éventail ouvert, qui se tient debout sur le dessus de sa main droite, puis il le lance en l'air, le reçoit de la main gauche par la pointe, s'accroupit, s'évente, et, tournant la tête de profil, pousse un long soupir qui fait sortir de sa bouche l'image d'un cheval au galop. Il continue à se donner de l'air et secoue du fond de sa manche droite toute une armée de petits bonshommes qui s'évanouissent en dansant et en faisant la révérence. Il se baisse, ferme l'éventail et le tient des deux mains : pendant ce temps sa tête a disparu ; elle reparaît, mais avec des dimensions colossales, puis sous sa forme naturelle, mais reproduite en trois ou quatre exemplaires. On apporte devant lui une espèce d'amphore, et bientôt il sort tout de son long du col étroit de cette bouteille et s'évapore dans les nuages suspendus au plafond.

Cependant on prépare la grande scène des toupies. Un jongleur exhibe les deux plus grosses et les prend par le manche, qu'il roule un instant entre les deux paumes de ses mains. Dès lors le mouvement de rotation qu'il leur a imprimé ne s'arrêtera plus. Son camarade saisit la première et la fait rouler de flanc sur un long tuyau de pipe, puis il la lance en l'air et la reçoit dans le fourneau de la pipe ; enfin il l'envoie tourner au poste qui lui est assigné, et la toupie obéit en gravissant jusque sur une table en laque un viaduc entrecoupé d'un pont cintré. En même temps, l'autre jongleur apporte un haut dressoir, sur lequel il dispose un bol de porcelaine qu'il remplit d'eau jusqu'au bord. Il étend sur la surface liquide une feuille de lotus, enlève du sol la seconde toupie et l'installe sur cette feuille, où elle continue de tourner. Bientôt un charmant jet d'eau sort de la pointe de la toupie.

Tandis que les deux grosses toupies restent en place, on déballe les moyennes et les petites. Un simple choc, un contact presque imperceptible avec les premières, suffit pour mettre toute la troupe en mouvement. Mais on ne se bornera pas à la laisser tourbillonner sur le sol. Le régisseur montre aux spectateurs des boîtes et des raquettes tout ordinaires, des fils de fer parfaitement lisses, des sabres dont il fait examiner le tranchant ; puis il donne le signal de la danse : trois artistes entrent en scène, saluent profondément le public et se mettent simultanément à l'œuvre, au son de toute la symphonie. L'un jongle au cerceau avec quatre ou cinq toupies ; le second en fait sauter dans les boîtes, puis ressortir et tourner à la file tout à l'entour ; le troisième en lance sur les fils de fer tendus, où elles courent et reviennent d'un bout à l'autre, sous sa direction. Le même jeu se répète sur le tranchant d'un sabre. Une partie de raquettes achève de mettre à l'épreuve les héroïnes du bal : ce sont elles qui servent de volants. Quelque incroyable que cela puisse paraître, aucune des toupies, grosses, moyennes ou petites, ne cesse d'être en rotation pendant toute cette série d'exercices. Je ne sais jusqu'où va la supercherie dans certains actes de la représentation. Je l'ai constatée, pendant la répétition de la véranda, en ce qui concerne le tour du sabre et des fils de fer : les exemplaires que l'on montre au public sont adroitement remplacés par d'autres, identiques, mais munis d'une fine rainure. Les jongleurs m'ont aussi fait voir, entre autres curiosités, l'appareil secret qui supporte la grosse toupie dans le bol de porcelaine. Quoi qu'il en soit, la construction des toupies japonaises, ou plutôt le mécanisme qui les équilibre, est d'une perfection merveilleuse. Il n'y a pas d'autre terme non plus qui rende l'impression de l'ensemble et des moindres détails du spectacle que je viens d'esquisser. Témoin encore cette scène où le jongleur découpe nonchalamment une feuille de papier en petits morceaux carrés qu'il jette en l'air, chasse de l'éventail, et change peu à peu en une troupe d'oiseaux qui détalent.

DANSE COSTUMÉE DES PRÊTRES OU BONGONGBEN, A LA FÊTE DES CÉRÉALES.

Et quoi de plus charmant que de voir un autre morceau de papier s'échapper de ses mains sous la forme d'un papillon, qui bientôt voltige tout autour de sa tête et qu'il semble à chaque instant sur le point de saisir! L'insecte brave ses efforts, se pose même sur l'éventail qui le menace, et s'envole enfin sur un bouquet de fleurs. Un instant après il en sort, accompagné d'un autre papillon, et tous les deux s'élèvent et se bercent dans les airs, descendent, remontent, se poursuivent, lorsque soudain le jongleur les attrape dans une boîte dont il se hâte de fermer le couvercle. Mais aussitôt qu'il le soulève, les deux prisonniers s'échappent, et la lutte recommence avec une nouvelle ar-

DANSE DES PRÊTRES DE FOUNABAS.

deur. Enfin il saisit de sa main les deux papillons à la fois, il s'approche triomphant pour les montrer aux spectateurs, et quand il entr'ouvre ses doigts, il n'en sort plus qu'un léger nuage de poudre d'or.

Ce tour est, avec raison, l'un de ceux qui excitent au plus haut degré l'enthousiasme du public. Les Japonais toutefois ne connaissent pas les applaudissements frénétiques : tenant de la main droite leur éventail fermé, ils en frappent plus ou moins vivement le plat de la main gauche, en accompagnant ce geste d'un léger cri de satisfaction.

On dirait qu'à Yédo les lauriers des comédiens et des jongleurs empêchent les bonzes de dormir. Dans quelques temples du culte Kami, les prêtres ont érigé des théâtres de marionnettes. Ils n'y jouent, à la vérité, qu'à la fête patronale et que des pièces tirées de l'histoire des anciens Mikados. L'orchestre supplée au peu d'intérêt dramatique du spectacle; il compte parfois une vingtaine d'exécutants. Ailleurs ce sont des danses sacerdotales qui défrayent la curiosité du peuple. A la fête d'Odji-Gonghen, tout le couvent saute et se trémousse, y compris les musiciens et le vieux moine qui bat la grosse caisse. C'est dans l'enceinte de la bonzerie que l'on célèbre, par des danses de caractère, la récolte des céréales. Les figurants portent sur le dos un bouquet d'épis, et sur la tête un chapeau carré en paille de riz, qui leur cache le visage. Les gardes d'honneur du théâtre ont le casque, la cuirasse et cinq grands sabres au côté, ni plus ni moins. L'entrée est gratuite, mais il y a chez le portier une vente où chacun croit devoir se munir, en souvenir de la fête, d'une petite lance de bois peint ou d'autres insignes militaires, produits de l'industrie du couvent qui ne peuvent être utilisés que comme jouets d'enfants.

Les bonzes d'Oméodji font, une fois par an, une très-jolie recette, sans se mettre en frais d'autre chose que de grosses lanternes peintes et de décors d'opéra, dont ils ornent leurs jardins. C'est une sorte de diorama que l'on contemple depuis les sombres galeries des bâtiments sacrés. Ce spectacle dure sept nuits consécutives, et fournit l'occasion de nombreux rendez-vous de plaisir.

Le temple d'Odji-Inari est réputé pour ses représentations de comédies burlesques. Elles renferment des scènes qui ne peuvent se décrire. La même observation s'applique aux objets sacrés et jusqu'aux jouets d'enfants avec lesquels on célèbre Inari, à la fête des moissons. L'on assigne à ce dieu tutélaire le rôle de patron des céréales et de protecteur de la fécondité. Il garantit l'agriculteur contre le vol et l'incendie. Autrefois il accompagnait la Lune sous l'image d'un renard. Depuis qu'il s'est manifesté aux hommes sous l'aspect d'un vénérable vieillard chargé de deux gerbes de riz, on lui donne le renard comme attribut et comme esprit serviable. Le culte que l'on rend à l'un s'adresse également à l'autre, et les temples d'Inari sont toujours précédés de deux statues de renards accroupis au pied d'un tori recouvert de laque rouge.

La fête du temple de Yébis a lieu le vingtième jour du onzième mois. Le dieu que l'on y adore était le frère cadet du Soleil. Repoussé de la cour céleste à cause de sa difformité, Yébis gagna sa vie par la pêche et s'amassa de grandes richesses. Pendant la foire annuelle que l'on tient à son honneur, les marchands attirent les chalands par des prix extraordinairement réduits, et le plus clair des bénéfices ou des économies qui se font à cette occasion, va se perdre, la nuit même, en divertissements profanes.

Un autre temple, appartenant au culte des Kamis, s'est donné la spécialité de rafraîchir les anciennes mascarades du daïri, telles que la ronde des coqs, par exemple: les danseurs, couronnés d'une crête énorme, portent un masque en forme de bec, ayant un grelot comme appendice.

Les prêtres de Founabas exposent un beau jour leurs idoles en plein soleil, au centre d'un encadrement de bambou, richement orné de fleurs et de pompons de papier. Jeunes et vieux, s'armant alors soit d'un gong, soit d'un timbre, soit d'un tambourin, sautent et crient à perte d'haleine tout autour du lieu sacré.

Il s'en faut peu, en vérité, que les Japonais ne possèdent leurs derviches. Les confréries de quêteurs du culte Kami ajoutent à leurs litanies des évolutions et des figures chorégraphiques tout à fait inattendues. Chez eux, le goupillon est fixé au sommet d'une espèce de lance ornée d'un petit bouclier aux signes symboliques. Tandis que de la main droite le danseur agite l'éventail, il se pose, de la main gauche, le goupillon sur la nuque, en maintient la hampe horizontale à la hauteur de ses deux épaules, et, d'entrechats en entrechats, il finit par atteindre, de la pointe de ses pieds, tantôt l'une, tantôt l'autre des extrémités de la lance.

Mais j'en passe, et des meilleurs, pour en venir à la bonzerie, qui réunit en sa vaste enceinte toutes les séductions et toutes les jongleries, toutes les industries et tous les artifices qu'il est possible de combiner dans une entreprise d'exploitation générale des superstitions et des passions humaines : c'est la grande téra de Quannon dans l'arrondissement d'Asaksa-Imato.

LA RONDE DES COQS.

OGAWA-BATA, DOKS ET MAGASINS DE RIZ DU TAÏKOUN.

CHAPITRE XLVIII

LES MAISONS DE THÉ D'ASAKSA

Le grand fleuve qui divise Yédo en deux villes distinctes, enserre dans un vaste circuit les arrondissements situés au Nord du Castel.

Après avoir traversé, sous le nom de Sumida-gawa, toute la banlieue septentrionale de Yédo, dans la direction de l'Ouest à l'Est, il coule brusquement vers le Sud, prend le nom d'Ogawa, au-dessous du pont d'Adsouma, et reçoit, à la hauteur du Riogokou-bassi, les eaux du grand canal qui se détache de la rivière Tamoriiké pour alimenter la première ligne de fossés de la forteresse taïkounale du côté du Nord.

Ce canal peut être considéré comme la base d'un immense triangle, dont le coude de l'Ogawa forme le sommet, et qui embrasse à l'Ouest les arrondissements de Staïa et de Néghis-Taninakahen, et à l'Est, deux autres arrondissements parallèles à ceux-ci, savoir, en allant du Midi au Septentrion :

XXVI. Asaksa-Okouramaya.

et XXVII. Asaksa-Imato.

Or les deux Asaksa, ainsi que Néghis et Staïa, quoique à un moindre degré, sont consacrés tout spécialement, comme s'il n'y était pourvu nulle part ailleurs, aux plaisirs des habitants de la capitale. C'est là leur industrie, et elle n'exclut aucune des classes de la société; elle s'accommode, au contraire, à tous les goûts, répond à tous les caprices, satisfait à toutes les exigences. Les temples, par centaines, rivalisent avec les maisons de thé, les cirques avec les théâtres, les champs de foire avec les bosquets, les lacs et les canaux,

244 LE JAPON ILLUSTRÉ.

refuges des joies tranquilles, tandis que vers le Nord, dans la solitude des rizières d'Asaksa-Imato, le grand carré, et l'on pourrait presque dire la cité de Sin-Yosiwara, exploite, avec privilége du gouvernement, les débordements les plus effrénés du vice et de la débauche.

Nous atteignons, depuis le Hondjo, la base du triangle de l'Ogawa, en traversant le Riogokou-bassi, qui débouche sur la place dans le voisinage de laquelle sont les quatre grands théâtres de Nippon-Kita. En faisant quelques pas vers le Nord, nous arrivons au confluent du canal et du grand fleuve. La rive droite du canal est bordée, à perte de vue, d'une magnifique plantation de saules pleureurs. On passe sur la rive gauche, dans le quar-

BOURGEOIS DE YÉDO, COLPORTEURS ET PÈLERINS.

tier d'Asaksa-Okouramaya, par un pont bastionné qui est la vraie avenue de la grande route siogounale du Nord; car entre cette dernière et le Tokaïdo, qui aboutit au Nippon-bassi, il est difficile de reconnaître, parmi les rues de la Cité marchande, quelle est celle qui doit être qualifiée d'artère principale.

La route du Nord, ou Oskio-kaïdo, est à peu près parallèle à l'Ogawa, mais elle en est séparée jusqu'au pont d'Adsouma par l'Ogawa-Bata, groupe de constructions massives d'une très-grande étendue, qui comprennent les docks et les principaux magasins de riz du Taïkoun.

On rencontre fréquemment, sur l'étroite chaussée qui longe ces bâtiments, des pèle-

MAISON DE THÉ ARISTOCRATIQUE.

rins revenant du Fousi-yama, cheminant avec peine, le dos chargé d'une caisse en bois de sapin dans laquelle ils renferment leur provision de thé et de riz, les ustensiles nécessaires pour préparer leurs repas, ainsi qu'une natte et une couverture pour passer la nuit en plein air.

Les pêcheurs, que l'on voit en assez grand nombre dans cette région, y exploitent les paisibles et vastes bassins des docks, que le grand fleuve alimente. Il y en a huit, et au-dessous, un petit canal, dont un bras s'étend jusqu'à l'arrondissement de Staïa, tandis que l'autre traverse du Sud au Nord, à l'Ouest de l'Oskio-kaïdo, les deux arrondissements d'Asaksa. En face des grands bassins, l'on découvre sur le fleuve une île sacrée, où une chapelle et une maison de thé s'abritent sous un cèdre gigantesque.

La route du Nord au delà de l'Ogawa-Bata se divise en deux branches : l'une forme l'avenue la plus directe de la grande téra d'Asaksa; l'autre longe le fleuve jusqu'au quartier des théâtres, qui est au Nord-Est de la bonzerie; de là, elle entre dans les rizières et se dirige sur le Sendjoò-bassi. A droite et à gauche de la chaussée principale, et tout le long de l'avenue d'Asaksa-téra; sur la rive de l'Ogawa et dans les rues latérales qui aboutissent à la grande route, ce ne sont que temples, maisons de thé, jardins publics, pavillons de comestibles et de rafraîchissements, oratoires, boutiques et reposoirs, étalages de chapelets bénits et de curiosités profanes, en un mot tout ce que la spéculation la plus ingénieuse peut offrir à la fois aux voyageurs, aux pèlerins, aux habitués des théâtres, et aux désœuvrés de tout âge qui circulent par milliers, de nuit aussi bien que de jour, dans ces lointains quartiers de la capitale.

Il est cependant à peu près dans les mêmes parages, et généralement dans la zone méridionale du triangle de l'Ogawa, deux sortes d'établissements qui ne prospèrent qu'à une certaine distance des grandes voies de circulation, car leur spécialité consiste précisément à se tenir à l'écart de la population flottante, tout en permettant aux habitués de se mêler pour quelques instants, quand il leur plaît, mais en simples promeneurs et sans trop de fatigue, au mouvement de la foule.

Les premiers sont les maisons de thé aristocratiques. C'est à peine si elles se distinguent, à l'extérieur, de celles de la bourgeoisie. Toute leur supériorité réside dans l'aménagement des salles, du mobilier, du jardin, et surtout dans le cérémonial du service.

A son entrée dans l'établissement, l'orgueilleux samouraï voit se prosterner à ses pieds la maîtresse de la maison et les sommelières qui l'accompagnent. La plus jeune, en se relevant, sollicite la faveur de porter le grand sabre du noble personnage. Celui-ci daigne, en effet, le lui présenter.

Elle s'empresse alors de déployer un mouchoir de soie, dont elle se gante la main droite pour saisir l'arme presque à l'extrémité du fourreau et la tenir, ainsi dressée, devant sa poitrine, jusqu'à ce que l'on entre dans le vestiaire, où elle la dépose délicatement sur un râtelier de laque. Le gentilhomme aussitôt se met en devoir de vaquer, avec l'aide de sa suite féminine, aux minutieux apprêts de sa toilette nocturne. La mèche de sa coiffure est assujettie par un nœud de crêpe, en guise de bonnet de nuit. On étend sur sa nuque et sur ses épaules un épais foulard de soie qui lui tient lieu de châle. Son manteau de ville est remplacé par une somptueuse robe de chambre, fixée sur sa poitrine au moyen de cordons de soie entrelacés avec grâce. Enfin une paire de chaussettes blanches faisant l'office de pantoufles complète son costume, et, après s'être lavé la figure et les mains dans une aiguière parfumée, il prend majestueusement le chemin du salon où la collation est dressée. C'est ordinairement dans un corps de bâtiment reculé, mais communiquant avec le premier par de longues galeries qui traversent ou dominent une partie du jardin.

Il est de règle que des maisons de ce rang entretiennent un personnel assez nombreux

SUR LE TROTTOIR DE LA ROUTE DU NORD.

pour subvenir par leurs propres ressources à tous les divertissements que les fils de famille aiment à y rencontrer. Elles jugeraient, par exemple, au-dessous de leur dignité de recourir aux services des chanteuses, des joueuses de guitare et des danseuses de profession. C'est aux restaurants inférieurs et à d'autres lieux publics que l'on abandonne la faculté de les engager, soit pour la nuit, soit simplement à l'heure.

Ces femmes, de leur côté, ne mettent jamais le pied dans de pareils établissements sans qu'on les y appelle d'une manière expresse. A cet égard, aussi bien que par l'honnêteté de leurs mœurs, elles se distinguent des musiciennes de rue et des danseuses de foire. La loi ne leur permet pas de se rendre chez des particuliers. On ne peut les inviter à se produire ailleurs que dans les endroits soumis à la surveillance de la police. Les théâtres sont compris dans cette catégorie. Elles y paraissent, à la demande des troupes de comédiens, pour figurer dans les ballets ou pour égayer le foyer.

Les autres maisons de thé, que j'ai signalées avec celles de l'aristocratie, comptent aussi parmi les plus notables. Elles se font une clientèle choisie de fonctionnaires émérites, d'officiers sans ambition ou de négociants satisfaits, gens paisibles, très-exclusifs mais fort appréciés, auxquels il ne faut, pendant le jour, que l'ombre, la fraîcheur, la retraite et le silence, et, dans les heures de la veillée, les tranquilles

DANS LE VOISINAGE DES THÉATRES.

causeries de la véranda, en face des bosquets et de l'étang du jardin. Il n'est pas rare que l'hôtesse ou quelqu'une de ses jeunes sommelières soit invitée à se mêler à la conversation. Les femmes de cette classe sont réputées pour leur esprit de repartie. Gracieuses et modestes envers les hommes de bonne société, elles bravent avec la même aisance les propos de caserne des yakounines. Ce n'est nullement de leur part un acte d'effronterie : il ne faut y voir qu'un effet de l'éducation nationale, qui permet aux deux sexes, indifféremment, de parler de tout, sans la moindre périphrase et sans se gêner de personne, pas même des enfants. Cette excessive liberté de langage est commune aux Japonaises de toute condition ; aussi ne doit-on point la confondre avec la licence des mœurs, qui, même chez les femmes non mariées, est beaucoup moins générale qu'on ne serait tenté de le supposer.

Au surplus, le dévergondage n'affiche point au Japon les allures provocatrices qu'il revêt en Europe. Ce n'est guère qu'à un certain luxe exceptionnel de coiffure et de costume que l'on reconnaît la livrée du vice. En dehors de l'enceinte de Sin-Yosiwara, et surtout dans les quartiers du Nord, on le rencontre sous diverses formes, mais jamais dans le négligé de l'indécence.

Peut-être remarquera-t-on, parmi la foule des embarcations qui sillonnent l'Ogawa,

DANS LES RUELLES.

quelque élégante gondole, où une jeune fille, debout, mais nonchalamment accoudée sur la toiture de la cabine, attire les regards par sa mise recherchée. Sa longue robe en particulier se distingue par quelque broderie bizarre, propre à faire sensation, ainsi qu'à faciliter le signalement de la personne, par exemple une double guirlande de chauves-souris, les unes blanches, les autres noires. Tout à coup la belle tire de sa ceinture le rouleau de papier de soie qui remplace pour les Japonaises le mouchoir de batiste, et, l'agitant de la main droite, elle donne discrètement un signal qui sans doute a été compris, car la gondole change aussitôt de direction pour regagner sur la rive la maison de thé dont sa lanterne reproduit en gros caractères l'enseigne ou le numéro.

MAISONS DE THÉ D'ASAKSA.

Ailleurs, sur le trottoir de la route du Nord, une autre demoiselle, non moins extraordinairement costumée, semble avoir pris à tâche de guider à l'hôtellerie voisine, par le jeu séduisant de son riche éventail, les voyageurs attardés qui n'auraient pas encore fait le choix de leur gîte. La ville et les faubourgs en hébergent chaque nuit deux cent mille, en moyenne. Il en est de tout ordre et de toute condition, mais aucune classe n'échappe à la vigilance des hôtelières.

Celles qui sont apostées à proximité des théâtres appartiennent à des établissements d'un rang très-inférieur. Aussi leur toilette ne comporte-t-elle plus la soie ni le velours.

AUX ABORDS DES PONTS.

Tout ce qu'elles peuvent se permettre, c'est de prodiguer un peu l'étoffe dans la ceinture et dans les manches de leur kirimon, de rehausser, en outre, par quelques épingles en fausse écaille, la majesté de leur coiffure, et d'ajouter à la grâce de leur démarche l'agrément d'une petite lanterne de fantaisie, peinte des plus vives couleurs.

Avec cette troisième catégorie de nocturnes promeneuses, s'éteignent sur la voie publique les derniers reflets de l'élégance féminine.

Tout ce qui vient après se dérobe de plus en plus à la lumière. Ici, sous la toiture spacieuse d'une maison de thé, des servantes font le guet à l'angle de la galerie, et claquent des mains pour appeler sur leur demeure l'attention des passants.

D'autres servantes, d'une condition plus infime encore, les petites esclaves de revendeuses et de cabaretières de bas étage, rôdent, deux à deux, dans l'ombre de fétides ruelles.

Mais où se trouve le dernier degré de la misère abjecte? Faut-il en voir le type dans la pauvre fille qui, pour le compte de sa logeuse, erre seule aux abords des ponts, toute grelottante et à peine décemment couverte de son unique vêtement de mince cotonnade? ou doit-on le chercher dans le fond des abîmes de Sin-Yosiwara? C'est ce que la police de Yédo pourrait dire avec une hideuse précision; car elle prélève son infâme tribut et fait régner le code de l'esclavage féminin non-seulement sur la partie de la ville qui ne connaît pas d'autres lois, mais dans toutes les hôtelleries et chez toutes les logeuses dont l'établissement privilégié tolère la concurrence.

Or, puisqu'il n'est permis à aucune des misérables de la rue de se passer ni de s'affranchir d'un pareil patronage, il n'y en a pas une non plus qui échappe à la surveillance de l'autorité. Le rôle de cette dernière ne va pas au delà d'une action purement policière et fiscale. Elle ne fait rien dans l'intérêt de la santé publique. Les tentatives des Européens, dans les ports qui leur sont ouverts, ont échoué contre des répugnances insurmontables de la part des indigènes. D'année en année le mal s'étend dans toutes les couches de la société et revêt de plus en plus les caractères d'un fléau national, d'une immense calamité publique.

SERVANTES D'AUBERGE.

MAISON DE THÉ POUR LES GENS PAISIBLES.

CHAPITRE XLIX

ASAKSA-TÉRA

Plus de cent bonzeries, se composant chacune d'un nombre plus ou moins considérable de bâtiments, tels que monastères, temples, pagodes, chapelles, maisons de thé et boutiques, forment la base méridionale du quartier d'Asaksa-Imato.

La plus grande et la plus illustre est celle de Quannon, divinité bouddhiste à laquelle on attribue je ne sais quel magique pouvoir d'intercession entre la terre et le ciel. La célébrité de cette bonzerie éclipse si complétement tous les autres lieux sacrés du voisinage, que, dans le langage du peuple, le mot d'Asaksa-téra ne désigne jamais d'autre temple que celui de Quannon dans le quartier d'Asaksa.

A l'extrémité septentrionale d'une place où il y a un marché permanent d'arbustes et de fleurs, s'élève un lourd portail, orné de lanternes colossales. Deux des gardiens du ciel, géants de bois peints au vermillon, apostés à droite et à gauche de l'entrée principale, défendent le passage et prélèvent sur chaque pèlerin le tribut traditionnel d'une paire d'énormes sandales de paille. C'est sous leurs yeux que se fait pour le bas peuple, à la veille d'une nouvelle année, une distribution gratuite d'amulettes de papier. Les bonzes, pour la plupart, visitent ce jour-là leur bonne clientèle, et, moyennant un léger casuel, lui portent à domicile des morceaux de leur goupillon, que le bourgeois colle aux linteaux de sa porte pour préserver sa maison des malins esprits. Quant aux coulies et aux prolétaires de tout genre, ils se rendent en foule au portail d'Asaksa pour avoir leur part de la même faveur; car c'est là qu'ils peuvent, en effet, l'obtenir sans frais quelconques, mais non sans peine. Deux bonzes perchés, au péril de leur vie, sur deux plateaux retenus par des crochets, à mi-hauteur des colonnes du portail, ont été constitués les dépositaires d'une abondante provision de papiers bénits. Ils en prennent par intervalles une poignée, qu'ils jettent en l'air, et des coskeis, à côté d'eux, armés de grands éventails de palmier, font voltiger au loin les précieuses amulettes, qui tombent sur le peuple comme des flocons de neige. Attrape qui peut! Bientôt la place entière présente le spectacle d'une immense confusion de gens qui se poussent, se coudoient, se poursuivent, les uns étendant les bras pour prendre au vol les morceaux de papier, les autres se baissant, et même se roulant à terre pour en ramasser sur le sol. Cependant, comme les plus heureux ou les plus habiles se retirent à mesure qu'ils ont obtenu leur part, le succès ne devient plus pour leurs rivaux qu'une question de patience, et personne ne s'en retourne chez soi les mains vides.

Au delà du portail s'ouvre une longue et large rue dallée, nommée Kindjousan-Asaksa-téra. Elle est coupée de ruelles transversales et occupée d'un bout à l'autre par des marchands étalagistes, dont quelques-uns cultivent la spécialité de l'imagerie religieuse et des objets sacrés, tels que rosaires, cierges, statuettes, vases à parfums, châsses et autels domestiques.

On remarque, en deçà et au delà des maisons bourgeoises, des oratoires, de petits temples et diverses curiosités qui paraissent offrir un vif intérêt aux pèlerins de la ville et de la province : ici, une mia ou chapelle consacrée au culte Kami; là, entouré d'une grille de bambou, un tronc énorme, encore enraciné, reste vénérable d'un cèdre archicentenaire; ailleurs, au fond d'un oratoire tapissé d'ex-voto, une image miraculeuse, et plus loin un petit temple aristocratique précédé d'une avenue de bannières plantées en terre, chacune portant les armes et les noms de famille de quelqu'un des illustres personnages qui ont honoré ce lieu de leur visite.

A l'extrémité orientale de la rue, une colline surmontée d'un temple s'élève au-dessus d'un petit lac couvert de lotus et de nénufars.

Des maisons de thé déploient leurs longues galeries de bois parmi les feuilles et les fleurs de ces belles plantes aquatiques. De l'autre côté de la voie publique, un bouquet de cèdres abrite une modeste bonzerie. Enfin l'on atteint le parvis du second portail. C'est une grande place carrée, presque complètement envahie par des boutiques de marchands étalagistes et par des baraques d'histrions. Sur la droite, deux grandes statues d'airain, assises, la tête entourée de l'auréole bouddhiste, dominent, du haut d'une terrasse de granit, le tumulte de la foule. Deux énormes gardiens du ciel protégent, de leur côté, le second portail, comme leurs deux collègues défendent l'entrée du premier.

Les galeries qui entourent l'étage supérieur de l'édifice permettent d'embrasser d'un

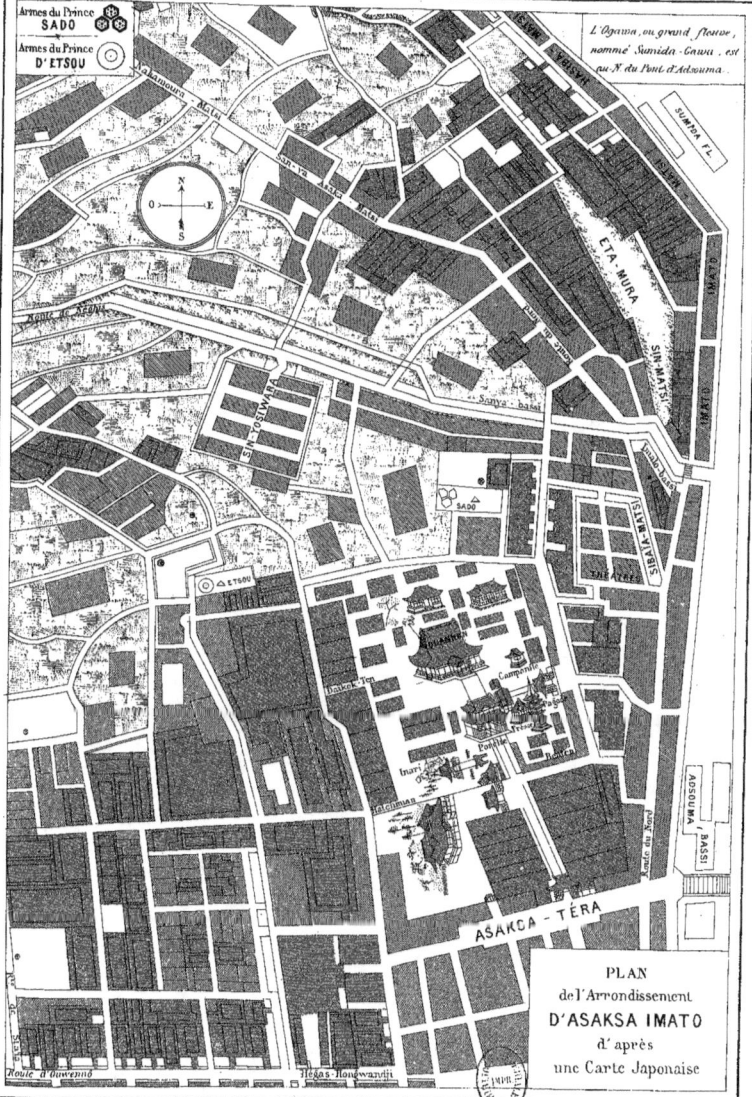

DISTRIBUTION D'AMULETTES DEVANT LE PORCHE.

ASAKSA-TÉRA.

coup d'œil, au Midi, la place du parvis et toute la grande rue, et au Nord, la première enceinte du temple principal. Celui-ci a de nombreuses dépendances. Ce que l'on comprend sous le nom d'Asaksa-téra est en réalité une agglomération de quarante à cinquante bâtiments sacrés, parmi lesquels s'élève le sanctuaire de Quannon-sama, la divinité patronale, dont la puissance d'intercession s'exprime, à l'entrée du temple, par une énorme statue à trente-six bras et cent mains. C'est sous sa protection que se groupent dans le voisinage les chapelles de Sannoô, le dominateur des hommes; de Daïkok, le dieu

LA CHAPELLE DU RENARD.

des richesses; de Benten, déesse de l'harmonie; d'Hatchiman, patron des guerriers; en un mot, toute la mythologie nationale, sans en excepter le culte du Renard.

On adore le diabolique animal, ainsi que son compère Inari, patron des céréales, au sommet d'une colline boisée qui se trouve dans l'enclos de la bonzerie. Sa petite chapelle, tapissée d'une épaisse couche d'ex-voto, est précédée d'une avenue où l'on a prodigué les toris peints au vermillon. Il n'y a de l'un à l'autre que la distance d'un saut de renard; à peine sont-ils à hauteur d'homme. Le chemin est montueux, tortueux, embarrassé de racines des sapins du bosquet sacré. On ne peut le gravir qu'avec précaution et en baissant la tête.

C'est dans cette humble position que l'on atteint l'esplanade du saint lieu. Là, il faut passer entre deux images de granit représentant la malicieuse divinité accroupie, la queue retroussée, le museau en l'air, mais de son œil oblique poursuivant quiconque s'approche du sanctuaire.

Les fidèles s'inclinent respectueusement, font leurs ablutions, jettent leur pièce de monnaie dans le tronc et s'agenouillent, pour prier, sur les marches de la chapelle.

Parmi les nombreux édifices disséminés dans l'enceinte d'Asaksa-téra, une pagode à cinq étages symbolise la suprématie du bouddhisme sur les autres religions.

Quant au bâtiment central, c'est un énorme édifice quadrangulaire, dont la charpente peinte en rouge est surmontée d'une toiture colossale recouverte de tuiles grises. Les soubassements seuls sont en pierre. Ils supportent une galerie spacieuse, exhaussée de quelques mètres au-dessus du sol. Dans l'intérieur du temple, le plafond repose sur des colonnades de piliers rouges, taillés à angles vifs; les parois de la nef sont ornées de peintures se détachant sur un fond d'or. Des images encadrées, des statuettes, des ex-voto, des planches en laque noir rehaussé d'inscriptions en lettres d'or, se montrent de tous côtés, sur les panneaux, sur les colonnes, dans des chapelles latérales. L'une de ces dernières renferme la galerie de portraits des plus célèbres courtisanes de Yédo, ainsi que d'autres tableaux assortis à ce sujet.

Ce n'est pas assez que les bonzes de Miôdjin et les prêtres de Sannoô invitent des courtisanes à se produire dans des processions religieuses périodiques: il y a chaque année dans l'enceinte de Sin-Yosiwara une foire accompagnée d'une parade, d'une exhibition générale des cinq mille privilégiées qui habitent ce quartier; et les bonzes d'Asaksa-téra se font délivrer régulièrement les portraits des reines de la fête pour les suspendre, comme dans un panthéon, aux parois de leur sanctuaire.

Le chœur du temple, sombre et enfumé par la vapeur de l'encens, ne présente, à ce qu'il m'a paru, aucune particularité remarquable, si ce n'est le maître-autel, dont l'idole, Quannon symbolisant la mère du Bouddha, apparaît accroupie sur le lotus, et ornée de l'auréole, derrière un grand treillis de fil de fer. L'effet mystérieux de cette combinaison touche médiocrement l'assistance. Des flots de peuple entrent, sortent, s'agitent tumultueusement dans la nef; celle-ci n'est pas très-spacieuse, et une haute barrière en bois sculpté, semblable à un jubé gothique, la sépare du chœur, où les bonzes, chargés de lourds vêtements sacerdotaux, officient avec accompagnement de gongs et de tambourins. Quelques fidèles jettent à leurs pieds, par-dessus la barrière, de la monnaie de fer enveloppée de papillotes blanches; d'autres achètent des cierges qui leur sont offerts par le sacristain. En dehors des heures du culte, une grande caisse scellée en deçà de la grille et communiquant avec les souterrains du temple reçoit les dons des visiteurs.

L'entrée solennelle du grand prêtre dans le chœur fait un instant diversion à la monotonie du service. Ce majestueux personnage pose sur sa robe blanche un manteau rouge à capuchon pointu et une sorte d'étole en soie verte à carreaux. Il est suivi d'un jeune novice qui remplit auprès de lui les fonctions de frère servant, et que l'on prendrait, au premier abord, pour une jeune fille, tant son visage, son teint et sa toilette trahissent des mœurs efféminées. A l'élégant édifice de sa coiffure en cheveux il ajoute l'apparat d'un costume étrange : pantalon blanc bouffant, ceinture d'étoffe blanche à larges nœuds, petite veste de soie verte à longues manches pendantes doublées de satin blanc ; c'est ainsi que, pas à pas, il accompagne son maître pour lui offrir, au premier signe, une

AUTEL DE QUANNON-SAMA. — GRAND PRÊTRE ET SON S...

tasse de thé contenue dans un réchaud portatif dont il tient le manche de ses deux mains.

En présence des ministres actuels de la religion du Bouddha, l'on ne peut s'empêcher de faire un retour mélancolique sur le pieux réformateur, dont ils osent se dire les disciples.

Le pentalogue bouddhiste est conçu en ces termes :

1° Tu ne tueras point ;

2° Tu ne déroberas point;

3° Tu ne commettras point fornication;

4° Tu ne mentiras point,

et 5° Tu t'abstiendras de toute boisson enivrante.

Que devient la pureté ascétique de la « Bonne Loi » entre les mains d'hommes plongés, pour la plupart, dans la dernière dégradation? Quelle ironique destinée atteint les préceptes du grand Sâkya-Mouni, au milieu de ce temple où l'art glorifie la corruption des mœurs, où l'encens fume devant une idole qui a des indulgences pour tous les crimes, où l'industrie des moines s'ingénie à faire argent des vices comme des haines sanguinaires de la noblesse, aussi bien qu'à exploiter la crédulité du peuple et son goût pour la dissipation!

La bonzerie d'Asaksa se distingue par le luxe et la variété des costumes de ses prêtres et de son immense personnel de service, non moins que par la pompe théâtrale de ses cérémonies. La plus imposante est la procession générale de la dédicace annuelle qui suit les fêtes de la purification du temple et de ses dépendances.

Les supérieurs du couvent ont la tête rasée et se conforment dans tous ses détails à la règle du sacerdoce bouddhiste; mais leur domination s'étend sur plusieurs confréries se rattachant à l'ancien culte national, et chacune d'elles est vêtue et coiffée selon les ordonnances du daïri qui les concernent. Il n'y a pas moins de variété dans les costumes et les livrées des maîtres des cérémonies, des hérauts d'armes, des cuisiniers, des palefreniers, des portiers et des valets dépendant des diverses sectes de la bonzerie.

Les palefreniers de Quannon-sama sont préposés aux soins d'une couple de chevaux albinos, que l'on appelle les chevaux de la déesse. Ces animaux sacrés se nourrissent de pois bénits et jouissent du privilège de dormir debout, soutenus par une sorte de hamac en fortes sangles. Chaque matin, dit-on, les prêtres les amènent devant la statue de Quannon en lui demandant si elle ne désire pas faire quelque promenade.

Les hérauts d'armes font les honneurs d'un arsenal de casques et d'armures antiques qui figurent dans les fêtes et dans les processions. La bonzerie donne même des spectacles, où les artistes qu'elle possède jouent devant le peuple leurs rôles de danseurs ou de comédiens. Le théâtre se compose d'une estrade dressée derrière le second portail et tendue d'étoffes armoriées. C'est là que l'on peut voir, entre autres, au quinzième jour du sixième mois, une pièce qui ne manque pas d'originalité, la danse des sabres, grande pantomime militaire, exécutée exclusivement par des héros de sacristie!

Mais le triomphe d'Asaksa-téra, c'est sa kermesse de fin d'année.

Bien qu'il y ait un champ de foire permanent, et que l'on rencontre journellement dans l'enceinte de cette grande bonzerie une foule de promeneurs, de curieux et de pèlerins des deux sexes, c'est du dix-huitième au dernier jour du douzième mois que la sainte résidence de Quannon-sama déploie tout son prestige et devient comme le centre de circulation, non plus de quelques milliers, ni de quelques centaines de milliers, mais peut-être de trois ou quatre millions d'habitants de la ville, de la banlieue et des provinces.

ASAKSA-TÉRA. 261

A partir de la place qui est au midi du premier porche, jusqu'à l'extrémité septentrionale de l'enceinte du grand temple, tout est envahi par la multitude, dont les flots pressés forment deux courants réguliers, circulant en sens contraires sous l'habile et silencieuse direction de la police. Un ordre si parfait, au milieu d'une pareille cohue, n'est possible que dans une ville comme Yédo, où non-seulement il n'y a pas de voitures, mais où il suffit d'un mot du magistrat pour exclure de tout un vaste rayon, et pendant une quinzaine de jours, l'usage des chevaux et des palanquins.

Aussi ne voit-on d'encombrement nulle part. Des cordeaux de paille limitent l'espace réservé à chaque industriel. Partout on trouve, à point nommé, des places de stationnement, des reposoirs, des issues habilement ménagées pour rejoindre soit le torrent qui vient du porche, soit celui de la sortie. Enfin il n'y a pas d'heure de clôture. La marée monte insensiblement tout le jour; elle atteint son point culminant après le coucher du soleil, et elle descend rapidement depuis minuit jusqu'aux premières heures de la matinée.

DANSE DE QUÊTEURS DU CULTE KAMI.

LIVRE VIII

YÉDO

ASAKSA ET LA BANLIEUE DU NORD

THÉÂTRE DE MARIONNETTES DANS UN TEMPLE KAMI.

CHAPITRE L

LA KERMESSE D'ASAKSA

La grande foire annuelle d'Asaksa-téra est comme une revue générale de la population japonaise, de ses goûts, de son industrie, de ses mœurs et de ses plaisirs.

S'il s'agissait de décrire en détail le spectacle que présente à cette occasion, pendant les quinze derniers jours de l'année, l'immense bonzerie de Quannon-sama, autant vaudrait se proposer de parcourir, d'un bout à l'autre, l'échelle de la vie sociale japonaise, à la seule exception des cercles aristocratiques de la féodalité campagnarde et de la cour du Mikado. Contentons-nous d'une simple excursion sur le champ de la kermesse, et des sujets d'observation que celle-ci nous peut offrir, en la traversant sur les pas de la foule, à la fortune d'une rapide exploration.

Ici toutes les distinctions sociales disparaissent, tous les rangs sont confondus. Les gentilshommes et les officiers cheminent « naïboun » parmi les gens du peuple. Seuls, les mendiants de profession se tiennent à l'écart, chacun occupant la place qui lui est assignée par la police. Ils ont généralement la barbe et les cheveux hérissés. Malheureux couverts d'ulcères, estropiés ou culs-de-jatte, c'est à qui se présentera sous l'aspect le plus pitoyable. Il en est qui ne portent d'autre vêtement que des lambeaux de vieilles nattes d'emballage. Tous ces infortunés excitent le dégoût plutôt que la commisération des passants. C'est avec peine qu'ils arrachent à ceux-ci quelque chétive aumône. Leurs voisins à tête tonsurée démontrent, au contraire, comment il faut s'y prendre pour vivre largement et agréablement de la charité publique. L'un d'eux, frais et dispos, gracieux et bien vêtu, passe sa vie à montrer une sainte image réputée miraculeuse. D'autres religieux forment la transition entre les ordres mendiants et les charlatans de la foire. Ce sont les Yamabos, ou bonzes des montagnes, qui vont de ville en ville exhiber une chapelle portative, vendre des rosaires, débiter des talismans et donner des recettes médicinales. Ils se distinguent généralement par une taille imposante, comme il convient à des prêtres adonnés à la magie. Ils portent une tunique blanche, un bâton de montagne à pomme de cuivre et un long sabre recourbé. Dès qu'ils ont installé leur chapelle, ils annoncent l'ouverture de leurs pieux exercices aux sons d'une conque de triton. La plupart se marient. Les fils gardent la maison pendant l'absence du père, et servent de guides aux pèlerins qui passent la montagne. Les filles demandent l'aumône ou font valoir leurs charmes selon le privilége qui leur est acquis de toute ancienneté, sans autre redevance qu'un tribut annuel en faveur du vieux temple du Soleil dans la province d'Isyé.

De toutes les industries qui empruntent le pavé de la voie publique, il n'y en a pas de plus répandue que celle des restaurateurs en plein vent. C'est la table d'hôte naturelle d'une multitude d'artisans et de manœuvres qui, pour toutes sortes de raisons, n'ont pas l'habitude de manger à heures fixes. C'est aussi le complément obligé d'un grand nombre de cuisines bourgeoises dont le menu journalier ne comporte pas autre chose que le riz et le thé. La maîtresse de la maison reçoit-elle une visite ou veut-elle faire quelque invitation, le restaurateur ambulant lui fournit, à toute heure, ce dont elle peut avoir besoin : poisson frit, morceaux de volaille apprêtés, fèves, petits gâteaux de paddi, et surtout ces exquises boulettes de riz rôties, que l'on mange trempées dans la sauce de soïa.

La foire d'Asaksa abonde en appétissantes rôtisseries et en marchés de comestibles de toute espèce. On y vend en petits tonnelets munis d'une anse qui en facilite le transport, des légumes salés, des légumes secs, du poisson mariné, du gingembre, des condiments assortis, du saki de première et de seconde qualité.

Les étalages d'ustensiles de cuisine réunissent les produits céramiques de toute la confédération japonaise. A côté des objets en kaolin des îles de Kiousiou et de Nippon, ceux que l'on fabrique en terre de pipe de la principauté de Satsouma méritent une mention spéciale, plutôt en raison de leur bon usage que de leur valeur artistique. C'est de cette terre fine et poreuse que l'on fait les meilleures théières du Japon. Elles suintent pendant quelques semaines; mais lorsqu'elles se sont imprégnées du résidu de la boisson que l'on y prépare journellement, celle-ci gagne de plus en plus en richesse aromatique. Prendre du thé de la sorte, c'est, à la lettre, le boire dans un vase de thé.

Les boutiques de papeterie et de librairie sont au nombre de celles qui attirent le plus d'acheteurs. Tous les provinciaux des deux sexes veulent s'approvisionner de papier à lettres, d'enveloppes et de cartes de visite des fabriques de la capitale. On ne recherche pas moins ces excellentes écritoires de cuivre, que l'on passe à la ceinture, et qui ressemblent à un étui de pipe, dont le fourneau serait remplacé par un encrier et le tuyau par un pinceau.

L'imagerie populaire fournit en abondance des œuvres enluminées de trois catégories bien tranchées. Les plus vulgaires ont la forme de petits cahiers et renferment des contes dont les héros sont des personnages monstrueux, moitié hommes et moitié animaux ou végétaux; leurs faits et gestes sont à l'avenant : je ne connais rien de plus grossier ni de plus insensé que ces ridicules productions. Une autre série se compose de grandes feuilles volantes, n'ayant que fort peu de texte et ne traitant que des sujets puisés dans la vie réelle, au moins vingt et souvent plus de cinquante par feuille. On dirait, à première vue, des planches sorties des ateliers de Montbéliard ou d'Épinal. Elles ont essentiellement

LANTERNE MAGIQUE ET BONZE MENDIANT MONTRANT UNE IMAGE.

pour but de provoquer le gros rire et même la malignité du bas peuple, en l'amusant à la fois des trivialités de son existence journalière et de certains travers des classes privilégiées. Enfin l'imagerie que l'on peut appeler éducative, est l'une des choses les plus intéressantes et les plus respectables du Japon. Que ce soit avec intention de la part des éditeurs, ou sans préméditation quelconque, il est peu de pays où l'instruction se propage si largement parmi le peuple, au moyen de l'enseignement intuitif. Les estampes sont collées par classes de sujets sur de longues bandes de fort papier que l'on conserve en rouleaux. Elles embrassent tous les domaines de l'activité nationale, comme on peut en juger par ces quelques titres que je détache, au hasard, de toute une bibliothèque de rouleaux : la culture du riz, la culture et l'emploi du mûrier, l'utilité de la soie, la culture et l'usage du coton; les mines et leurs travaux; l'hôtel des monnaies à Yédo; la pêche de la baleine au moyen du grand filet, sur les côtes de Yéso; la chasse à l'ours par les

Aïnos des forêts de Matsmaï ; le service des incendies dans les villes japonaises ; le mobilier d'une maison bourgeoise ; les cérémonies du mariage ; les arts et les métiers, chacun traité à part ; les cités et les bourgs remarquables que l'on rencontre sur le parcours du Tokaïdo. Mais il est superflu de multiplier les citations. Un peuple qui s'est créé une source si puissante de saine instruction mutuelle, ne s'arrêtera pas à la superficie ni à certaines apparences trompeuses de notre civilisation. Ce qui permet d'espérer qu'il apprendra tôt ou tard à la connaître dans son essence, c'est qu'il a pu jusqu'à ce jour résister à l'action délétère d'une religion abâtardie, qui n'a plus d'autre rôle que de se faire la sordide complice des passions brutales. Ce n'est pas que le mal n'existe et qu'il n'ait même pénétré profondément la société japonaise. Je n'entends point par là une certaine grossièreté de langage et d'habitudes qui peut se modifier très-rapidement par une meilleure éducation. Le danger que je signale est plus grave. Il y a des symptômes certains auxquels on reconnaît qu'un individu, qu'une génération se perd, ou que tout un peuple tombe dans la décadence : c'est l'abandon des lois de notre nature, le mépris des conditions primordiales de l'existence humaine, la recherche du fantastique, du phénoménal, de l'impossible. Voilà des indices qui, s'ils devaient se généraliser, me feraient craindre pour l'avenir du peuple japonais ; mais il y a dans son sein et principalement chez les classes laborieuses, des résistances instinctives, des circonstances sociales protectrices et de saines aspirations, qui, en attendant un secours plus efficace, limitent considérablement les atteintes du fléau.

Celui-ci tire son plus pernicieux aliment de la librairie bouddhiste, amas nauséabond de légendes merveilleuses, de glorifications monastiques, de transmigrations célestes ou diaboliques. Cette littérature des bonzes est comme un narcotique qui fait de l'homme une sorte de somnambule perpétuel, aussi incapable que le fumeur d'opium de se gouverner selon les règles de la raison, ni d'écouter la voix de sa conscience. Heureusement, elle ne compte pas un très-grand nombre de lecteurs ; mais on la rencontre sur tous les marchés, et les mauvais petits livres populaires dont j'ai parlé plus haut ne sont, en réalité, pas autre chose que l'une de ses ramifications.

Son influence ne me semble pas moins incontestable parmi les monstrueuses productions de cette librairie galante que l'on exploite au Japon, comme spécialité commerciale, publiquement avouée et très-florissante. Les débauchés de tout âge y trouvent les élucubrations les plus fantastiques auxquelles l'imagination de l'homme se soit jamais livrée en pareille matière. L'art, le goût, le sentiment de la beauté plastique y font complétement défaut. Ni les Grâces, ni les Ris, ni les Jeux, ni les Amours ne composent le cortége de la Vénus japonaise, ou plutôt celle-ci n'a de la femme que le sexe, et son héros est un ignoble mannequin.

Les boutiques d'objets d'art et de curiosité sont infectées de produits analogues à ceux de la librairie galante. On n'oserait introduire une dame européenne dans un magasin quelconque de services en porcelaine, ou de sculptures en ivoire, ou de simples jouets d'enfants sans avoir préalablement enjoint au marchand d'éloigner de l'étalage nombre de ses articles.

LA KERMESSE D'ASAKSA.

A quelques pas du temple d'Asaksa, un masque gigantesque d'Okamé sert d'enseigne à une grande boutique où l'on vend tous les types de masques et toutes les coiffures de mascarade en usage pour l'un ou pour l'autre sexe, ainsi que des monstres, des dragons, des serpents, des chimères, d'effrayante dimension, enfin des phallus dorés, argentés ou passés en couleur, pour les enfants des deux sexes et spécialement pour les jeunes filles en âge de se marier. On en voit pendant la fête des moissons et après la kermesse de fin d'année, dans tous les quartiers de la ville, exposés sur les étagères des boutiques et des maisons de thé, ainsi que dans l'intérieur des ménages. Ils y ont été apportés comme présents de foire, offerts à titre de talismans et accompagnés de toutes sortes de souhaits de santé et de prospérité.

Je m'abstiens de signaler d'autres détails des étalages et des curiosités de la foire d'Asaksa, tels que certains sujets des lanternes magiques et des dioramas ambulants, certains épisodes des comédies de tréteaux et des jeux populaires; certains groupes des cabinets de figures de cire, et même divers objets des boutiques de jouets d'enfants. C'est vraiment à n'y rien comprendre, surtout lorsque d'un autre côté l'on rencontre dans ces expositions tant de choses charmantes où le goût le plus difficile trouve une satisfaction sans mélange. Les petits ménages des enfants japonais sont des bijoux de céramique et d'ébénisterie. Dans un genre d'articles plus communs, aux dernières limites du bon marché, il y a d'admirables petites cassettes en mosaïque de pailles de diverses couleurs; des bouquets de fleurs en filaments de paille et d'écorce de bambou; des figurines en terre cuite richement vernissées, représentant des chats, des chiens, des lapins et des fruits; enfin des jouets animés, parmi lesquels je citerai les tortues qui remuent la tête et les pattes, des oiseaux que l'on fait voltiger en sifflant dans un roseau adapté à leur cage; les poupées qui, lorsqu'on tire la ficelle, se mettent un masque sur la figure pour effrayer les petits garçons. Et quelle jolie collection ne pourrait-on pas composer avec cette variété de mouches, de sauterelles, de scarabées, d'insectes bizarres, dont le pays abonde et que les brodeuses de fleurs et d'animaux artificiels imitent avec une si étonnante perfection! Il se fabrique, dans je ne sais quels ateliers, des objets qui paraissent être en moelle de sureau, et ne présentent d'abord que l'apparence de menus copeaux ou de petits sachets. On les jette dans un bol d'eau tiède, et alors ils ne tardent pas à éclater et à déployer lentement l'image d'un bateau, d'un pêcheur, d'une fleur, d'un fruit, d'un crabe, d'un poisson. A chaque sachet, nouvelle surprise: les jeunes spectateurs s'efforcent de deviner au plus vite, à l'envi les uns des autres. C'est un des jeux les plus instructifs et les plus amusants que je connaisse.

En sortant du temple de Quannon, du côté du Nord, on se perd dans un labyrinthe d'allées et de sentiers qui circulent parmi les arbres nains, les plantes rares et les potiches des fleuristes, ainsi que les tonnelles et les pavillons des restaurateurs, les boutiques des étalagistes et les baraques des bateleurs. A droite, au fond d'une vaste cour, la toiture ciselée du campanile s'élève majestueusement au-dessus des constructions éphémères de la foire. Dans le voisinage du saint édifice, un tir à la sarbacane excite à la fois l'adresse et l'hilarité d'un groupe de jeunes citadins: dès qu'un carton de cible est

270 LE JAPON ILLUSTRÉ.

atteint, il se soulève brusquement et donne passage à une tête de renard, ou à une face de démon, ou à quelque autre diablerie facétieuse, qui sort avec impétuosité et se balance en l'air jusqu'à ce que le jeu recommence. De toutes parts des attroupements

SALTIMBANQUES DE LA FOIRE D'ASAKSA.

plus ou moins considérables annoncent la présence de nouvelles curiosités. Ici, un jongleur ambulant, armé d'une sorte de trident dont les branches se terminent par trois petites poches en treillis, place une balle élastique dans chacune de ces poches, et fait sauter en cadence les trois balles, d'une poche à l'autre, et de là dans un sac que son clown ouvre et referme à commandement. Il a pour camarade un Hercule qui fait des tours de force avec des balles de riz, et qui porte sur ses épaules une pyramide de quatre compères de sa taille.

Ailleurs, une exposition d'animaux à vendre captive l'attention du public : ce sont, entre autres, de jeunes ours de Yéso, des épagneuls très-laids, mais d'un prix fort élevé.

ÉQUILIBRISTES, GENRE NOBLE.

des singes ayant terminé leur éducation, et des chèvres tout ordinaires ; il faut remarquer que dans un pays comme le Japon, où les cultures ne laissent pas de place aux pâturages, tous les ruminants sont des animaux de luxe, à l'exception du buffle, dont les services sont indispensables pour le labour des rizières.

Le marché aux oiseaux se distingue par la belle disposition de ses grandes volières.

de ses cages élégantes et de ses cloches bizarres en treillis d'écorce de bambou. On y vend toutes sortes de volailles, divers palmipèdes remarquables, tels que l'ibis, le héron blanc et le bleuâtre, le canard mandarin aux ailerons rouge et orange, et, en outre, des faucons, des éperviers, des hiboux, des pigeons verts, des cailles, des grives, des perdrix, des faisans, mais, si je ne me trompe, aucune espèce d'oiseaux chanteurs.

Plus loin, sur un vaste étang bordé de plantes aquatiques et orné d'un îlot sacré, des carpes énormes accourent à la pâture, et permettent d'apprécier les produits de la pisciculture chinoise, introduite au Japon avec le bouddhisme par les moines du Céleste Empire.

Les solides et spacieuses habitations des bonzes d'Asaksa offrent un appui tutélaire à de grands théâtres de comédiens et de saltimbanques. Certaines troupes se font remarquer par la richesse ou par l'étrangeté de leur costume. Le plus bizarre, composé d'une perruque rousse ébouriffée et d'un justaucorps matelassé, appartient à des équilibristes dont le jeu est cependant d'une excessive délicatesse, témoin ce joli tour, à titre d'échantillon : placer à l'extrémité d'une perche une tasse pleine de thé et recouverte d'une soucoupe renversée ; mettre le tout en équilibre sur le front ; ensuite, secouer doucement et graduellement la perche jusqu'à ce que le thé contenu dans la tasse se soit répandu, probablement à l'aide d'une poudre effervescente, sans toutefois entraîner la chute de la tasse ni de la soucoupe.

Une autre société, qui semble avoir réparti entre ses membres les nobles costumes des courtisans du daïri, a la spécialité des exercices de souplesse et de légèreté. Le chef exécute, en lourd manteau de soie et en large pantalon bouffant, une danse aérienne sur une rangée de lattes plantées en terre. L'un de ses enfants saute et se tient en équilibre des deux mains et les pieds en l'air, sur une pyramide de légères tables en laque et de petits blocs de bois entrecoupés d'une tasse de porcelaine. L'autre grimpe au sommet d'une hampe d'enseigne de guerre, qu'un héraut d'armes tient de la main droite, et, tout en jouant de l'éventail, il se suspend, du bout des pieds, au petit rouleau mobile auquel est attachée la flottante banderole de l'enseigne.

Des histrions étrangers obtiennent aussi de la police japonaise et achètent des bonzes d'Asaksa la faveur d'exploiter la merveilleuse kermesse de Quannon.

Une patience imperturbable est la vertu caractéristique des bateleurs coréens. Il en faut, par exemple, une forte dose pour discipliner une douzaine de tortues, grandes et petites, ou pour remplir d'huile une bouteille, au moyen d'un puisoir que l'on plonge dans le tonnelet contenant le liquide, et que l'on verse ensuite en faisant couler l'huile à fil, dans le cou de la bouteille, à travers le trou d'une pièce de monnaie de fer. Le charmeur de tortues n'emploie pas d'autre procédé que le chant et la cadence d'un tam-tam métallique. Ses élèves marchent à la file, exécutent des évolutions variées et finissent par monter, sans secours humain, sur une table basse, les plus grosses de ces bonnes bêtes faisant le pont aux plus petites ; puis elles se rangent d'elles-mêmes en trois ou quatre piles, comme on entasserait des plateaux d'écaille.

Cependant le bruit et l'agitation tumultueuse de la foire diminuent à mesure que l'on approche des monuments funéraires de la bonzerie. On n'entend plus que çà et là quelques chants, accompagnés des aigres accords du samsin. Ils sortent des débits de thé et de saki dissimulés derrière les cèdres sacrés qui abritent les jardins des bonzes et les collines du cimetière.

Enfin l'on arrive aux dernières retraites de la bonzerie, aux dépendances habitées par les nombreux serviteurs du couvent ; puis il n'y a plus que les haies vives, les bosquets de bambous et les palissades qui protégent l'enceinte d'Asaksa-téra du côté des rizières.

Deux issues, gardées par un poste de police, ouvrent sur deux chaussées pratiquées à travers les marais : l'une conduit aux théâtres de la grande Sibaïa, du côté du fleuve, et l'autre, en ligne presque directe, au quartier de Sin-Yosiwara.

CHARMEUR DE TORTUES.

SALLE D'EXHIBITION.

CHAPITRE LI

SIN-YOSIWARA

Où va cette femme pauvrement vêtue, conduisant par la main une jeune fille de sept ans, parée de ses habits de fête? Après avoir déposé son offrande devant l'autel de Quannon, elle prend à petits pas, avec son enfant, le chemin qui traverse les rizières et qui longe, à l'Orient, le fossé de Sin-Yosiwara. Pendant près d'une heure de marche, elle a sous les yeux la muraille d'enceinte de la cité du vice. Celle-ci n'est accessible que sur un point, du côté du Nord. Là, une haute porte à vaste toiture s'élève à l'extrémité d'une rue montueuse, mal entretenue, et cependant signalée à l'attention des passants par de grandes affiches placardées sous l'auvent d'un pilier public. Des hommes avinés jettent à l'infortunée mère d'ignobles plaisanteries. Elle y répond parce que les convenances exigent qu'elle donne la réplique ; mais sa voix tremble : tout ce qui l'entoure lui fait peur. Aucune femme ne se montre sur son chemin. Les élégants norimons de dames que des coulies transportent dans la direction de Yédo sont hermétiquement fermés. On en voit, d'autre part, qui reviennent à vide. Des individus de toute condition se croisent dans la rue, sans se saluer, sans échanger entre eux la moindre politesse. Ceux qui appartiennent à la classe des samouraïs se cachent sous un déguisement complet ou sous une coiffure qui les rend méconnaissables. Les maisons, des deux côtés de la voie publique, paraissent être des dépendances du quartier privilégié. Les plus misérables abritent une nombreuse population de coulies, de porteurs de cangos et de norimons, de marchands de bric-à-brac, de tresseurs de nattes et d'autres gens de métier.

Les plus grandes renferment des établissements de bains, des boutiques de comestibles, des étalages de mauvais livres, des restaurants, des salles de loterie ou de tir à la sarbacane, et des tavernes où l'apparente tolérance de la police dissimule adroitement le contrôle qu'elle exerce sur les mauvais sujets de la capitale. Un pont, jeté en avant du portail de la Cité, traverse un canal qui se développe dans les rizières. Rien de ce qui passe sur le pont n'échappe à la surveillance d'un double poste de yakounines, installé en arrière des portes, dans deux corps de garde vis-à-vis l'un de l'autre. Le factionnaire du service d'entrée fait monter auprès de son chef, sur l'estrade où ses camarades sont accroupis, la pauvre voyageuse avec son enfant. Au bout de quelques instants, la mère et la fille sortent du corps de garde, accompagnées d'un agent de police qui les conduit dans l'un des principaux bâtiments de la grande rue. C'est la résidence du fonctionnaire que l'on appelle le chef du Gankiro. La mère en revient seule, portant dans une manche de son kirimon une somme en argent de la valeur d'une centaine de francs. Le marché qu'elle a fait est dûment signé et soldé. Elle a vendu son enfant, corps et âme, pour le terme de dix-sept années.

Les contrées de l'extrême Orient qui souffrent d'un excès de population sont celles où se révèle dans toute son horreur le caractère inhumain, antisocial, foncièrement dénaturé, du paganisme bouddhiste. Cette religion, tolérante envers les autres cultes païens, est complice de toutes les mesures qu'ont prises les gouvernements de la Chine et du Japon pour garantir leurs États de l'invasion de la civilisation chrétienne. Les entraves mises au commerce des indigènes avec l'étranger, et la défense absolue qui leur était imposée de sortir de leur propre pays, ont été la cause principale de l'exubérante agglomération d'habitants que présentent surtout les cités maritimes. Pour remédier au mal, la religion, qui en est le vrai fauteur, s'est empressée d'admettre comme palliatif et de couvrir de son absolution tout ce que la perversité la plus consommée a imaginé en vue d'arrêter les progrès de la population. C'est ainsi que le bouddhisme tolère, en Chine, la polygamie et l'infanticide commis sur les filles qui viennent de naître ; au Japon, le concubinage et l'avortement ; dans l'un et dans l'autre pays, les vices contre nature et la prostitution, organisée sous toutes les formes, développée à tous les degrés, mise à la portée de toutes les classes de la société, et alimentée sans scrupule par toutes les ressources du génie de la spéculation, sans en excepter le trafic d'enfants mineurs ou même d'enfants de tout âge, car la majorité n'est qu'un droit illusoire, s'il se trouve en conflit avec la volonté des parents.

Le plus souvent, les pauvres créatures sont victimes de l'inconduite d'un père qui est tombé dans le vagabondage ou qui, pour se livrer sans retenue à ses passions, a chassé sa femme et ses enfants du foyer domestique. La femme au Japon n'est entourée d'aucune garantie contre la rupture du lien conjugal. Il n'en coûte au mari que la formalité d'une lettre de divorce. L'épouse abandonnée ne trouvera jamais l'occasion de contracter un second mariage. La société la condamne ; le vide se fait autour d'elle : si elle n'a pas de parents qui puissent la recueillir, elle n'a que la misère en perspective, pour un temps plus ou moins rapproché. Dans de pareilles conditions, livrer une fille en bas âge au

LA PROMENADE RÉSERVÉE DE SIN-YOSIWARA.

FAÇADES PARALLÈLES DE DEUX QUARTIERS DE SIN-YOSIWARA.

Gankiro, c'est la sauver du dénûment, et c'est reculer, de quelques années peut-être, l'échéance de sa propre ruine. Si la jeune fille est nubile, le marché est plus avantageux encore, car il rapporte à la mère, pendant quatre ou cinq années, une rente annuelle de cent ou deux cents francs.

Mais que devient la fille à l'issue du contrat ? M. Lindau nous apprend qu'elle ne retient pas une obole de tout l'argent que lui rapporte son malheureux état ; qu'elle se laisse généralement entraîner à contracter des dettes de toilette et de table envers le chef du Gankiro ; que, pour les éteindre, elle en vient à conclure un nouvel engagement, et qu'elle finit ordinairement ses jours en qualité de servante, ou de surveillante, ou de gouvernante, dans la maison où elle a débuté comme élève. S'il arrive que parfois un homme, épris d'une courtisane, la rachète et même l'épouse, c'est un fait exceptionnel, qui peut arriver en tout pays, mais qu'il faut se garder de généraliser en ce qui concerne le Japon.

Sin-Yosiwara renferme, dans son enceinte quadrangulaire, neuf quartiers distincts, ayant chacun la forme d'un parallélogramme allongé dans la direction de l'Ouest à l'Est. Il y en a cinq à gauche du portail et quatre à sa droite : les premiers sont séparés de ceux-ci, dans toute la profondeur du quadrilatère, par une longue et spacieuse allée d'arbres à fleurs doubles. A l'extrémité de cette belle promenade publique, s'élève une tour de guet, pour la surveillance des incendies, et, à trois angles de la Cité, une chapelle adossée au mur d'enceinte. Une large allée transversale, au centre des quartiers de droite, présente aussi l'aspect d'une promenade publique, mais elle est réservée aux habitants et aux visiteurs des maisons de premier ordre dont elle se trouve entourée.

C'est là que se fait, soit de jour, soit de nuit, selon les saisons, la parade habituelle des notabilités féminines du Gankiro, toutes en kirimon chargé de broderies et en coiffure rayonnante de peignes et d'épingles en écaille. Chacune d'elles est accompagnée de deux ou trois élèves attachées à son service personnel. Ces jeunes suivantes portent les couleurs de leur maîtresse et une élégante coiffure de fleurs artificielles, fréquemment rehaussée d'un parasol approprié à leur taille.

Les grandes dames de Sin-Yosiwara ont leurs appartements, leur salon de réception, meublés avec la plus exquise élégance. Quelques-unes sont entretenues par des fils de famille, qui payent une rente mensuelle au chef du Gankiro. Le secret de pareilles relations, qui échappent plus que d'autres à la vigilance paternelle, leur donne un caractère particulièrement dangereux. Les courtisanes ne manquent jamais d'en abuser pour se livrer à leur goût effréné de luxe et de parure. Plus d'un patrimoine s'est englouti dans la satisfaction de leurs caprices, aussi bien que de la folle vanité de leurs adorateurs ; car c'est, au fond, toujours la vanité qui joue le rôle principal dans les grandes sottises que l'on peut imputer à quelque autre passion.

Le Gankiro proprement dit est le casino du beau monde de Sin-Yosiwara. On paye une entrée au concierge et l'on est introduit au salon de conversation. La tenue en est irréprochable. La pipe et les rafraîchissements d'usage dans toutes les invitations japonaises assaisonnent un échange de lieux communs rajeunis par les spirituelles reparties des dames de la société. Ordinairement l'une d'elles, au choix du visiteur, se charge de lui faire les honneurs du jardin et des salles de récréation. Chacun des divertissements que l'on y trouve est tarifé : ici, c'est un concert vocal et instrumental ; là, une danse de caractère, l'un et l'autre exécutés par des femmes, artistes de profession, résidant à Yédo et n'ayant rien de commun avec les habitantes de Sin-Yosiwara. Leurs productions, même à notre point de vue, ne seraient nullement indignes de la meilleure compagnie, si l'on retranchait du programme des danseuses une pièce seulement, ou plutôt un jeu national, qui n'est, au sentiment des Japonais, qu'une innocente facétie. Il s'agit simplement d'un défi chorégraphique, où chaque faux pas entraîne, comme châtiment, la perte d'une pièce de toilette, en sorte que, au pis aller, l'on risque d'aboutir au costume des bains publics, qui est celui de tout le monde au moins une fois dans la journée.

Le Gankiro possède une salle de banquets, dont la décoration est fort originale. Elle se compose d'une tapisserie de jolies esquisses de genre ou de paysage, les unes à l'encre de Chine, les autres coloriées et toutes également peintes sur des morceaux de papier-carton taillés d'après le patron des diverses sortes d'éventails en usage dans l'extrême Orient.

Un autre genre de peintures orne le fond de la galerie. Ce sont des vues de Yédo et des environs, assez grossières, mais ne manquant pas d'effet ; elles paraissent exécutées en épaisses couches de couleurs simples et rappellent exactement les productions de ces peintres populaires de Naples, qui passent leur vie à fabriquer pour les touristes des éruptions du Vésuve. Enfin, la vraie merveille du Gankiro, c'est son théâtre d'enfants. On n'y voit pas d'autres acteurs que les jeunes filles de sept à treize ans dont l'éducation est confiée aux courtisanes émérites de Sin-Yosiwara. Celles-ci leur enseignent la lecture, l'écriture, le calcul, le chant, la musique, la danse, la mimique et la déclamation. Les opérettes, les petites féeries, les ballets costumés qu'on leur fait exécuter, sont des pièces pleines de grâce et de gentillesse. Il est douteux qu'au point de vue du mérite littéraire elles soient de beaucoup supérieures aux vaudevilles, aux comédies et aux proverbes dramatiques que l'on donne en Europe dans les internats de jeunes personnes ; mais il paraît, en tout cas, avéré que le petit théâtre des Japonaises se distingue avantageusement du nôtre, à la fois par une verve plus franche et par un plus grand respect des convenances, ou, mieux encore, parce qu'il se renferme tout naïvement et sans y mettre d'intention dans le charmant domaine de la poésie enfantine.

C'est, à mon avis, quelque chose de navrant que le spectacle des soins éducatifs dont on entoure les jeunes filles du Gankiro. Je n'ai jamais pu admirer avec une vraie satisfaction les prodiges de l'arboriculture japonaise, c'est-à-dire ces arbres nains et hâtifs qu'elle parvient à couvrir de fleurs doubles et qui ne donnent aucun fruit. Mais qu'est-ce que la violation des lois de la nature dans le domaine du règne végétal, en comparaison de la profanation de la nature humaine ? Et parce que, dans tous les pays du monde, ce dernier crime se commet impunément à l'égard du sexe faible, là avec plus ou moins de brutalité, ici avec plus ou moins d'hypocrisie, sera-ce une raison pour ne pas protester contre des institutions que la morale universelle réprouve ?

LE BALLET DES PAPILLONS AU THÉÂTRE DE GANKIRO.

Il en est de ce genre d'esclavage comme de l'esclavage des noirs, comme de tout abus de la force brutale. Ce sont des méfaits qui se vengent par leurs propres conséquences, jusqu'à ce que l'excès du mal amène la chute de l'institution qui le produit.

Ah ! si l'on pouvait calculer ce que coûte aux populations japonaises l'entretien, l'alimentation permanente ou plutôt toujours croissante, de leurs cités du vice. Quelle déperdition de forces, physiques et morales ! quelle contagion du mal et quels ravages parmi les jeunes générations ! quelles hécatombes d'existences féminines !

De temps en temps, au milieu des réjouissances nocturnes, la sinistre rumeur d'une sanglante catastrophe révèle soudainement l'abime que recouvrent les tentures et les fleurs de ces lieux de malédiction. Tantôt c'est une infortunée qui achève de ses mains, sur son propre corps, l'œuvre de destruction commencée par les maladies. Tantôt c'est un jeune homme à bout d'expédients financiers, qui, voyant arriver l'heure où il sera rejeté par sa maîtresse comme un objet de rebut, l'égorge et se frappe lui-même dans le salon qu'il lui a meublé. Le plus souvent, toutefois, les courtisanes de la haute volée savent faire en sorte qu'il n'y ait pas double scandale. On en cite qui s'enorgueillissent du nombre de leurs victimes. Quelques-unes des plus célèbres ont affiché ouvertement, avec un succès inouï, le mépris de l'homme et de la vie humaine, l'amour du gain et le goût des folles dépenses. La redoutable Gigokoô s'attribuait une puissance satanique sur l'espèce humaine. Les broderies de son kirimon représentaient des scènes de l'enfer : le grand juge faisant comparaître à son tribunal des âmes chargées de crimes, et les damnés expiant leurs forfaits dans des chaudières d'eau bouillante ou dans les corps de bêtes monstrueuses.

A un degré inférieur de l'échelle sociale de Sin-Yosiwara, dans les régions fréquentées par les petits bourgeois et les hattamotos, on se suicide par amour : l'amant, parce qu'il n'est pas assez riche pour racheter sa maîtresse ; et celle-ci, parce qu'elle lui a juré fidélité. De part et d'autre, on s'était fait illusion : l'oubli des lieux et des circonstances avait succédé à l'ivresse de la première rencontre. L'aspect même du quartier, dans ses heures de joie, est propre à induire en erreur. Chacune des personnes qui l'habitent possède un petit salon ouvrant de plain-pied sur la voie publique. Quand toutes ces pièces sont illuminées, ornées de fleurs, animées de visites, de chants et de jeux de société, l'on dirait que des fêtes de famille se succèdent de porte en porte jusqu'aux deux extrémités de la rue.

Tel est parfois le prestige des apparences, dans ce monde du vice, où tout est séduction mensongère ou fugitive illusion, que même la jalousie a pu s'y introduire et y laisser des traces sanglantes de son passage.

J'ai vu représenter sur la scène dramatique de Yokohama la fin tragique d'une courtisane dont un jeune samouraï avait interprété les tendres déclarations comme si elle les eût prononcées hors de Yosiwara. Déçu dans son amour, froissé dans son honneur, le farouche gentilhomme fait tomber d'un coup de sabre la tête de l'infidèle. La sibaïa japonaise se garde bien de mettre cette scène en récit. L'acier brille et la victime s'affaisse sous les yeux des spectateurs. L'orchestre éclate en manifestations d'horreur et d'effroi, par l'effet combiné de tous ses instruments : flûtes, samsins, gongs, tambourins et cliquettes. Tout à coup le silence s'établit, et le héros de la pièce se tourne vers le public pour lui exposer pathétiquement ses raisons. Au même instant, le machiniste fait jouer une trappe sur le devant de la scène, et la tête ensanglantée apparaît à deux pas du meurtrier, comme si elle eût roulé à ses pieds.

Il existe une complainte populaire, composée sur le même sujet; elle n'a pour la courtisane que des paroles d'imprécation :

« La voilà donc étendue sans tête sur le sol, la femme sans cœur qui aimait tout le monde, et qui n'aimait personne.

« Elle avait coutume de se jouer de ses invités, à la manière de ces joueurs de dés qui savent toujours amener les plus forts numéros.

« Ce n'est pas elle que l'on doit plaindre ; il faut gémir sur le nombre de ses victimes. Une femme qui a coupé les pieds (c'est-à-dire paralysé l'activité sociale et domestique) de tant d'hommes dans la force de l'âge, ne méritait pas autre chose que de subir le sort des coupe-jarrets. »

Il y a pourtant deux classes de malheureuses qui semblent échapper à la vindicte populaire et même être l'objet d'une commisération assez générale.

La première est exposée chaque soir aux regards du public dans de grandes salles pratiquées au rez-de-chaussée de certaines maisons subalternes de Sin-Yosiwara. Chaque salle est munie de barreaux de bois devant lesquels s'exerce la curiosité des passants. On dirait le spectacle d'une ménagerie. A l'intérieur, six à dix jeunes filles sont accroupies sur des nattes, à la lueur de quelques bougies. Leur surveillante seule se promène dans la cage, prête l'oreille aux barreaux, et, selon les propositions qui lui parviennent de la rue, invite la personne qui en est l'objet à s'approcher de la grille pour s'aboucher avec l'interlocuteur.

La seconde classe comprend les habitantes des ruelles et des couloirs que l'on rencontre dans quelques-uns des cinq quartiers de l'Est. Ces étroits et sombres passages sont bordés, de chaque côté, par une rangée non interrompue de chambrettes, ou plutôt de bouges; chacun occupé par une pauvre créature débraillée, qui se montre de temps en temps sur le seuil de sa porte.

Sin-Yosiwara est fermé aux Européens ; mais dans les ports ouverts par les traités le gouvernement japonais a institué et pourvu de toutes les dépendances imaginables un gankiro qui est accessible indifféremment à l'indigène et aux étrangers. On y trouve tout un labyrinthe de ruelles et de couloirs, qui sont presque journellement envahis par des équipages de bâtiments de guerre ou de navires au long cours.

C'est en ces lieux abjects que la servitude féminine me semble se présenter sous les plus dures conditions, si toutefois, dans un pareil domaine, il est possible de découvrir les dernières limites de l'infortune.

Les misères humaines, au Japon comme ailleurs, se déroulent de degré en degré, de cercle en cercle, dans la profondeur d'insondables abîmes. L'enfer du Dante, mis en regard de certaines existences, pâlit devant l'horreur de la réalité.

LE RESTAURANT DU GANKIRO.

Nos mœurs publiques recouvrent des voiles du mystère le mal qu'elles tolèrent et condamnent à la fois. L'observation des formes conventionnelles de la décence nous touche plus que les intérêts de la justice et de l'humanité.

L'esclavage féminin, même dans les pays où il affecte les dehors d'une servitude volontaire, n'est, à tout prendre, que la plus odieuse des oppressions.

Une législation qui ne la rend pas impossible ne mérite pas d'être proclamée l'organe des grands principes dont notre siècle s'honore.

S'ils étaient véritablement mis en pratique dans toutes leurs conséquences, le spectacle des gankiros japonais ne provoquerait pas des comparaisons plus ou moins flatteuses pour la civilisation occidentale : celle-ci ne nous offrirait à l'égard de pareils établissements aucun terme de comparaison.

GIGOKOÔ, LA DAME DES ENFERS.

RESTAURANT : A LA VUE DU FOUSI-YAMA.

CHAPITRE LII

L'INAKA

La partie septentrionale d'Asaksa-Imato, qui est limitée par le coude que forme le grand fleuve, rentre dans la zone de l'Inaka ou banlieue de Yédo, ainsi que trois arrondissements voisins, savoir :

XXVIII. Sumidagawa Moukostima, sur la rive gauche du fleuve ;

XXIX. Néghis Tanina Kaheu, à l'ouest d'Asaksa,

et XXX. Sougamo, à l'ouest de Néghis.

Rien ne serait plus propre à donner une juste idée de l'immense circonférence de Yédo, que de suivre, sur tout son parcours, cette banlieue ou zone extrême des arrondissements situés au sud, à l'ouest et au nord du Castel ; car elle s'étend depuis le faubourg de Sinagawa, en face des six forts de la baie, jusqu'à la contrée que traverse la route du Nord, au delà du Senjou-Obassi, et elle embrasse, en outre, au nord du Hondjo, les fertiles campagnes qu'arrosent, d'un côté, le Sumidagawa et, de l'autre, le petit fleuve qui limite à l'orient les trois arrondissements de la rive gauche. Mais la description des quartiers dont la banlieue se compose deviendrait bientôt fastidieuse, car ils présentent tous le caractère uniforme d'agglomérations rurales annexées à la population citadine ; et les curiosités qu'ils renferment sont, d'un bout à l'autre, de la même nature : tantôt des temples rustiques adossés à des collines funéraires, tantôt des statues de granit ou des tables commémoratives, élevées sur la tombe de quelque personnage célèbre, ou destinées à perpétuer le souvenir d'un événement marquant dans l'histoire des anciens Siogouns ; ici, des maisons de thé, de grands vergers, des établissements d'horticulture ; là, des arbres sacrés, des reposoirs installés aux plus beaux points de vue, et parfois une colline isolée, taillée en forme de Fousi-yama.

L'Inaka, en un mot, vue à vol d'oiseau, offre l'image d'un parc, d'un jardin continu, parsemé d'habitations champêtres, ou encore, c'est comme une guirlande de verdure et de fleurs, qui enlace et relie les uns aux autres les faubourgs du Midi et les arrondissements de l'Ouest, les quartiers d'artisans disséminés aux extrêmes barrières des chaussées qui pénètrent au cœur de la ville, et les villages dispersés à la limite des rizières, et enfin les groupes d'habitations qui bordent les rives du Sumidagawa.

A l'époque de la floraison des vergers, le bourgeois, le peintre, l'étudiant tournent à l'idylle, prennent des goûts champêtres, fuient les travaux et les plaisirs de la capitale et se cachent pour un jour, pour plusieurs jours, si c'est possible, parmi les bosquets et sous le toit rustique des maisons de thé de la banlieue. Elles sont innombrables, ces charmantes retraites dont les beautés de la nature forment le principal ornement. La plupart se distinguent à peine des habitations campagnardes qui les avoisinent. Leur vaste toit de chaume descend jusqu'au rez-de-chaussée. Des oiseaux domestiques s'ébattent ou se prélassent au soleil, sur les tapis de mousse dont la toiture est parsemée et qui s'élèvent par étages jusqu'au sommet, où brillent des touffes d'iris en fleur. A défaut de galerie, des berceaux de vigne ou d'autres plantes sarmenteuses abritent les buveurs nonchalamment groupés sur de spacieux reposoirs. Une source limpide murmure à quelques pas et longe le sentier qui descend vers la plaine à travers les jardins, les vergers, les cultures de pavots ou de fèves, les champs de céréales ou de plantes textiles.

Le citadin ne dédaigne pas d'accoster le paysan au milieu de ses travaux et d'échanger avec lui maintes observations judicieuses sur les procédés d'irrigation en usage dans la contrée, sur la qualité des produits obtenus dans telle ou telle zone, enfin sur la mercuriale des marchés de la ville. Souvent le bon bourgeois s'anime, et dans son enthousiasme déclare qu'il n'est pas de plus belle vie que celle de l'homme des champs.

Celui-ci toutefois secoue la tête ou réplique par quelque plaisanterie de sa façon. Je vis un jour un paysan, appuyé sur sa bêche, les deux pieds dans le marais, écouter en souriant son interlocuteur, puis se pencher sans mot dire, passer une main sur ses jambes et en retirer deux sangsues pour en faire hommage au citadin.

Il y a des sociétés bourgeoises qui accomplissent, trois fois par an, en février, en juin et en octobre, un vrai pèlerinage champêtre dans des villages à trois ou quatre milles de Yédo, uniquement pour constater de leurs propres yeux les vicissitudes des saisons et les transformations qu'elles opèrent dans la nature.

En hiver, s'il tombe de la neige, on se fera un devoir aussi bien qu'un plaisir d'aller en famille contempler l'aspect étrange soit des statues du parvis de Kanda-Miôdzin, soit de la haute pagode d'Asaksa; mais surtout on ne négligera pas de se rendre à certaines maisons de thé des faubourgs, telles que celle de Niken-Tschaïa, dans le voisinage de Foukagawa, pour admirer dignement le spectacle de la baie et de la campagne sous leur nouvelle décoration. En été, il est convenu que c'est sur les hauteurs de Dòkwan-yama qu'il faut ouïr le concert des cigales, et un bon père de famille ne saurait manquer d'y conduire ses enfants, munis de petites cages d'osier, pour emporter au logis quelqu'une des nocturnes chanteuses.

Les poëtes du printemps, les chantres de l'été, les peintres, les artistes à la recherche de nouvelles inspirations, aiment à s'abandonner, du matin au soir, aux charmes de l'étude et de la rêverie, parmi les vergers de cerisiers, de pruniers, de poiriers, de pêchers, parmi les bosquets de bambous, de citronniers, d'orangers, de pins et de

LES RATS MARCHANDS DE RIZ.

cyprès qui entourent les temples, les jardins et les maisons de thé d'Okoubo, de Sou-gumon, d'Itabasi, de Tò-Néghis, d'Haghitéra, de Mimégori et d'une multitude d'autres refuges classiques des muses du Nippon. La nuit venue, réunis dans d'excellentes hôtelleries, ils joignent aux plaisirs de la table les jouissances d'une société spirituelle, où les joyeuses causeries alternent avec les chants et la musique, où les feuilles de dessin se mêlent aux pages de poésie écrites dans la journée.

Il n'est pas rare que le pinceau n'intervienne dans la marche capricieuse de la conversation, et tout à coup le sujet d'un récit ou d'une discussion se trouve illustré ou travesti au gré de l'imagination du peintre et aux applaudissements de la société.

Les caricatures japonaises portent généralement le cachet de la bonhomie. Ce sont, pour la plupart, des charges de sujets de genre, tirés de la vie bourgeoise : un grave médecin étudiant l'état de la langue de sa patiente, ou examinant, à grand renfort de besicles, un œil malade, dont il soulève avec inquiétude le coin de la paupière ; des empiriques plongés dans les opérations du massage ou de l'application des moxas ; une troupe d'aveugles masseurs en voyage, égarés au passage d'un bac, et se livrant au milieu de l'eau, à des divergences d'opinions sur la direction à suivre pour atteindre l'autre rive ; ailleurs, des types de frères mendiants ; des mésaventures de pêche, des scènes de jalousie féminine ; des querelles de ménage allant jusqu'aux voies de fait. Il y a aussi des séries très-complètes, telles que les petites misères de la vie du grand monde ; le ménage des gens gras et le ménage des maigres ; les diverses grimaces auxquelles peut se prêter la figure humaine, enfin les dessinateurs eux-mêmes ne se

SUPÉRIEUR D'UNE BONZERIE.

ménagent pas, et la peinture expéditive, par exemple, qui est en si grand honneur au Japon, est symbolisée sous l'emblème d'un artiste qui travaille à la fois avec six pinceaux, deux à chaque main et un entre chaque orteil.

Le procédé qui a rendu si populaire le crayon de Grandville dans ses illustrations des fables de la Fontaine n'est point inconnu aux caricaturistes japonais. Mais leur pinceau est plus timide ; il n'atteint que par exception à l'énergie dramatique des passions humaines. Le plus souvent il se borne à prêter aux animaux un costume, une attitude, une tenue enfin qui leur donne un certain caractère symbolique. C'est le degré inférieur de l'anthropomorphisme. Telle est, par exemple, la personnification des douze signes du zodiaque : la souris, le taureau, le tigre, le lièvre, le dragon, le serpent, le cheval, le bélier, le singe, le coq, le chien et le sanglier, chacun orné de vêtements et d'attributs en rapport avec leurs fonctions astronomiques ou avec leur rôle en astrologie.

Une esquisse d'Hoksaï, non moins innocente mais plus récréative, représente un magasin de riz desservi par les plus redoutables ennemis de cette précieuse céréale, une troupe de rats. Rien ne manque à cette jolie scène, ni le comptable faisant ses calculs au moyen du boulier, ni le chef de comptoir feuilletant ses livres pour démontrer à l'acheteur qu'il n'y a pas un sou à marchander. Les garçons de magasin apportent sur leurs épaules les balles dont l'acheteur va prendre livraison. L'argent est préparé dans des sachets de paille, que les coulies ont suspendus aux deux extrémités de leur bambou. Tout cela se passe avec l'ordre et le calme qui conviennent dans une grande maison. Les moindres détails sont traités avec le soin que l'on donnerait à une composition sérieuse. C'est dans ce genre de comique, léger, enfantin, ou héroï-comique à l'occasion, que les Japonais déploient le plus d'aisance et d'originalité.

ÉTUDE DE NONNES.

Il n'est pas rare qu'ils fassent entrer une teinte de moquerie voisine de la caricature politique, dans les esquisses nombreuses et variées dont les « trains » de daïmios fournissent le sujet : témoin celles où tous les personnages du cortége, à commencer par le prince lui-même, sont reproduits sous la figure de renards ou de singes.

L'intention satirique n'est pas moins manifeste dans ces estampes où l'on voit le supérieur d'une bonzerie apparaître avec une tête de loup, et un groupe de nonnes sous l'image de belettes. La pièce la plus expressive que j'aie rencontrée en ce genre représente l'audience d'un lièvre prosterné tout tremblant aux pieds d'un sanglier. Le lièvre, c'est un petit hattamoto sans emploi, et le sanglier un fonctionnaire supérieur en costume de cour, la tête fièrement coiffée de la toque de Kioto.

Le goût du fantastique s'allie volontiers à celui de la caricature. Au Japon, les institutions politiques, la religion, la nature, tout concourt à surexciter l'imagination et à l'égarer dans la région des chimères. Sur les côtes de la mer, les roches basaltiques revêtent des formes tantôt grotesques, tantôt effrayantes. L'Océan lui-même est un monde de mystères. Quelquefois on découvre sous ses ondes, quand il fait bien obscur, une lumière qui ressemble à un dragon. Des marins ont aperçu parmi les vagues, des coquillages qui lançaient des éclairs. Il y a sous les eaux du détroit de Simonoséki, une grotte ou plutôt un temple, incrusté de perles et de nacre. On le nomme le Riogoun. Il est situé à l'endroit même où le jeune Mikado Antok fut submergé avec sa suite en s'enfuyant du champ de bataille où ses partisans, les Fékis, avaient été défaits par Yoritomo (1185). C'est dans ce temple qu'il règne et tient sa cour. Ses hérauts d'armes portent, en guise de bannières, de longs roseaux surmontés d'ailerons de requins. Toutes les divinités de la mer viennent lui rendre hommage, ornées de diadèmes représentant

SANGLIER ET LIÈVRE.

des têtes de phoques et de poissons, des méduses, des crabes, des gueules de dragons. Cette cour de monstres marins et d'hommes de guerre noyés a inspiré des compositions artistiques de l'effet le plus étrange et le plus original. Elles ne sont égalées que par les scènes infernales, où l'on voit les victimes sanglantes et mutilées de je ne sais quels grands criminels s'acharner au supplice de ces derniers, avec l'aide d'épouvantables démons. Le crayon de Callot n'a rien produit d'aussi complétement affreux.

Les Japonais se complaisent dans l'imitation des réalités hideuses. Le musée céramique d'Asaksa-téra possède des figures de suppliciés et de cadavres en décomposition qui forment une collection bien supérieure au célèbre « *Cabinet of horrors* » de madam Tussaud, à Londres.

A plus forte raison, leur fantastique horrible l'emportera-t-il sur tout ce que l'imagination occidentale est capable d'inventer en ce genre.

Ils savent aussi, comme Callot, allier le burlesque à l'horrible, mais c'est alors dans des sujets qui n'ont rien de tragique ou qui ne peuvent être pris au sérieux. Telles sont les charges qu'ils se permettent en transformant les ustensiles des cérémonies religieuses, gongs, goupillons, candélabres, vases à parfums, autels, images et statuettes, en autant de monstres animés, ailés, sautant ou rampant dans une ronde conduite par des esprits infernaux.

La recherche du fantastique n'est pas étrangère au charme que l'on trouve dans les maisons de thé de la banlieue de Yédo. Quelques-unes sont exposées aux endroits les plus propices pour contempler le Fousi-yama. N'y eût-il que la vue de cette montagne

PÈLERINAGE DE YO SIMA TENDJIN.

extraordinaire, telle qu'elle apparaît au lever et au coucher du soleil, sous un ciel pur ou au sein de l'orage, que l'imagination la plus rêveuse aurait le droit d'être satisfaite. Mais d'autres maisons ajoutent au charme du paysage l'attrait mystérieux de cascades écumantes, de sources minérales, de bassins d'eaux thermales, comme certains établissements de bains des montagnes de la Suisse. Ce n'est pas que l'on y aille faire des cures proprement dites; mais on passe volontiers quelques jours en famille dans ces élégants chalets de cèdre, élevés sur les bords de cours d'eau comparables aux plus belles rivières alpestres et abrités d'ombrages magnifiques. Les plus fréquentés sont ceux de l'Ottona-Sigawa, l'un des principaux affluents du grand fleuve.

D'autres lieux de plaisir offrent un aliment spécial à telle ou telle superstition populaire. On y passe du temple à la maison de thé et réciproquement, avec la satisfaction que donne l'accomplissement d'une œuvre pie. Pendant les premiers jours du onzième mois, les hôtelières et les bonzes de Yousima-Tendjin voient affluer dans l'enceinte de leur domaine des milliers de pèlerins des deux sexes, la plupart petits marchands ou agriculteurs des faubourgs et de la campagne ; tous cheminant à la file sur les étroits sentiers des rizières, pour aller acheter des râteaux de bambou au temple de cet endroit isolé et comme perdu dans les marais du nord de la capitale. Or, ces râteaux de bon augure pour les récoltes prochaines ne sont autre chose que de pieux joujoux remplissant l'office de talismans dans les demeures des fidèles. Il y en a pour toutes les bourses et pour les goûts les plus variés : les uns, d'une taille colossale, supportent un tableau peint sur soie ou sur bois et représentant la jonque du bonheur ; d'autres, de moyennes dimensions, sont ornés du chiffre du dieu des richesses ; les plus modestes ont simplement des images de carton, de papier ou de papier mâché, telles que la tête du dieu du riz, le masque d'Okamé, et toutes sortes d'emblèmes mythologiques.

La fortune ne répartissant pas ses faveurs parmi les hommes en raison de leur stature, il arrive souvent qu'à leur retour de Yousima, ce sont les pèlerins les plus grands mais les plus pauvres qui emportent les râteaux les plus exigus, tandis que tel de leurs camarades, chétif de corps mais opulent, succombe sous le poids de l'énorme instrument que sa position sociale l'a contraint d'acheter.

Ce qui ajoute à l'effet comique de la procession, ce sont les particularités du costume de la saison : les hommes portent un pantalon collant en cotonnade bleue, et un paletot ouaté à larges manches ; la plupart vont tête nue, mais le nez protégé par un foulard de crêpe, noué sur la nuque ; d'autres se couvrent la tête d'un bonnet de crépon ou d'un ample capuchon ouaté qui leur cache toute la figure, à l'exception des yeux. Les femmes adoptent généralement ce disgracieux capuchon, et, pour se garantir les mains du froid, rentrent leurs bras dans les manches épaisses du kirimon d'hiver, ce qui leur donne l'aspect d'une société de manchotes. Enfin, le temple de Yousima vendant aussi des amulettes à mettre au bord des champs sous la forme d'un carré de papier fixé à une cheville, les paysans qui sont nu-tête ont l'habitude de les piquer derrière la mèche de leur coiffure, comme des épingles à cheveux ; on dirait qu'ils reviennent d'une exposition agricole avec les numéros d'ordre sous lesquels ils y étaient classés.

De l'autre côté du Sumidagawa la culture des arbres utilisés dans l'industrie occupe une place non moins importante parmi les travaux des campagnards que la culture des rizières et des jardins potagers. On y voit, entre autres, de grandes plantations de *Rhus vernix* et de *Broussonetia papyrifera*, qui alimentent les fabriques de laque et de papier de la capitale. Le premier de ces arbustes produit pendant environ treize années une récolte annuelle de la valeur de 60 à 100 francs. Elle se fait à deux reprises, au moyen d'incisions que l'on pratique en juin et que l'on renouvelle en septembre : les dernières donnent un vernis de qualité inférieure.

Pour éviter, au temps de la récolte, le contact de la peau avec le laque natif, qui posède des propriétés vénéneuses, les indigènes s'enduisent d'une couche d'huile les mains et la figure.

C'est aussi sur la rive gauche du fleuve et sur les bords de ses principaux affluents, que les entrepreneurs de bâtiments et les maîtres charpentiers de Yédo établissent de préférence les chantiers où l'on convertit en poutres, en lattes et en planches les troncs d'arbres exploités dans les forêts de l'intérieur. Elles sont d'une richesse inépuisable en bois de construction, tels que le chêne, qui atteint au Japon une élévation prodigieuse ; le pin, dont il existe plus de quarante espèces ; le cèdre, *cryptomeria*, d'une espèce indigène ; le sapin, très-remarquable aussi par les variétés qu'il présente, comme on peut en juger d'après les notes que sir Rutherford Alcock lui a consacrées ; enfin les bois bruns ou d'un noir d'ébène, employés dans la menuiserie de luxe et dans les petits meubles de salon.

Il est fort heureux pour les Japonais que leurs superstitions populaires aient développé en eux l'amour de la vie champêtre et une estime toute particulière pour les richesses végétales dont leur pays abonde.

C'est une justice à leur rendre que de reconnaître à quel point ils ont su maintenir jusqu'à ce jour le principal élément de leur fortune nationale.

MESSIRE KITSNÉ (LE RENARD).

LE JEU DU RENARD.

CHAPITRE LIII

ODJI-INARI

Parmi les retraites de la banlieue du Nord qui unissent au plus haut degré l'utile à l'agréable, le sacré au profane, il n'en est aucune qui l'emporte sur les jardins d'Odji, dans l'estime de la population citadine. Ils sont situés à l'ouverture d'une gorge de montagnes, d'où une petite rivière s'échappe en cascades, et serpente avec grâce dans la vallée. C'est au-dessus de ses ondes limpides que s'élèvent et se prolongent les galeries et les pavillons de la maison de thé, en sorte que l'on y jouit à la fois de la fraîcheur de l'eau et de l'ombre des grands arbres qui entourent l'établissement. Les salles d'hôtes, les vérandas, les nattes, les châssis sont entretenus dans un état d'éblouissante propreté. Le service se distingue par l'élégance et la simplicité. Des souvenirs historiques s'attachent à divers lieux de la contrée. Un château de chasse des Siogouns occupait autrefois le sommet d'une colline du voisinage, d'où l'on jouit d'une vue très-étendue sur les campagnes arrosées par le Sumidagawa. L'on montre un peu plus loin, dans une étroite vallée, un temple consacré à Iyéyas, qui en fut le fondateur, et une source miraculeuse qui tombe d'une haute paroi de rochers. Elle est placée sous l'invocation d'une idole de pierre, à laquelle les hôtes d'Odji adressent leurs vœux lorsque, échauffés par les fumées du saki, ils viennent se placer sous la chute pour goûter les bienfaisants effets de cette douche naturelle. Dans les bourgades de la plaine, une quantité de boutiques ou de bancs de foire exposent en vente, au choix des visiteurs et de leurs enfants, toutes sortes de curiosités et de bimbeloteries de l'industrie locale; car il est bien connu que chez les familles bourgeoises le plaisir d'une excursion de campagne ne serait pas complet, si l'on ne rapportait à la maison quelque souvenir des marchés villageois.

Cependant tout cela n'est encore que d'un intérêt secondaire.

Le secret de la vogue dont jouissent les jardins d'Odji, c'est qu'ils ont été placés de toute ancienneté sous le patronage d'Inari, le dieu tutélaire des rizières, et conjointement sous la protection de l'animal sacré qu'on lui donne comme attribut, savoir : messire Kitsné, le renard, qui daigne en effet, honorer la contrée de sa faveur toute particulière.

On l'adore sur la colline qui porte le nom d'Odji-Inari. Le dix-septième jour du premier mois, son temple y attire pêle-mêle une foule innombrable de campagnards et de citadins. Ils viennent y suspendre des ex-voto, et déposer dans le tronc aux offrandes leur tribut de nouvelle année. Alors, se dispersant sous les bosquets de la colline, ils contemplent au loin, dans le marais, le grand arbre autour duquel a dû se célébrer, la veille, le sabbat annuel des renards. On interroge avidement les personnes qui prétendent les avoir vus accourir, chacun précédé de l'un des innombrables feux follets que les esprits des rizières ont toujours l'obligeance de mettre à la disposition de la société. Selon les rapports des témoins touchant le caractère de la fête, l'affluence des conviés, le plus ou moins de gaieté de leurs manifestations, on tire des conjectures sur l'année qui commence; on fait des pronostics sur l'abondance et la qualité des récoltes qu'elle promet. Puis on s'assied autour du brasero dans les chambres d'hôtes des maisons de thé et l'on devise, à voix basse, de la mystérieuse influence de Kitsné dans les affaires de ce monde. Qu'est-ce, en effet, que la chance? qu'est-ce que le hasard? qu'est-ce que la bonne ou la mauvaise fortune? Des mots vides de sens! Et pourtant il y a quelque chose derrière ces paroles, car enfin toutes les fois que l'on est dans le cas de les appliquer, c'est que des circonstances tout à fait majeures y obligent, et que, pour tout dire, le renard a passé par là.

« J'ai eu, dit l'un des convives, le malheur de perdre un enfant. Le médecin n'a pu même indiquer le siège de son mal; tandis que la mère se désolait, la lampe déposée auprès du cadavre projetait au loin l'ombre de la pauvre femme. Tout le monde qui était dans la chambre de deuil a pu s'apercevoir que cette ombre dessinait sur le châssis la silhouette d'un renard.

— Et les voyageurs? poursuit un voisin. Quand ils voient s'allonger indéfiniment devant eux une route dont ils avaient pourtant très-bien calculé les distances, n'est-ce pas pour avoir omis de compter avec la queue du renard? Combien de fois aussi n'ont-ils pas erré dans les rizières, sur les indices fallacieux des feux follets, que Kitsné a le pouvoir de faire cheminer à sa guise!

— Et les chasseurs ? Que de tours ne leur a-t-il pas joués ! S'il arrivait même qu'un habile tireur osât tenter de se venger, il ne lui restait que la mortification de voir le renard gambader et s'enfuir en tenant à sa gueule la flèche qui avait été décochée contre lui. »

Les annales du Japon constatent que Kitsné a le don de se métamorphoser. Lorsque

SABBAT ANNUEL DES RENARDS ET DES FEUX FOLLETS.

le Mikado qui régnait en 1150 se trouva dans la pénible nécessité de congédier sa favorite pour sauver d'une ruine complète les finances de l'Empire, la belle dame s'échappa de ses appartements sous la forme d'un renard blanc orné de six queues en éventail. On cite, d'autre part, des cas non moins extraordinaires d'enlèvements de jeunes filles.

dont les unes n'ont jamais reparu, et dont les autres, au retour, ont fermé la bouche à leurs parents par ce seul mot : Kitsné ! Kitsné (le Renard) !

Quand il plaît à ce dernier de se déguiser en vieux bonze, c'est alors qu'il est le plus dangereux. Il reste toutefois un moyen de le mettre en défaut. Messire Kitsné, quel que soit son travestissement, ne demeure jamais insensible aux suggestions de son odorat. Que l'on dépose un rat, fraîchement rôti, dans le chemin du faux prêtre, et celui-ci ne manquera pas de sortir soudainement de son rôle pour s'abattre sur la proie, sans plus se soucier d'autre chose.

L'OMBRE DU RENARD.

C'est parce qu'ils savent le prendre par ce côté faible que les yamabos ou bonzes des montagnes réussissent généralement à le tenir à distance. Mais aussi faut-il qu'ils soient d'autant plus sur leurs gardes pour éviter toute surprise. Si le renard parvient à découvrir leur tonnelet de saki, malheur à ceux qui goûteront du mélange qu'il y aura laissé ! C'est ainsi que des yamabos très-respectables sont devenus la risée du peuple. Quelques tasses avaient suffi pour leur tourner la tête. Jetant loin d'eux leurs vêtements, poussant des cris, gesticulant comme des forcenés, ils ont exécuté coup sur coup les danses les plus excentriques. Deux renards, dans le voisinage, sautaient du même pas et marquaient la cadence, l'un en soufflant dans la conque sacrée, l'autre en faisant voltiger le goupillon des pauvres bonzes ensorcelés. On raconte aussi que les campagnards, quand ils s'endorment sur le talus des rizières, s'exposent à tomber dans les lacets de Kitsné, qui les prive à sa fantaisie de l'usage de leurs membres ou de la liberté de leurs mouvements.

Le peuple japonais a donc, comme on le voit, son roman du Renard, sa légende de *Reinecke Fuchs*. Il s'amuse de son héros et il en a peur. D'histoire en histoire, Kitsné devient tour à tour un personnage sacré, facétieux, perfide et diabolique. Le matin, on lui rend hommage ; le soir, on le tourne en ridicule. Mais s'il se prête à la plaisanterie, c'est pour prendre une revanche d'autant plus éclatante. Que l'on essaye, par exemple, dans les fêtes de famille, dans les banquets de société, de s'amuser à ses dépens et de lasser sa patience ! Quand il sera pour tout de bon de la partie, il aura bientôt mis toutes les têtes à l'envers, et la nuit ne se passera pas qu'il n'ait jonché le sol de ses provocateurs.

Ceux-ci commencent d'ordinaire par un jeu très-innocent en apparence, une sorte

UN YAMABOS ET SA FEMME ENSORCELÉS PAR LES RENARDS.

de mourre, accompagnée d'un chant et de battements de mains. On y prend tour à tour trois poses : la première consiste à lever les mains et à les tenir à demi fermées en cornet derrière les oreilles ; la seconde, à faire le poing en étendant vivement le bras en avant ; la troisième, à ouvrir les deux mains et à se les appliquer sur les genoux. C'est ce que l'on appelle les rôles du renard, du fusil et du yakounine.

Le renard perd contre le fusil, parce que le fusil le tue.

Le fusil perd contre le yakounine, parce que celui-ci doit savoir se défendre.

Enfin le yakounine perd contre le renard, parce que messire Kitsné est l'être le plus rusé de la création.

La partie perdante est condamnée à boire une coupe de saki.

On conçoit que, sous l'influence d'une pareille pénalité, le jeu s'anime de plus en plus. Quelques convives finissent par le trouver trop sédentaire. L'un d'eux se lève et, aux acclamations de la société, va chercher une longue corde, y pratique un nœud coulant, la tient suspendue par un bout et remet l'autre extrémité à un camarade, qui tend la corde autant qu'on peut le faire sans préjudice pour le nœud coulant. Derrière celui-ci, l'on place un petit guéridon, qui supporte ce qu'on appelle le rat : c'est un bonnet, une tasse, un objet quelconque, que le renard doit enlever avec prestesse sans se laisser prendre au lacet. Si les gardiens du rat tirent trop tôt ou trop tard la corde qui est entre leurs mains, ce sont eux qui payent l'amende. Si le renard est attrapé, ne fût-ce que par le bout du doigt, c'est à ses frais que chacun se livre aux libations les plus triomphales pendant tout le temps qu'il plaît aux convives des deux sexes de jouir du spectacle de sa captivité.

En cas pareil, les ressources ordinaires de l'orchestre, non plus que celles de la mimique, ne suffisent pas à exprimer les transports de la société. On laisse un ou deux samsins entre les mains des dames, on renverse les autres sur le plancher pour frapper à grands coups de baguettes sur leur caisse sonore ; on fait tinter, comme des cloches, les verres et les tasses de porcelaine ; on mêle à la voix stridente des chanteuses, toutes sortes de cris d'animaux ; les convives les plus ingambes poursuivent à cloche-pied le malheureux renard ; d'autres, sur son passage, lui font un pied de nez. Kitsné, de sa cachette, contemple tous les détails de cette scène bachique et trépigne de plaisir à mesure que l'orgie atteint son paroxysme.

Ce qui vaut généralement mieux que ces folles réjouissances, ce sont les modestes pique-niques bourgeois, dont la banlieue est le théâtre pendant la belle saison. Deux ou trois familles s'associent pour passer une soirée à la campagne, soit sur les collines ombragées qui dominent la baie, soit dans les grands vergers du nord, d'où l'on jouit en plein de la vue du Fousi-yama. Les coskeis prennent les devants. Parvenus au lieu désigné, ils y tracent une enceinte réservée, au moyen de longues pièces d'étoffes tendues sur des piquets à hauteur d'appui. A l'intérieur, le sol est garni de nattes. Des réchauds sont préparés, ainsi que des bouilloires pour faire le thé et des poêles pour frire le poisson. La société arrivée et installée, les dames se mettent à l'œuvre, déballent les provisions et le champêtre festin commence. Il se prolonge jusqu'au coucher du soleil. Les jeux, les chants et la musique animent le dessert. Quelquefois on invite à la fête des chanteuses de profession, et peut-être même, si l'occasion s'en présente, une couple de ces danseuses ambulantes, dont la spécialité consiste à exécuter des pantomimes, des poses et des figures de caractère. L'une de leurs plus gracieuses productions porte le nom de danse des éventails : c'est une sorte de pantomime, généralement interprétée par une jeune fille en costume de page.

Il existe d'ailleurs des danses nationales que l'on cultive au sein de la société bourgeoise et qui trouvent naturellement leur place dans les divertissements des parties champêtres. Ordinairement les dames dansent seules. Elles forment un quadrille, dont chaque figurante reste en place, sans faire d'autres mouvements que des gestes, sans changer de position que pour passer d'une attitude à une autre, en se balançant sur les hanches, en tournant ou penchant la tête, en étendant les bras et les mains, tantôt à droite, tantôt à gauche, non sans grâce ni sans élégance, mais avec une grande monotonie d'action.

Un homme ne danse jamais que pour le plaisir d'exécuter, dans un cercle d'intimes,

PIQUE-NIQUE JAPONAIS.

quelque prouesse chorégraphique, ordinairement inspirée par les fumées du saki, ou pour faire sa partie dans les rondes qui animent souvent la fin des banquets de famille. En cas pareil, le père charge volontiers sur ses épaules le cadet de ses garçons; les petites filles se tiennent par la main; les grandes personnes demeurent constamment isolées les unes des autres : les plus âgées cheminant en cadence, appuyées sur un bâton; les plus ingambes sautant et se démenant selon leur fantaisie, et toutes suivant en bon ordre le même mouvement circulaire autour des reliefs du festin.

Ces rondes de table japonaises sont très-variées et quelques-unes fort anciennes,

L'ARBRE SACRÉ AU RÉSERVOIR D'EAU MIRACULEUSE.

témoin la chanson de l'illustre Daïnagong Ootomo, qui mourut en 731. Il célébrait en ces termes à la fois le saki national et le vin doux d'Osaka :

« Dites-moi quel était le sage qui a déclaré que le vin est une sainte chose.

« Combien il a dit vrai! Y a-t-il rien de plus précieux au monde?

« Si je n'étais un homme, je voudrais être un tonnelet. »

Mais, comme on l'a déjà vu, ce n'est pas uniquement le plaisir qui attire le bourgeois dans les retraites de l'Inaka. Le bourgeois de la vieille roche aime la banlieue pour elle-même. Il l'a parcourue en tous sens et en toute saison. Il en connaît les curiosités, les particularités remarquables, les kermesses locales, les marchés annuels. C'est de là qu'il tire directement une partie de ses provisions de ménage. Il se présente, en concurrence avec les revendeurs de la capitale, aux enchères publiques de riz, de légumes, de fruits et de charbon, qui ont lieu à époques fixes dans certains arrondissements ruraux. Puis, cette satisfaction donnée à son génie mercantile, rien ne s'oppose plus à ses jouissances contemplatives.

Il va revoir le cèdre antique sur lequel il a peint les initiales de son nom et la date de sa première visite. Il en connaît un plus ancien encore, planté par un kami, selon les registres de la bonzerie voisine ; celui-là contient à sa bifurcation un réservoir naturel plein d'une eau très-efficace contre certaines maladies.

On peut en boire par petites gorgées au moyen d'un godet de bambou suspendu à une longue perche. Ce réservoir miraculeux a fait sourire le malin habitant de la Cité, mais il y a bu tout de même. Il sait, d'autre part, à quelle heure précise une source intermittente jaillit de la roche d'un ermitage, dont le saint anachorète s'imagine être pour quelque chose dans cette merveille quotidienne, et ne manque jamais d'en faire les honneurs aux curieux, moyennant une équitable indemnité. Mieux vaut, selon l'avis du citadin, récompenser les soins industrieux des bonzes éleveurs d'abeilles, quand ils s'empressent d'offrir aux visiteurs un frais rayon de miel cueilli sur quelque sapin de leurs bosquets sacrés. Il y a aussi des bonzes éleveurs de volaille, et d'autres voués à la pisciculture, vendant, au choix de l'amateur, des poissons rouges, dorés ou argentés pour les aquariums de salon, ou des carpes toutes rondes de graisse et des gouranis de Chine pour les tables les plus opulentes.

Moyennant quelques centimes par heure, ils permettent aux curieux de jeter l'hameçon dans les étangs de la bonzerie, et d'emporter à domicile les produits de leur pêche.

Certains ordres monastiques s'adonnent à l'éducation des tortues, ou à celle des canards mandarins, ou à la fabrication des confitures. Il n'est pas de couvent, de temple ou de chapelle de la banlieue qui ne se distingue par quelque particularité plus ou moins intéressante : ici, un groupe de palmiers, là des bananiers, ou des bambous d'une crue extraordinaire, ou des chênes toujours verts, ou des platanes, des érables, des azalées gigantesques, ou des cerisiers, des pêchers et des pruniers à fleurs doubles ; ailleurs, des lotus, soit blancs, soit rouges, des haies de buis ou de charmille, des arbres nains, des plates-bandes de fleurs énormes, des monticules taillés sur le modèle du Fousi-yama et accessibles au public à certaines fêtes de l'année.

D'autres collines, que la main de l'homme n'a touchées que pour les planter de beaux arbres, sont réputées à divers titres : celle-ci, comme étant le point d'où l'on peut le mieux observer le spectacle princier des chasses au faucon ; celle-là, parce qu'elle domine un champ de bataille demeuré célèbre. Plusieurs sont couvertes de monuments funèbres, étagés en terrasses semblables à de petits jardins. On passe de l'une à l'autre au moyen de quelques marches d'escalier, sans grilles ni fermeture quelconque. Les monuments présentent une infinie variété de style et d'ornementation, selon la condition sociale et la secte auxquelles ont appartenu les défunts. Souvent la table de l'épitaphe est dressée sur la carapace d'une tortue de pierre, symbole de l'éternité. Un grand nombre de tombes ont la forme d'un socle surmonté d'une statue de Bouddha ou de quelque divinité auxiliaire du bouddhisme, telle que Quannon ou Amida, chacune également accroupie sur une fleur de lotus. Ces images taillées dans le granit, le grès ou le basalte sont parfois d'un très-beau travail. Les plus antiques sont tachetées de mousses ou capricieusement enlacées de branches de lierre et de guirlandes de liserons. Des pins gigantesques, des ifs, des cyprès, des lauriers ajoutent à l'austère impression des enclos funèbres le charme de leurs groupes pittoresques, qui se détachent sur l'azur du ciel ou sur les lointains vaporeux de la plaine.

L'un des plus intéressants cimetières des environs de Yédo, celui de Schorin-in', est spécialement consacré aux hommes qui se sont rendus illustres dans les lettres ou dans les sciences.

On rencontre aussi fréquemment, en pleine campagne ou à l'entrée des villages, des pierres commémoratives de quelque événement historique, et surtout, de petites chapelles élevées en l'honneur de tel ou tel héros des guerres qui ont fondé la dynastie d'Iyéyas. Le bouddhisme a imprimé son cachet sur tous les lieux dignes de fixer l'attention des promeneurs. Il n'est pas de grotte qui n'ait son idole et son tori, pas de lac qui ne contienne un îlot avec son petit temple dédié à Benten.

On dit qu'en jetant de la sorte son réseau sur les campagnes japonaises, la religion des bonzes a bien mérité de la société. Elle est intervenue maintes fois en faveur de ses serfs ou de ses clients au milieu des partis politiques, et a réussi, en plus d'une province, à opposer une digue aux dévastations des guerres civiles. C'est à elle que certaines contrées sont redevables de leur riche végétation. Partout elle a pris les forêts sous sa sauvegarde; partout elle a rehaussé de ses pieux ornements les beautés naturelles du Nippon.

Quoi qu'il en soit de cet éloge, le jour viendra sans doute où il ne conservera plus qu'une valeur rétrospective. Quand les temps de la barbarie féodale seront passés, le monachisme n'aura plus sa raison d'être, et quand la terre appartiendra au travail, les campagnes de Yédo n'auront rien à regretter de l'administration des bonzes.

Dans leur état actuel, l'impression générale qu'elles produisent est un mélange indéfinissable d'admiration et de tristesse. Lorsque je me rappelle les scènes splendides du coucher du soleil illuminant les vergers en fleur, les bosquets de bambous, les canaux des rizières, ou quelque anse lointaine de la baie, ou la neige éternelle du volcan, je ne puis m'empêcher d'associer à ces grands tableaux le bruit monotone du tambour des bonzeries et le pénible spectacle de la misère des villageois. L'œuvre de l'homme, sous le beau ciel du Nippon, forme un contraste choquant avec l'œuvre de Dieu. Ce que l'on s'attendrait à rencontrer au sein de cette magnifique nature, ce sont de riants villages groupés dans les plaines fertiles, d'élégantes villas parsemées sur les collines verdoyantes. Tout au contraire, les institutions politiques de l'Empire relèguent le cultivateur dans de pauvres chaumières, ne permettent ni à l'artisan, ni même au riche négociant, de sortir de l'enceinte des cités, et confinent les gens de la caste privilégiée derrière les longues murailles de leurs casernes et de leurs forteresses. Quant aux institutions religieuses elles étendent de tous côtés, dans les villes et sur les campagnes, les murs de leurs collines funéraires et les sombres cloisons des retraites monastiques. Ces lignes interminables de palais et de couvents qui attristent la capitale et les riches campagnes dont elle est entourée, c'est le cadre inflexible et glacial d'une organisation sociale savante mais surannée, autrefois toute-puissante, actuellement condamnée. Et ce ne sont pas nos canons qui l'ont battue en brèche. Elle s'écroule intérieurement, parce qu'elle était foncièrement inhumaine, et que le souffle de l'esprit du siècle a pénétré dans la place. Celle-ci ne semble déjà plus renfermer que désordre et dissolution; grands et petits daïmios, Mikado et Taïkoun, hattamotos, yakounines, grand prêtre de Kioto, pontifes du bouddhisme, tout ce monde autoritaire est présentement aux prises, dans une immense et suprême mêlée intestine.

Le peuple assiste en simple spectateur à ces luttes qui ne le concernent qu'indirectement. Il laisse aux hommes à deux sabres le soin de vider entre eux leurs querelles, et il ne se doute pas encore qu'un jour viendra où sa propre intervention, ou, pour mieux dire, sa propre importance finira par être d'un poids décisif dans la solution des problèmes qui s'agitent autour de lui.

LA DANSE DES ÉVENTAILS.

VENTE DU SAKI.

CHAPITRE LIV

LA VEILLE DU JOUR DE L'AN, A YÉDO

Le 6 février 1864, avant-dernier jour de l'année japonaise, je me trouvais pour la seconde fois à Yédo, où la corvette hollandaise « le Djambi, » capitaine Van Rees, m'avait transporté pour procéder, de concert avec les délégués du Taïkoun, à la signature du traité suisse. Outre les membres de la mission, quelques amis assistèrent à la cérémonie, entre autres M. de Polsbroek, représentant des Pays-Bas, et M. le capitaine de vaisseau Le Couriault du Quilio, commandant de « la Sémiramis, » vaisseau amiral de l'escadre française. Le Tjoôdji était plein comme un hôtel des Alpes par un beau soir d'été, le temps magnifique, la société on ne peut mieux disposée. Le Castel nous envoya, pour la forme, quelques yakounines, qui nous laissèrent mettre à profit nos heures de liberté comme nous l'entendions. Des parties à pied et à cheval s'organisèrent immédiatement dans plus d'une direction, pour la soirée même et pour les jours suivants.

Dans tous les quartiers de la capitale, les habitants achevaient leurs préparatifs de fête. Ils avaient nettoyé de fond en comble leurs demeures, épousseté et restauré leur petit mobilier. Les trottoirs étaient encore jonchés de nattes, de paravents, de guéridons et d'ustensiles en laque, en bronze, en porcelaine, que l'on se hâtait de rentrer et de remettre en place. Cet ouvrage étant confié dans les grandes maisons aux soins des coulies, ceux-ci le terminaient avec de joyeuses et grotesques manifestations : un pas de danse sur un tabouret, une culbute du haut d'un escalier, un camarade enlevé et berné pour avoir mal accompli sa tâche.

D'autres manœuvres plantaient devant les portes, de chaque côté du seuil, un jeune pin et un bambou empanaché, et reliaient entre eux ces beaux arbres, à la hauteur de l'étage, par des guirlandes de paille de riz, ornées de baies rouges des forêts, d'oranges mandarines et de bandes de papier doré ou argenté. On tend même contre les murs, ou sous les galeries et les toitures des maisons, des cordes auxquelles pendent, comme des franges, de longs brins de paille de riz entrecoupés de petites branches de sapin ou de fougère. Ce genre d'ornement décore les étalages des boutiques, les toris, les portes de rues, les cages de papier des lanternes publiques, les puits, les seaux des porteurs d'eau, les chapeaux des joueurs de flûte, des tambourineurs, des guitaristes et des danseuses de rue.

C'est le jour où la tribu des charpentiers pose les grosses pièces de la toiture des maisons en construction, et où les autres corps de métiers effectuent la remise de leurs travaux au propriétaire. Celui-ci fait élever une estrade sur le faîte de l'édifice, et pieusement il y expose, fixés à une étagère, une double rangée de goupillons, trois grands et cinq petits, en papiers de diverses couleurs : aux trois premiers sont suspendus de longs rubans de soie et des mèches de cheveux. A droite et à gauche, deux grandes flèches sacrées, chacune tendue en sautoir contre une toise de charpentier dressée sur une base, servent d'emblème à la tribu, et, en arrière, une tenture armoriée indique le rang et la famille du maître de la maison. Son épouse, pour sa part, s'est chargée du soin des offrandes destinées aux dieux tutélaires : elles sont étalées sur des guéridons disposés au pied de l'étagère, et se composent du classique morceau de poisson séché, d'une demi-douzaine de pains de riz, de quatre flacons de saki et de deux boîtes d'œufs de vers à soie. Enfin, le principal domestique de la maison jette du haut de l'estrade de petites boules de riz aux passants.

Ils affluent de la ville et de la campagne. Les paysans conduisent des chevaux pesamment chargés de tiges de bambous et de jeunes plantes de sapins. Les paysannes vont aux emplettes. Les gens de la province arrivent par troupes. Hommes et femmes portent leur bagage sur la nuque, dans un papier huilé ou dans un mouchoir de serge du ver à soie des chênes ; un parapluie en bandoulière complète leur accoutrement. De leur côté, des familles de cultivateurs de la banlieue regagnent leurs pénates après avoir acheté des amulettes de nouvel an pour la protection de leurs rizières, et des arbres de bonne fortune pour la prospérité de leurs enfants : ces arbres ne sont que de longues branches de saules pleureurs auxquelles le marchand attache des dragées, un dé à jouer, de la verroterie, le masque d'Okamé, et quelques morceaux de métal simulant des pièces de monnaie. Partout, sur la voie publique, les forains rivalisent avec les étalagistes du quartier. Ceux qui vendent des jouets d'enfants assourdissent le voisinage du bruit de leurs trompettes,

COULIS NETTOYANT UNE GRANDE MAISON.

de leurs sifflets et de leurs tambourins. Les colporteurs de masques et d'éventails en font l'objet de trophées fantastiques. Un marchand de petites lanternes rouges en porte une multitude à un faisceau de flexibles baguettes, où elles se balancent dans les airs à deux ou trois mètres au-dessus de sa tête. A chaque pas l'on rencontre des garçons de magasin ou des domestiques de bonne maison, chargés d'étrennes élégamment disposées dans des boîtes de laque ou sur des guéridons recouverts de soie brodée, ou enfin sur des civières tendues de quelque belle étoffe ornée des armes de l'expéditeur.

Aux histrions de tous les jours viennent s'ajouter les masques, les bateleurs, les quêteurs de circonstance. Voilà quatre bonzes danseurs qui cheminent sous un vaste dais de crêpe, surmonté du gohéï : c'est à l'abri de cette coupole ambulante qu'ils exécuteront de place en place leurs pieux entrechats. Voici le burlesque quêteur des prêtres du culte Kami,

POSE DE LA TOITURE D'UNE MAISON.

chantant et gambadant aux sons du tambour de basque de son propre bouffon. Il est d'usage de leur donner une tasse de grains de riz, surmontés d'un tempo. Le bouffon glisse la pièce de cuivre dans une longue bourse pendue à sa ceinture, et verse le riz dans un sac qu'il rejette sur ses épaules.

Un autre personnage grotesque, accompagné d'une bande de musiciens, joue de l'éventail et du goupillon, se couvre la figure du masque d'Hiyo-Toko, se coiffe d'une tête de Chimère et saute de son mieux, en faveur de la caisse de secours des ouvriers maçons.

Parmi les coureurs de rues qui, pour se divertir, s'affublent d'habits bariolés, de toques fantastiques, de masques d'oiseaux à long bec, on distingue les coskeis, les cuisiniers, les valets de chambre de la petite noblesse et de la bourgeoisie, à un déguisement qui leur est propre. Ils se couvrent la tête d'un haut chapeau de papier vert, ayant la forme d'un cône tronqué et leur cachant presque toute la figure, et ils ceignent en outre un tablier blanc parsemé de broderies symboliques en soie rouge. C'est dans cet équipement qu'ils vont de porte en porte chanter et danser en marquant la mesure au moyen de deux tronçons de bambous qu'ils tiennent en mains et choquent l'un contre l'autre. L'argent qu'ils collectent ne leur sert généralement qu'à passer dans l'abondance les fêtes

UN RESTAURANT LA VEILLE DU JOUR DE L'AN.

de la quinzaine. Toutes les maisons de thé leur sont ouvertes, mais sous prétexte de leur faire honneur, les tenanciers des restaurants de premier ordre les introduisent dans leurs propres appartements et jusqu'au sanctuaire de l'autel domestique, pour éviter dans les salles d'hôtes d'inconvenantes rencontres de maîtres et de serviteurs.

Au reste, les derniers jours de l'année sont loin d'être complétement absorbés par les réjouissances publiques. Le trentième du dernier mois est le terme fatal des payements semestriels. Le maître de métier, le patron de boutique, le chef de famille, tout homme ayant des affaires court la ville ou travaille à son comptoir jusqu'à ce qu'il ait ponctuellement réglé ses comptes, selon le principe, universellement admis au Japon, que l'on ne doit pas reporter de dettes sur l'année nouvelle. C'est alors seulement qu'il ira passer quelques instants avec ses amis au restaurant voisin, et qu'au retour il prendra part de ses propres mains aux joyeuses occupations domestiques de sa femme et de ses enfants.

Il faut que le jour de l'an il y ait des fleurs dans chaque maison. On y pourvoit

MITRONS JAPONAIS PILANT LE RIZ.

ordinairement en achetant, chez les horticulteurs, des pêchers nains élevés dans des pots de grosse porcelaine et dûment chargés de fleurs doubles. Les Japonais cultivent avec succès l'art d'atrophier les plantes en ne leur départissant que juste ce qu'il faut de terre, de lumière et de soleil pour les doter d'une stature lilliputienne. Tel est leur goût pour ces produits de végétation en miniature, que l'on trouve, dans les boutiques de jouets d'enfants, des imitations microscopiques d'arbres nains, chargés de fleurs, en découpures de papier. L'illusion est complète jusque dans les moindres détails : les petits vases de bois dans lesquels ces faux arbres sont plantés imitent, à s'y méprendre, la porcelaine au moyen d'une glaçure en papier mâché. Les jeunes filles font grand usage de ces jouets dans leurs fêtes enfantines et pour les mariages de leurs poupées. Elles se plaisent à rehausser l'éclat des fleurs et des feuilles artificielles par le miroitement de petits morceaux de métal poli, taillés en carré long, qu'elles suspendent délicatement à l'extrémité des branches.

La boulangerie joue un rôle capital parmi les innombrables préparatifs des fêtes du nouvel an. Il est de rigueur, chez les familles bourgeoises, que les dressoirs de l'office étalent une ample provision de pains et de gâteaux de riz pour les étrennes des ouvriers, des commis et des domestiques, ainsi que pour les échanges de cadeaux en nature qui se font entre parents et voisins. Dans toutes les cuisines, des mitrons à la journée, nus jusqu'à la ceinture, sont occupés à pétrir, à mettre au four, à en retirer la cuite. Ils pétrissent la farine dans des mortiers, et malheur au garçon qui laisse le pilon se prendre dans la pâte! Il en a pour plus d'un moment à subir les quolibets de ses camarades. C'est ce même procédé primitif du mortier que l'on emploie pour réduire le riz en farine. Il y a des pileurs de riz de profession. On en rencontre dans les rues, portant le pilon sur l'épaule et roulant, comme un tonneau, leur gros mortier devant eux. Le trentième du dernier mois est la plus rude de leurs journées, car chaque famille doit, autant que possible, avoir fini avant le 1ᵉʳ de l'an de piler la provision de riz nécessaire jusqu'à la récolte d'octobre.

Dans les ménages pauvres, on se passe de toute assistance mercenaire. Si l'on a recours aux voisins, c'est à charge de réciprocité.

Il n'est pas rare de voir dans la même famille trois générations représentées autour du mortier à riz : la fille aînée, la mère, l'aïeule ou le grand-père, travaillant de concert, armés chacun d'un petit pilon, et tous ensemble chantant à demi-voix, pour s'animer à l'ouvrage, les refrains cadencés de quelque vieille ronde villageoise.

Vers les abords du Nippon-bassi, les clameurs d'une foule tumultueuse signalent le voisinage des grands établissements où l'on brasse la bière de riz, ainsi que le mouvement des docks d'où on l'expédie en gros, par cargaisons de tonnelets, sur des barques qui sillonnent en tous sens les canaux de la Cité. Chaque barrique est enveloppée d'une natte assujettie par des cordes de paille et portant la marque de fabrique du brasseur. Des centaines de coulies se croisent à pas pressés sur la rue, portant aux deux extrémités de leur bambou des tonnelets d'une forme particulière, fermés et bondonnés à l'égal des autres, bien que munis d'une anse, comme les seaux de bois. Pour les transports à courte distance, on fait grand usage de seaux ordinaires, de simples baquets, de petits cuviers ouverts et de grosses cruches en porcelaine bleue, au risque d'exposer dans le trajet le vase et le liquide à plus d'une avarie, car un grand événement agite la multitude : elle afflue de toutes parts à la criée du saki, la dernière criée et le meilleur saki de l'année !

Des milliers de seaux, de tonnelets, de vases en porcelaine, sont empilés çà et là dans les coins de rues, sous la protection de la foi publique, pendant que les propriétaires de ces ustensiles se pressent dans les vastes cours des brasseries, où l'on vend aux enchères les lots, petits et grands, de la boisson nouvelle. La marchandise adjugée est immédiatement transvasée et enlevée par les soins de l'acheteur, ou plutôt de ses coulies, qui

BACCHANALE DES GARÇONS BRASSEURS.

reçoivent de sa part carte blanche pour se tirer d'affaire comme ils l'entendent, au milieu de la cohue de leurs confrères.

Les agents de police, échelonnés à de courts intervalles sur le bord des trottoirs, s'appliquent, du geste et de la voix, à maintenir la circulation. Quand ils sont à bout d'éloquence, ils font deux ou trois pas en avant, et distribuent au hasard quelques coups d'éventail sur les têtes des coulies et des badauds qui se rendent coupables du délit d'attroupement. Les vieillards, les jeunes filles, les mères et leurs enfants se pressent aux fenêtres et dans les galeries supérieures des maisons du quartier, pour jouir à leur aise de tous les incidents du spectacle de la rue.

Leur curiosité ne sera satisfaite que lorsqu'ils auront assisté à la procession des garçons brasseurs. Ceux-ci ont reçu leur salaire dans la matinée, et ils sont allés célébrer leur première journée de liberté dans les jardins de la banlieue. Là, l'honorable confrérie s'est assise à un banquet en plein air : on y a consommé des langoustes, des gâteaux tout frais, du saki nouveau ; on a fait flotter des coupes pleines sur les ondes de quelque affluent du Sumidagawa ; on a vidé à la ronde le grand bol de cérémonie ; alors est venu le tour des paris et des jeux de force ou d'adresse : tirer aux doigts, tantôt accroupis, tantôt debout à cloche-pied ; tirer à la corde, les deux parties se tournant le dos ; ramasser un éventail à terre en restant debout sur le pied droit, et la jambe gauche repliée en arrière. Enfin, les maîtres fatigués se sont couchés sous les cèdres, les jambes étendues par sybaritisme sur le dos des apprentis, tandis que les compagnons se livraient sans contrôle aux danses les plus animées.

Maintenant, jeunes et vieux rentrent en corps à la Cité. Leur procession est la vivante parodie des cortéges de daïmios. Le héraut d'armes, coiffé d'une toque en osier, c'est-à-dire d'une cage à poulet, brandit de la main droite un puisoir à saki, en prononçant d'une voix sourde le sacramentel « staniéro ! » (agenouillez-vous). Le porte-bannière s'est muni d'un long plumeau à épousseter les plafonds. Le prince parait être une sorte de Silène, que deux vigoureux compagnons soutiennent sous les aisselles. Sa suite, aussi peu vêtue que lui-même, rappelle non moins dignement les antiques bacchanales ; seulement le thyrse est remplacé par un long sabre de bois passé à la ceinture, et la couronne de pampres par une ridicule mitre de papier.

L'éventail, chez les plus élégants brasseurs, accompagne en mesure les pas de danse dont ils embellissent la marche du cortége. D'autres se plaisent à pirouetter, au cliquetis des tonnelets vides qu'ils ont passés à un bambou négligemment jeté sur l'épaule. Un jeune chef s'appuie de la main gauche sur la poignée de son grand sabre, et portant l'autre main tendue en avant, il y reçoit sur le pouce le talon de son pied droit.

Telles sont les prouesses par lesquelles il convient que de vaillants garçons brasseurs terminent leur laborieuse année. Leur bachique procession est d'ailleurs un hommage qu'ils rendent publiquement à la sainte famille des inventeurs du saki. Le dieu, sa femme, et leurs huit garçons, patrons collectifs de la confrérie, habitent sur les côtes du grand Océan. Ils portent une ceinture de feuilles de chêne et une longue chevelure rousse, qui les couvre jusqu'aux hanches. On les voit, armés de bols et de puisoirs, danser des rondes fantastiques autour d'une immense jarre de saki, à l'heure où les derniers rayons du soleil répandent une teinte écarlate sur la mer, sur les écueils de basalte et sur les plages sablonneuses.

LES PATRONS DU SAKI.

VISITES AU CASTEL.

CHAPITRE LV

LE NOUVEL AN, A YÉDO

Dans la ville de Yédo, le soir de la veille de l'an, je ne sais quelle atmosphère enivrante enveloppait les quartiers de la baie. Le ciel et la mer reflétaient des lueurs rougeâtres. Les maisons de thé s'illuminaient comme d'immenses transparents. Les rues elles-mêmes présentaient l'aspect de longues avenues de verdure, de branchages, de guirlandes et de falots multicolores. Partout la foule, partout des cris joyeux, des masques, des histrions, des chants, de la musique, et cette odeur pénétrante de bois aromatique dont sont imprégnés tous les objets qui nous viennent du Japon.

Une place étroite débouchant sur le Tokaïdo était le siége d'un modeste marché nocturne. Nous en fîmes le tour sans nous y arrêter, laissant errer nos regards et se succéder nos impressions au gré des tableaux variés de cette scène fantastique. La plupart des étalagistes étaient adossés aux maisons du quartier : les uns, installés dans des baraques en planches et en papier transparent; les autres, accroupis sur des nattes et éclairant leurs marchandises au moyen de bougies plantées sur de hauts chandeliers. Ces lumières vacillantes dessinaient vaguement sur les maisons la silhouette des vendeurs, et projetaient au loin, sur le sol, les ombres des acheteurs. Trois ou quatre officiers marchandaient des bouteilles vides : l'un d'eux, se détachant du groupe, se porta brusquement sur nous en étendant les bras; ses camarades le retinrent en nous faisant comprendre que le gentilhomme était aussi pur de toute mauvaise intention qu'irresponsable de ses mouvements. Malgré l'heure tardive, des femmes et des enfants se pressaient en grand nombre autour des boutiques de sucreries et de bimbeloteries. Quelques bonnes bourgeoises se faisaient accompagner d'un coskei portant une lanterne. Dans tous les magasins d'une certaine apparence, on voyait, exposé comme un autel chargé d'offrandes, un guéridon de laque bordé de rameaux de sapin et supportant une pyramide de gâteaux de riz, au sommet de laquelle s'étalait une grosse langouste.

Parvenus au fond de la place, nous nous trouvâmes en face d'un beau portique orné d'une double rangée de lanternes rondes, et abritant deux images de Kamis installées dans des niches, à droite et à gauche du passage où circulait la foule. A chaque aile de l'édifice on avait planté deux pins de haute taille, chargés jusqu'au sommet d'une multitude de petits falots, dont l'effet me rappela vivement l'illumination de nos arbres de Noël.

Cette porte donnait accès dans une vaste cour bordée de petites boutiques et de débits de thé et de saki ; mais la curiosité publique se portait principalement vers un rassemblement tumultueux qui s'agitait au pied d'une mystérieuse construction ayant la forme d'un tori surmonté d'une torche gigantesque de paille tressée. Les piliers du tori étaient entourés de hautes tiges de bambou, et se terminaient en pointe comme des mâts. De l'un à l'autre des deux sommets, des guirlandes en brins de paille étaient tendues parallèlement à la grosse torche, tandis que, au-dessous de celle-ci, des tentures armoriées, des stores à demi baissés et une enseigne en lettres d'or complétaient la décoration de cet étrange échafaudage.

Je demandai à notre interprète la signification des clameurs qui retentissaient sous le tori, à l'égal des vociférations que l'on entend autour de la corbeille de la Bourse : « C'est la criée du riz, me répondit-il. On termine la vente aux enchères de la récolte d'un grand daïmio. — Et duquel ? — Tantôt l'un, tantôt l'autre, et tantôt le Taïkoun, comme c'est l'usage au Japon. »

Familiarisé de longue date avec les réponses des interprètes, je me déclarai satisfait et poursuivis ma route du côté de Takanawa.

Une grande animation régnait encore sur le Tokaïdo; mais déjà l'ombre et le silence envahissaient les rues adjacentes. Aux joyeuses illuminations succédaient çà et là de rares et faibles lumières. En ce moment, me disais-je, telle modeste lampe qui luit au fond de l'une des galeries du voisinage, inspire sans doute quelques beaux vers de circonstance au digne instituteur du quartier. Il doit, le jour du nouvel an, adresser une poésie de félicitations aux parents de ses élèves. Pour accomplir sa tâche avec toute chance de succès, il a mis sous ses yeux un vase de fleurs et un guéridon chargé de petits pains de riz : humbles et pieuses offrandes qu'il consacre au Soleil. Pour ce soir, il se contentera de peindre ses vers sur un brouillon de papier rouge; mais, à l'aube du jour, il les copiera sur le papier des éventails dont il fera hommage à ses protecteurs.

Cependant, à mesure que l'heure de minuit s'approche, on distingue tout à coup, dans les cours des maisons bourgeoises, la réverbération d'une petite flamme allumée sur le sol. Elle brille d'un vif éclat, et s'éteint au bout de quelques minutes. Que s'est-il donc passé dans ce court espace de temps? Exactement, quoique sous une autre forme, la reproduction de la superstitieuse pratique des plombs de Noël. Les familles japonaises, à la dernière heure du dernier mois, mettent le feu à un faisceau de bûchettes

UN MARCHÉ DE NUIT : LA CRIÉE DU RIZ.

aspergées d'eau bénite, et, consultant la direction, la figure, le pétillement de la flamme, elles en tirent l'horoscope de leur bonne ou de leur mauvaise fortune pour l'année qui va s'ouvrir.

Au surplus, c'est le moment de la mi-sodji ou de la deuxième fête de purification de l'année. Les valets des temples de l'ancien culte allument de grands feux dans l'enceinte des sacrés parvis. Les prêtres, chargés de leurs ornements sacerdotaux, sortent processionnellement du temple. Sur le point d'en descendre les degrés, ils rencontrent deux affreux démons qui, munis de fourches, leur barrent le passage. Mais, ô puissance du goupillon! à peine les deux monstres ont-ils vu, de leurs quatre paires d'yeux, le gohëi du grand prêtre menacer l'une et l'autre de leurs têtes cornues, qu'ils se sont enfuis à toutes jambes, aux acclamations des fidèles.

Dans la plupart des ménages bourgeois, on pratique la cérémonie de « l'oni-arahi », l'exorcisme du malin esprit ; et c'est exclusivement l'affaire du chef de la maison. Vêtu de ses plus riches habits, et le sabre à sa ceinture, s'il a le droit d'en porter un, le père de famille parcourt à l'heure de minuit tous ses appartements, portant de la main gauche, sur un guéridon de laque, une boîte de fèves rôties. Il y puise de la main droite et, par petites poignées, jette çà et là de ces fèves sur les nattes, en prononçant à haute voix une formule cabalistique, dont le sens revient à dire : Sortez, démons ! entrez, richesses ! Le dessinateur Hofksaï interprète avec sa verve habituelle cette superstition populaire, par une esquisse représentant deux diables velus qui déguerpissent sous une grêle de fèves, dont le maître du logis les poursuit impitoyablement, tandis que le dieu des richesses et Yébis, son confrère, s'installent dans la chambre de réception, et se mettent en devoir de vider un bol de saki à la santé de leur hôte.

Toutes choses étant ainsi préparées pour l'inauguration de l'année nouvelle, la population citadine s'accorde un instant de repos ; mais, au lever du soleil, tout le monde est debout : hommes, femmes et enfants s'empressent de revêtir leurs costumes de fête, et les félicitations commencent dans l'intérieur des familles. L'épouse a déposé sur les nattes du salon les étrennes qu'elle offre à son mari. Aussitôt qu'il se présente, elle se prosterne à trois reprises, puis, se relevant à demi, elle lui adresse son compliment, le corps penché en avant et appuyé sur les poignets et sur les paumes de ses mains, dont les doigts restent allongés dans la direction des genoux. La pose n'est pas des plus gracieuses, mais ainsi le veut la civilité japonaise. L'époux, de son côté, s'accroupit en face de sa compagne, les mains pendantes sur les genoux, jusqu'à toucher le sol du bout des doigts. Inclinant légèrement la tête, comme pour prêter d'autant mieux l'oreille, il témoigne de temps en temps son approbation par quelques sons gutturaux, entrecoupés d'un long soupir ou d'un sifflement étouffé. Madame ayant fini, à son tour il prend la parole, et de part et d'autre on échange solennellement les cadeaux. Vient ensuite le tour des enfants, puis celui des grands-parents. Enfin, l'on déjeune en commun, et le reste de la matinée se passe à recevoir et à faire des visites.

Les Japonais de toutes les classes cultivées de la société sont parfaitement instruits de leurs obligations de politesse. Aucun d'eux ne confondra les personnes auprès desquelles il doit se présenter lui-même, avec celles qui n'attendent de sa part qu'une carte de visite. Chacun saura pareillement distinguer entre les cartes qu'il lui faudra remettre personnellement à domicile, et celles qu'il lui suffit d'envoyer à leur adresse par les soins d'un domestique. Les unes et les autres varient considérablement de format et de décoration, selon le rang des destinataires. On les expédie toutes dans d'élégantes enveloppes, dont les plus grandes sont attachées par un nœud de rubans. Les coskeis, qui font le service des cartes de visite, les portent de maison en maison sur un plateau de laque.

LE NOUVEL AN, A YÉDO.

Dans les temps de splendeur du siogounat, le premier jour de l'an appelait toute la noblesse féodale et tous les fonctionnaires de la cour domiciliés dans la capitale à se rendre au Castel pour y offrir leurs hommages au lieutenant général de l'Empire.

Dès les premières heures de la matinée, les rues qui forment les abords de la citadelle étaient sillonnées d'imposants cortéges de daïmios : en tête, les hérauts, les hallebardiers, les porte-enseigne, un détachement de militaires à la solde du prince ; puis celui-ci, en palanquin, escorté de ses gardes du corps, et suivi de ses principaux officiers, les uns à cheval commandant des hommes d'armes, les autres dirigeant à pied les escouades de valets chargées du transport des présents.

A l'exception des princes du sang, qui ont leurs entrées particulières, l'itinéraire des diverses délégations les amenait, chacune selon son rang et au moment convenu,

JOUR DE L'AN : SALUTATIONS EN RUE; CARTES DE VISITE.

à la porte du Castel qui leur était assignée en commun ; et c'est de là que se développait solennellement sur la résidence l'immense défilé qui devait la traverser sous les yeux du souverain.

Çà et là, des groupes de gens du peuple, agenouillés et la tête découverte, contemplaient à une respectueuse distance les processions seigneuriales. A chaque nouveau cortége, le silence universel faisait place pour un instant à un sourd murmure d'admiration, entrecoupé de quelques mots qui, prononcés à voix basse, circulaient de bouche en bouche : c'étaient les noms des illustres familles dont les armes venaient de paraître ; tour à tour, ceux de Kanga, de Shendaï, de Satsouma, de Nagato, et de tant d'autres, à l'aide desquels les Siogouns se flattaient de rehausser l'éclat de leur propre trône. Faux calcul ! ou puérile vanité de parvenus ! Un pouvoir révolutionnaire voulant se faire un piédestal de l'aristocratie territoriale, au lieu de chercher sa base dans le peuple! L'usurpateur, s'enivrant, dans son palais, de l'encens des anciens dynastes, et leur abandonnant les triomphes de la place publique!

Aussi, en 1864, les rôles avaient-ils bien changé : les grands daïmios s'étaient retirés de Yédo, et, loin de recevoir leurs félicitations de nouvelle année, le Taïkoun se voyait contraint de porter ses propres hommages aux pieds du Mikado.

Dans le monde des ministères et des autres administrations dont le Castel est le siége, les choses se passèrent, de subalternes à supérieurs, selon le cérémonial d'usage.

La salle de réception d'un fonctionnaire de premier ordre est exhaussée de quelques marches au-dessus du vestibule. Elle peut en être séparée au moyen de grands stores de bambou, ornés de larges bandes de soie et de gros nœuds de cordons tressés de la même matière. L'audience reçoit de ces dispositions un caractère théâtral. Les stores se lèvent comme un rideau. Le fonctionnaire occupe la scène, accroupi sur un tapis précieux,

RÉCEPTION CHEZ UN HAUT-FONCTIONNAIRE LE PREMIER JOUR DE L'AN.

ayant à sa gauche son râtelier de sabres, et derrière lui ses aides de camp ou ses secrétaires, agenouillés à quelques pas de distance. Les subordonnés, introduits dans le vestibule, se prosternent au bas des marches de la salle, qui sont laquées en noir et polies comme du marbre. C'est dans cette posture qu'ils s'adressent à leur chef jusqu'à ce que celui-ci les convie à prendre quelques rafraîchissements, tandis que, de leur côté, ils font apporter par leurs gens et étaler leur étrenne sur la marche supérieure de l'escalier.

Les bâtiments publics et les palais de daïmios sont décorés, le jour de l'an, au moyen des mêmes matériaux que les maisons bourgeoises, mais avec cette différence, que les pins et les bambous accouplés forment avec la guirlande de paille de riz une sorte d'arc de triomphe dressé à quelques pas en avant du portail de l'édifice, tandis que la toiture et les murailles de ce dernier ne comportent aucun ornement. Au centre de la guirlande est suspendu un petit trophée symbolique, entouré de rameaux de fougère, et se com-

ABORDS DU NIPPON-BASSI, LE PREMIER JOUR DE L'AN.

posant d'un gâteau de riz, d'une orange et d'une langouste : hommage naïf en l'honneur du meilleur légume, du meilleur fruit et du meilleur poisson [1].

Cette décoration uniforme des palais de Yédo porte un cachet de noble simplicité qui sied bien à leur architecture. Cependant le quartier des daïmios, pris dans son ensemble, est moins attrayant que jamais à l'époque des fêtes du nouvel an. On se hâte de fuir cette enceinte de casernes, de prisons et de forteresses, ce monde conventionnel, régi par l'étiquette et la duplicité, ce foyer de haines implacables et de sinistres complots, pour se retrouver parmi le peuple, en contact avec les manifestations de son intarissable jeunesse.

Quel contraste que celui des rues de la Cité, comparées au Castel et à son entourage ! Elles s'annoncent de loin par une joyeuse clameur, à laquelle répondent confusément des sons de harpe éolienne. Cette musique mystérieuse, c'est le concert des cerfs-volants de papier. Tout le ciel de la ville bourgeoise en est constellé. Les uns représentent des bonshommes grotesques ornés d'ailes de papillons ; les autres, des grues, des perroquets, des éperviers ; d'autres enfin, des animaux de la mythologie et des têtes de guerriers ou de belles dames des temps héroïques. Une fine lamelle de bambou, tendue à travers le cadre légèrement bombé de l'image, lui donne dans son vol un sifflement mélodieux. Parfois la guerre éclate entre les fantoches aériens. Les ficelles, munies de fins morceaux de verre, se poursuivent et s'attaquent jusqu'à ce que le duel engagé amène la chute des deux cerfs-volants, ou que l'une des ficelles, tranchée par l'adversaire, s'affaisse sur le sol, abandonnant aux nuages le cadre qui lui était confié. Comme ces joutes au cerf-volant s'engagent volontiers entre gens à marier, toute la population de la rue prend un vif intérêt au spectacle, et redouble galamment d'acclamations, lorsque la victoire s'est déclarée en faveur du beau sexe.

Au reste, de quelque côté que l'on regarde, ce sont les jeux d'enfants qui tiennent le haut du pavé. Le cerceau, les échasses, la toupie, passent tour à tour entre les mains des petits garçons, de leurs frères aînés et de leurs pères. Il y a des toupies de diverses sortes : celles qui se prêtent aux évolutions les plus capricieuses et les plus prolongées sont de forme cylindrique, creuses et munies d'un lest intérieur qui leur assure l'équilibre. Le jeu du volant envahit les groupes de jeunes femmes aussi bien que les sociétés de jeunes filles. Les raquettes sont, comme les éventails, l'un des principaux articles d'étrennes. On les fait en bois blanc, sous forme de palette, avec un côté lisse décoré au pinceau et l'autre côté garni d'une petite image en étoffe. Les boutiquiers de Yédo offrent à leurs pratiques, au choix de celles-ci, l'étrenne d'un éventail, ou d'une paire de raquettes, ou d'une tasse de porcelaine. Les acheteurs se portent principalement chez les marchands de sucreries, de pâtisseries et de jouets d'enfants, s'ils ne préfèrent se pourvoir auprès des marchands ambulants, qui parcourent les rues en criant les mêmes objets.

Il en est qui chantent et qui dansent pour mieux faire apprécier le mérite de leurs pantins. D'autres vendent des oiseaux en papier mâché, se balançant à des branches de saule pleureur, et des poissons artificiels attachés à une petite ligne de roseau : à la

---

[1] M. Layrle, « Le Japon en 1867. » (*Revue des Deux Mondes.*)

matsouri de mai, ou Fête des Bannières, on fait flotter en l'air un gros poisson de papier, fixé à l'extrémité d'un bambou, sur la toiture de chaque maison où il est né un garçon dans l'intervalle des douze mois écoulés.

Citons encore, parmi les articles de la foire du nouvel an, des œufs teints comme les œufs de Pâques, des arcs et des flèches dans des carquois ornés de rameaux de sapin ; de petites poupées fort jolies, représentant un bourgeois en costume de fête, cheminant sous un parasol, avec une bourgeoise à tête de renard, ou un paysan portant la faucille et la hotte, suspendu à une baguette de bambou. Une catégorie toute spéciale d'industriels, les valets de bonzeries, la figure couverte du masque de Tengou, offrent des papiers bénits aux ménages qui peuvent encore avoir besoin de ce précieux talisman, pour l'appliquer aux linteaux de leurs demeures. Ce grotesque déguisement, qui leur assure les sympathies de la jeunesse, forme la base essentielle du succès de leur collecte.

Presque tous les travestissements en vogue dans cette heureuse journée n'ont pas d'autre but que d'amuser les enfants. Eux-mêmes s'affublent d'un bonnet de papier semblable à la coiffure de cérémonie des grands daïmios ; ils se chamarrent de brillants écussons, et montent fièrement à cheval sur le dos d'un frère complaisant, tandis qu'un autre membre adulte de la famille galope devant eux, sous le costume pittoresque d'un Tartare sonnant du clairon ; l'instrument est un chef-d'œuvre de l'industrie des pailles, et le coursier, une carcasse de carton sur les flancs de laquelle on a peint les jambes du cavalier.

Parlerai-je des curiosités de la place publique : les théâtres de marionnettes, les scènes de magie blanche, les singes dressés, les souris industrieuses, les lapins savants ? L'éleveur de souris en lâche une demi-douzaine dans un petit enclos en treillis, où elles font mouvoir les pilons d'un moulin à riz ; il saisit la plus habile et la cache sur sa poitrine, dans son kirimon, puis, se dirigeant vers une table surmontée d'un petit temple auquel conduit un long escalier, il dépose devant l'autel une cassette et dans la cassette une pièce de monnaie, qu'il secoue en invitant les amateurs à parier pour pile ou face. Quand le jeu est fait, la souris sort de sa cachette, descend le long du bras de l'industriel jusque sur la table, gravit les degrés du temple, ouvre la porte de la cassette, prend entre ses incisives la pièce de monnaie et la dépose sur la paume de la main de son maître. Celui qui a parié pour le côté en évidence gagne l'enjeu, qui consiste soit en petite monnaie, soit en bâtons de sucre d'orge.

Le magicien vend des kaléidoscopes et des lorgnons de couleur. Pour attirer la foule, il montre, dans sa boutique, ici une lourde pierre attachée à un éventail de papier suspendu au plafond ; là un bol plein d'eau et, au milieu, un gros poignard planté sur une feuille de nénufar flottant dans le bol ; ailleurs quatre œufs superposés, supportant un petit vase de fleurs. Il exhibe aussi des automates que l'on dirait imités de ceux de Jaquet-Droz : le sorcier, par exemple, tient des deux mains un javelot dont il pique au hasard et enlève au-dessus de sa tête l'une des petites tablettes de carton déposées à ses pieds ; et cette tablette porte un chiffre qui indique au curieux le numéro sous lequel il ne saurait manquer de lire son avenir, parmi une liasse de feuilles paginées et enluminées déposées sur la banque et prédisant de la manière la plus expressive : richesse, mariage, enfants, longue vie, tout ce que le cœur peut désirer.

Dans les cercles animés qui entourent ces jeux et ces spectacles, c'est toujours aux enfants que la première place est réservée. On voit que sur le champ de foire, comme dans la rue et comme au foyer domestique, la préoccupation dominante des classes ouvrières, industrielles et commerçantes de la société japonaise, a été de faire du premier jour de l'année la fête de l'enfance, c'est-à-dire le plus beau jour des pères et des mères de famille. C'est donc, abstraction faite de sa signification religieuse, l'idée que réalise notre fête de la veille de Noël, telle du moins qu'on la célèbre dans les familles protestantes de l'Allemagne et de la Suisse.

DANSE DE COSKEIS QUÊTANT LEURS ÉTRENNES.

EXORCISME DOMESTIQUE.

CHAPITRE LVI

LA MYTHOLOGIE POPULAIRE DES JAPONAIS

Je n'ai pas remarqué que chez les habitants du Japon le renouvellement de l'année fût l'objet de quelque témoignage d'intérêt de la part de leurs deux religions nationales.

A l'exception des pratiques superstitieuses que j'ai décrites, il m'a paru que les fêtes de cette époque n'empruntaient aucun élément de vitalité ni aux dogmes, ni aux cérémonies d'un culte public quelconque.

Si cette observation est juste, il vaut la peine de constater que le sentiment religieux n'en a pas moins revendiqué ses droits, en s'assurant une place au sein même des réjouissances domestiques. Il est certain, en effet, que, du moins dans les maisons bourgeoises, et en tout cas pour le jour de l'an, il existe un culte de famille, un service domestique spécial, indépendant de toute intervention cléricale.

Quand le père de famille fait préparer ses appartements pour y célébrer avec sa parenté le banquet cérémonial d'usage, il a soin de réserver entre le dernier châssis et les parois de la pièce la plus reculée une retraite, une cachette, que de ses propres mains il transforme en sanctuaire.

L'autel se compose d'un léger échafaudage en bois de cèdre, généralement à deux étages et tout entier recouvert d'un tapis rouge. Le rayon supérieur supporte deux idoles en bois dur, flanquées de deux lampes en métal; et le rayon inférieur, trois petits guéridons en laque, chargés des prémices de l'année, savoir : deux pains de riz, deux langoustes ou deux poissons aux nageoires enveloppées de papier argenté, et deux flacons de saki ornés de la même manière. A la paroi qui sert de retable sont déroulées et suspendues de saintes images montées sur toile, et, à quelques pas en avant de l'autel, s'élèvent deux hauts chandeliers de bronze, surmontés chacun d'une grosse bougie.

C'est là, entre les deux candélabres, que le père de famille viendra s'agenouiller,

AUTEL DOMESTIQUE DES DIEUX DU BONHEUR.

seul, ou accompagné de sa fidèle ménagère, pour invoquer les divinités tutélaires de sa maison. Rien ne le fera manquer à cette obligation morale, dût-il même, à la dernière heure, et au moment le plus animé du banquet, se séparer de ses convives, et voir du fond de son oratoire les figures des rondes joyeuses passer comme des ombres chinoises sur le papier du châssis.

Que l'on fasse autant que l'on voudra la part du formalisme et de la superstition dans l'appréciation des coutumes religieuses populaires, un acte de dévotion, accompli solitairement dans le secret du domicile, au milieu de circonstances qui lui donnent un cachet de spontanéité, commande le respect, et mérite d'être soumis à une sérieuse investigation.

Je me suis convaincu que les dieux auxquels s'adresse le culte privé des Japonais dans certaines fêtes de famille, surtout celles du mariage et du nouvel an, n'ont rien de commun avec les pénates ou les lares des Romains, qui porteraient au Japon le nom de Kamis ou Mânes de la maison. La signification des premiers est fort différente. On les appelle communément les dieux du bonheur. Ils ne sont donc autre chose que la personnification des béatitudes humaines, telles que l'imagination populaire se plaît à les concevoir. C'est dire qu'à côté des cultes officiels, et de leurs théogonies nuageuses, le peuple a formulé sa pensée intime en se créant une mythologie à son usage, purement symbolique et purement humaine, comme celle des Grecs, avec cette différence toutefois qu'elle se borne aux seuls types de la félicité terrestre, et qu'elle est franche de toute prétention à la beauté idéale.

Je ne crois rien exagérer en signalant ce fait comme un phénomène peut-être unique dans l'histoire des religions, et comme une bonne fortune au point de vue de

LES DIEUX DE BONHEUR : SHIOU-RÔ.

l'appréciation du génie national, ainsi que de l'état réel des croyances et des aspirations du peuple japonais.

Il y a sept dieux du bonheur, et leur rôle est de procurer aux hommes les béatitudes suivantes : la longévité, la richesse, la nourriture quotidienne, le contentement, les talents, la gloire et l'amour.

Il arrive rarement qu'une famille se place sous leur patronage collectif. Le plus souvent l'homme du peuple se borne à invoquer le dieu de la nourriture quotidienne ou à lui adjoindre le dieu des richesses. La classe des marchands associe volontiers aux deux premiers ceux du contentement et de la longévité. Les quatre, réunis, s'appellent communément les dieux de la fortune et de la prospérité.

Le patron de la longévité est naturellement le plus vénérable des sept types de la mythologie du peuple japonais. On lui donne le nom de Fkourokou-Shiou, et, par abréviation, celui de Shiou-Rô. Comme sa vie est incommensurable, il a tant observé, tant médité, tant réfléchi, que son front chauve en a pris un développement d'une élévation prodigieuse. Sa grande barbe blanche lui couvre la poitrine. Lorsqu'il marche à pas lents, plongé dans ses rêveries, il traîne d'une main sa rustique houlette, et de l'autre il tire délicatement entre deux doigts le plus long des poils de ses sourcils. Ses principaux attributs sont la tortue et la grue. On le représente aussi accompagné d'un cerf blanc de vieillesse. Pour lire plus commodément, il suspend son rouleau à l'un des andouillers du docile animal. Shiou-Rô a de jeunes disciples, dont l'un, à force de tension d'esprit, n'a pas trop mal réussi à se doter d'un soulèvement frontal digne de rivaliser un jour avec les dimensions de la tête du maître. Celui-ci ne doit jamais manquer aux festins de noces dans les familles de la classe bourgeoise. Son image, ordinairement

YÉBIS.

esquissée à grands traits sur de la toile d'ortie, est suspendue à la paroi, au-dessus de l'autel domestique. L'artiste y ajoute volontiers quelques accessoires qui donnent au tableau un sens allégorique. Telle est cette peinture qui représente Shiou-Rô tenant en main une grosse perle et descendant du haut des airs, porté sur une grue : elle signifie que la longévité est le plus précieux des dons du ciel.

Le dieu de la nourriture quotidienne est personnifié sous les traits du patron des pêcheurs, Yébis, frère disgracié du Soleil, réduit lui-même à la condition de pêcheur et de marchand de poisson ; car le poisson, pour les Japonais, c'est, comme le pain dans nos contrées, l'aliment universel et journalier. Aussi n'est-il pas de divinité plus populaire parmi eux que ce bon Yébis, toujours à l'œuvre et toujours souriant, soit qu'il ait la chance exceptionnelle de prendre à l'hameçon le beau poisson taï, soit qu'il porte modestement au marché quelques vulgaires produits de sa pêche en les chargeant, selon les cas, sur son épaule ou dans les paniers de son vieux cheval de somme.

LA MYTHOLOGIE POPULAIRE DES JAPONAIS.   339

Son confrère et son compagnon le plus habituel dans les oratoires domestiques, c'est Daïkok-Ten, ou Daïkokou, le dieu des richesses. Grâce à cette association, le pêcheur, l'agriculteur, l'artisan, le marchand même, tous fervents adorateurs de Yébis, déclarent, d'une part, se contenter de la nourriture quotidienne, sans dissimuler, de l'autre, que les largesses de Daïkokou ne leur seraient point désagréables. Les artistes indigènes me semblent traiter ce dieu sans grande révérence. Ils en font un vilain petit ragot, coiffé d'une toque aplatie, chaussé de grosses bottes, et planté sur deux balles de riz fermées d'un nœud de perles. Tenant de la main droite un marteau de mineur, il porte de la gauche, sur son épaule, un grand sac propre à resserrer ses trésors. On lui donne plaisamment pour attribut le rat, cet ennemi par excellence de la propriété.

Les bonzes, témoins du culte assidu que la classe marchande rend à Daïkokou, ainsi

DAÏKOKOU.

que de la faveur plus ou moins ironique que lui accordent les pauvres et les peintres très-spécialement, ont imaginé une légende selon laquelle ce divin patron des richesses souterraines se serait engagé envers le grand Bouddha de l'Inde à entrer au service de sa religion en qualité de simple frère lai ; et c'est pourquoi l'on trouve la grotesque image du patron des richesses dans le vestibule de tous les temples bouddhistes, afin que sa présence serve d'exemple et d'encouragement à toute la multitude de ses adorateurs.

Hotcï, c'est-à-dire le bonhomme au sac de chanvre, personnifie le contentement d'esprit au sein de l'indigence ; c'est le sage sans feu ni lieu, détaché de tous les biens terrestres ; c'est le Diogène du grand Nippon. Il ne possède en propre qu'un lambeau de serpillière, une besace et un éventail. Quand sa besace est vide, il ne fait qu'en rire et la prête aux enfants de la rue, qui l'utilisent pour leurs jeux. De son côté, il la convertit tour à tour en matelas, en oreiller, en moustiquaire ; il s'assied dessus comme sur une outre, pour traverser un cours d'eau. Hoteï paraît mener une existence quelque peu vagabonde. On le rencontre assez souvent monté sur le buffle d'un cultivateur de rizières. Tous les campagnards sont ses amis. Ils le conduisent sur les collines où l'on trouve les plus beaux ombrages. Qu'il fait bon y rêver en paix et se laisser aller doucement aux charmes du sommeil ! Parfois une troupe d'enfants s'approche en tapinois pour contempler, puis taquiner le bienheureux dormeur. Hoteï s'éveille en souriant, prend dans ses bras les petits lutins, leur conte des histoires, ou leur parle du ciel, de la lune, des étoiles, de toutes les magnificences de la nature, trésors incomparables dont nul plus que lui n'a le secret de jouir.

Le dieu des talents, le noble vieillard Tossi-Tokou, ne se montre pas moins accessible aux petits enfants, et c'est même dès la jeunesse qu'il faut s'approcher de lui. Il inspire leurs jeux et se plaît, entre autres, à leur enseigner toutes sortes de merveilleux ouvrages

HOTEÏ.

en papier. Rien n'altère la dignité du grave personnage. Il a pour attributs l'étole, le manteau, le bonnet et les pantoufles de docteur, ainsi qu'une crosse à laquelle il suspend quelquefois un rouleau de parchemin manuscrit et son éventail de palmier. Un jeune daim l'accompagne dans toutes ses pérégrinations.

Bisjamon, le dieu de la gloire, se pare d'un casque et d'une cuirasse d'or et tient de la main droite une lance ornée de banderoles ; mais il ne figure, en quelque sorte, que pour mémoire au nombre des sept béatitudes japonaises. Jamais il ne prend place à l'humble autel domestique, et comment, en effet, serait-il populaire, dans un pays où la gloire ne peut presque jamais être l'apanage que de gens appartenant à la caste privilégiée !

Les bonzes toutefois l'honorent de leur prédilection. Ils le représentent portant sur la paume de sa main gauche un élégant modèle de pagode. On ne saurait être plus insinuant envers les nobles personnages qui ont le droit de passer deux sabres à leur ceinture : construire des pagodes, doter des bonzeries, protéger l'autel aussi bien que le trône et constamment appuyer l'un par l'autre, tel est évidemment, de l'avis de Bisjamon, le meilleur usage qu'ils puissent faire de leurs armes glorieuses.

Enfin la plus remarquable peut-être des sept divinités, et, parmi ces créations populaires, celle qu'il serait le plus intéressant de dégager de tout alliage clérical, c'est une divinité féminine surchargée d'un double symbolisme, terrestre et astronomique, tel qu'on le voit se reproduire dans d'autres religions, autour de la sainte image consacrée à la glorification de la femme.

Ben-Zaïten-njo, ou tout simplement Benten, est la personnification de la femme, de la famille, de l'harmonie, et aussi de la mer, cette féconde nourrice du Japon. Elle porte l'étole sacrée, un manteau d'azur et une coiffure en cheveux rehaussée d'un diadème où resplendit l'image du Foô, le phénix de l'extrême Orient.

TOSSI-TOKOI.

Je l'ai vue dans un temple de ce quartier japonais de Yokohama auquel elle a donné son nom, la tête ornée d'une couronne royale et entourée d'une auréole aux couleurs de l'arc-en-ciel : une clef à la main droite, une perle à la main gauche composaient ses attributs.

La vaillante femme des Proverbes fait ce qu'elle veut de ses mains : dans certains temples bouddhistes, Benten n'a pas moins de huit bras, chargés d'attributs différents. Au-dessus de sa tête, à sa droite et à sa gauche, on voit briller trois flammes, dont chacune encadre trois perles, emblème de la mystique triade. Benten, sous cette forme, c'est le génie protecteur de la terre nourricière ; c'est la dispensatrice de la féconde rosée du soir et du matin ; c'est la reine de tous les biens qui soutiennent et charment l'existence.

Benten a inventé le luth. Par les belles soirées d'été, un chant céleste, accompagné de mélodieux accords, descend des roches de basalte au pied desquelles les vagues de la mer expirent en gémissant : c'est l'hymne nocturne de la déesse; et c'est elle-même, — *Ave maris stella!* — c'est elle qui guide l'étoile du soir et la fait luire à l'horizon, comme un phare, pour les pauvres pêcheurs.

Aux yeux des femmes du peuple, Benten est par-dessus tout le type de la maternité ou plutôt tout uniment le modèle des bonnes mères, car elle a quinze garçons, tous, à l'exception d'un seul, bien élevés, bien sages, pourvus de bons états : l'un est devenu fonctionnaire public, on le reconnaît à son écharpe; l'autre, écrivain public, car il porte une écritoire et une cassette à papier; celui-là, c'est le fondeur de métaux, et près de lui se tient le banquier, muni d'une balance à peser l'or; voilà le cultivateur à côté de ses gerbes; le marchand, tenant un boisseau; le boulanger, une écuelle à mesurer le riz; le tailleur, un paquet de kirimons confectionnés; l'éleveur de vers à soie, une corbeille de feuilles de

BISJAMON.

mûrier; le brasseur, un puisoir et un tonnelet de saki; et voici le théologien, nanti des trois bijoux de la triade bouddhiste; le médecin, en costume de ville; l'éleveur d'animaux domestiques, toujours accompagné du buffle et du cheval; l'entrepreneur de transports par eau et par terre, ayant à ses côtés une barque et un chariot rustique; et finalement nous arrivons au quinzième, avec lequel la légende se termine par une énigme, car, seul parmi tous ses frères, il se présente sans attribut quelconque.

N'aurait-il pas de profession qualifiée? serait-il venu trop tard, pour ainsi dire, après le partage de la terre, comme le poëte dans la ballade de Schiller! Quelque étrange que soit l'allusion, je ne puis m'empêcher de la faire, car on croirait que la conclusion de la légende japonaise n'est autre chose que la traduction du poëme allemand :

Quant au dernier venu, dit-elle, quoiqu'il n'ait rien eu main, c'est celui qui possède les biens les plus précieux.

ASPECT D'UNE RUE DE YÉDO LE PREMIER JOUR DE L'AN.

LA MYTHOLOGIE POPULAIRE DES JAPONAIS.

Telle est, en ses principaux éléments, cette mythologie, j'allais dire cette philosophie familière, dont la morale, à tout bien considérer, est peut-être ce qu'il y a de mieux au monde, en dehors du christianisme. Sa pureté vraiment extraordinaire, sa bonhomie, son prosaïque mais malicieux bon sens, doivent avoir, plus que toute autre cause, contribué à garantir le peuple japonais de la décadence à laquelle il se trouve constamment exposé sous l'énorme pression du bouddhisme. C'est là, j'en suis convaincu, qu'il faut chercher la source de cette jovialité, de cette fraîcheur d'esprit, de ce caractère d'enfant et de bon enfant, qui forment les traits distinctifs des classes laborieuses du Japon. Et ce qui leur

fait encore plus d'honneur que tout le reste, c'est qu'au fond le culte qu'elles adressent à leurs divinités favorites, porte à un très-faible degré le cachet de la superstition. A peine mérite-t-il le nom d'idolâtrie. Le Japonais reconnaît dans les sept dieux du bonheur les enfants de son imagination, et il n'éprouve aucun scrupule à s'en amuser quand bon lui semble. Il en a fait le sujet d'innombrables caricatures. Ici, le dieu de la longévité joue au trictrac avec sa noble amie Benten, et quatre de leurs collègues, accroupis à leurs côtés, ont l'air de parier en faveur de la déesse. Le cinquième, Yébis, apporte un énorme poisson, dont il vient faire hommage au vainqueur. Ailleurs les sept divinités courent les aventures en qualité d'histrions ambulants. L'humble dieu de la gloire est chargé de porter au bout de sa lance le poisson de Yébis. Benten, dans une hôtellerie, déploie son talent de couturière pour remonter la garde-robe de la troupe. Pendant les représentations elle chante et joue du luth, et Daïkokou l'accompagne en frappant à coups de baguettes sur son gros marteau de bois. Les rats qui lui servent d'attribut ont été dressés à faire des tours de saltimbanques. Revêtus d'un joli costume de fantaisie, ils grimpent au sommet de la longue houlette de Shiou-Rô, et sa vieille tortue la porte en équilibre. Le dieu donne les explications au public et commande les exercices en jouant de l'éventail. Sur une autre planche, le dieu du contentement se fait masser par Yébis, et le dieu des talents s'applique avec dextérité des moxas sur les jambes.

Parmi les demi-dieux ou les héros populaires de l'ancienne mythologie, plusieurs ont le privilége de partager avec les divinités domestiques les honneurs de la caricature. Soïkoïmeï, le prototype et le patron de la vieille chevalerie, réduit à la besace, imagine de monter un théâtre de foire pour sa troupe de petits démons, dont il a fait des bateleurs.

Raïden, le dieu du tonnerre, détrôné par les lois de la physique, se relève tout meurtri d'être tombé lui-même sur la terre en y lançant sa foudre.

Mais il est superflu de multiplier les exemples de ce genre. S'il y a quelque part un peuple qui n'ait plus d'illusions à perdre, même au sujet de ses idoles de prédilection, c'est à coup sûr celui qui habite les îles du soleil levant. Peuple enfantin, si l'on en juge d'après les apparences extérieures, mais, au fond, peuple génial jusque dans ses divertissements publics, et plus encore dans ses caricatures religieuses : car elles ne sont autre chose qu'une implicite protestation contre les anciens objets de son culte et un tacite hommage offert au Dieu inconnu.

LIVRE IX

YOKOHAMA

OUVRIERS EN BATIMENT, EMPLOYÉS A LA CONSTRUCTION DE MAISONS EUROPÉENNES, A YOKOHAMA.

CHAPITRE LVII

LE QUARTIER FRANC

L'extrême Orient est le monde de l'imprévu. La sagesse occidentale y perd son latin. L'histoire contemporaine du Japon, en particulier, cette histoire que nous voulions faire à notre guise, sur la base des traités que nous avions dictés, il n'est sorte de péripéties inattendues qu'elle ne déroule à nos regards étonnés.

On pourrait la comparer à un drame où le tragique et le comique se coudoient et se heurtent, sans nuire toutefois ni à l'unité, ni à la marche de l'action, ni au profond et sérieux intérêt qu'elle présente et qui va grandissant de scène en scène.

Rien de plus mélodieux que l'ouverture de la pièce; rien de plus pur ni de plus éclatant dans les annales de la civilisation que le début, le premier tableau de nos relations avec l'Empire du soleil levant.

J'en appelle à l'immense sensation que produisit, il y a quelques années, le récit des brillantes ambassades du commodore Perry, de lord Elgin, du baron Gros. On se demandait avec émotion s'il était donc bien vrai que, pour cette fois enfin, la civilisation, le progrès, la liberté fussent accueillis sur un point du globe sans conflit, sans effusion de sang. Et, comme il fallait bien se rendre à l'évidence des faits, c'est-à-dire aux démonstrations amicales qui avaient accompagné la signature des traités; comme on ne pouvait nier les résultats obtenus, savoir : les engagements souscrits sur le papier par les puissances contractantes, chacun était porté, sans y regarder plus loin, à faire honneur aux hommes de notre génération de l'exemple inouï qu'ils venaient de donner au monde, en faisant tomber les barrières de préjugés, de priviléges et de haines séculaires, sans brûler une amorce, si ce n'est pour des salves de réjouissances.

L'événement n'a pas tardé à nous rappeler que nous avions affaire au Japon à la même humanité qu'en Europe, et à nous convaincre que, dans ce pays comme ailleurs, la marche du progrès sera marquée par des ruines et s'accomplira au milieu du sang, des flammes et des larmes.

Ce n'est pas que tout ait été illusion, tromperie et déception dans les manifestations qui ont salué le succès des grandes ambassades de 1854 et de 1858.

Que, dans ces occasions, le gouvernement japonais ait cédé, en sauvant les apparences, à la pression que la diplomatie des principales nations maritimes de l'Occident sut exercer sur lui à propos de l'issue des deux guerres de la Chine, cela est incontestable.

Néanmoins il est probable qu'il n'a pas obéi uniquement à la politique de la nécessité. Je suis tenté de croire que la mission du commodore Perry, tout particulièrement, appuyée de l'hommage de tant de merveilleux produits des arts mécaniques et industriels, avait opéré sur le gouvernement japonais l'effet d'une vision subite, éblouissante, de cette puissante civilisation occidentale qu'il ne connaissait encore que par information, et au contact de laquelle l'immense empire chinois menaçait de s'écrouler.

Il semblerait que pendant ce moment d'éblouissement il ait subi cette domination irrésistible que, dans certaines circonstances favorables, la vérité impose à la raison la plus prévenue.

N'avons-nous pas, dans l'histoire des révolutions modernes de l'Europe, des témoignages frappants de cette puissance instantanée qui, pour ne citer que l'exemple le plus éloigné, a poussé, dans la nuit du 4 août 1789, la noblesse, le clergé et les communes de la France à faire à l'envi le sacrifice de leurs priviléges spéciaux sur l'autel de la patrie? Le lendemain, les passions, les intérêts privés refroidissaient de nouveau les cœurs et obscurcissaient les intelligences. La réforme sociale, au lieu de s'accomplir par les voies rationnelles, était livrée aux sombres vicissitudes de la lutte des partis.

Le même phénomène, dans une sphère de faits et d'idées fort différente assurément, s'est reproduit au Japon.

La période de 1855 à 1863 n'a été qu'une longue et habile réaction contre les traités de 1854 et de 1858.

Les ports de Nagasaki, d'Hakodate et de Kanagawa devaient s'ouvrir au commerce étranger le 1er juillet 1859. Ce jour étant venu, le gouvernement japonais fit à ses nouveaux amis d'Europe et d'Amérique la surprise de leur offrir à la place de Kanagawa un port expressément créé à leur usage. On l'appelait Yokohama, du nom de

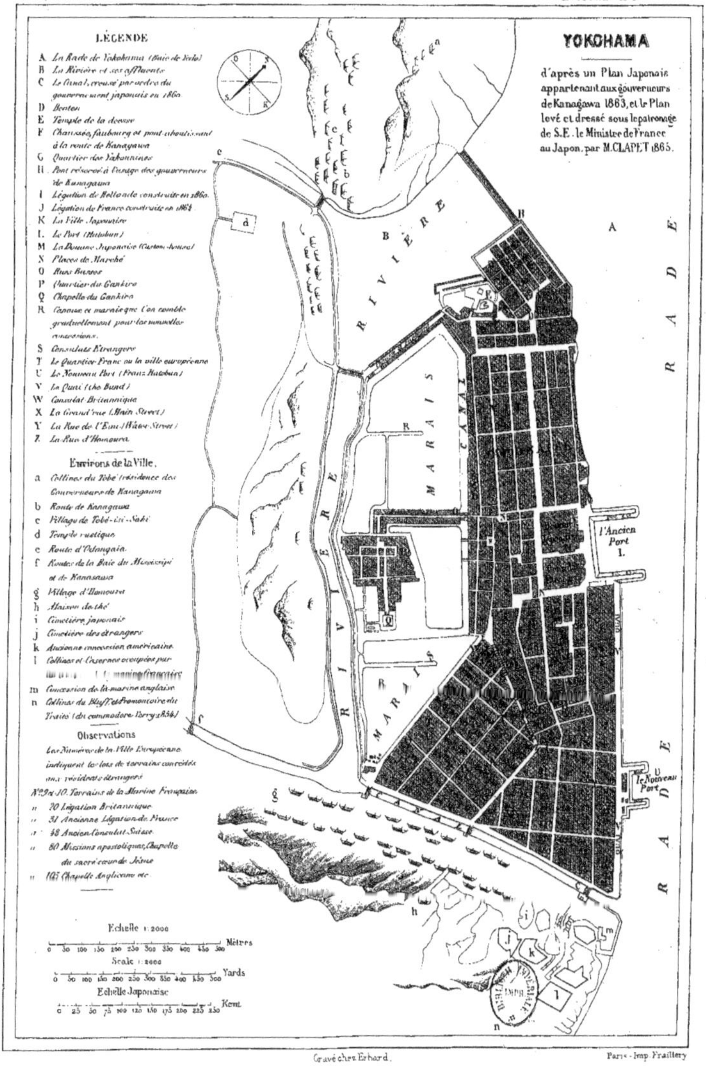

Gravé chez Erhard. Paris - Imp. Fraillery

la bourgade la plus voisine. Celle-ci ne se composait que de quelques cabanes de pêcheurs construites sur une langue de terre isolée, qui s'étend du Nord-Ouest au Sud-Est, entre le marais et la mer, depuis le temple de la déesse Benten que j'ai décrit dans le premier livre de cet ouvrage, jusqu'au promontoire où fut conclu le traité du commodore Perry.

Kanagawa, situé à deux milles au Nord de Yokohama et sur la même rade, est l'une des dernières stations du Tokaïdo. Ses longues rues, où les boutiques et les auberges se succèdent presque sans interruption, sont constamment animées de convois de chevaux de somme, de troupes de voyageurs et de pèlerins, d'escouades de coulies portant des norimons, des cangos ou des caisses d'effets et de marchandises. On y rencontre aussi fréquemment des détachements de yakounines à pied ou à cheval, et des cortéges plus ou moins considérables de daïmios se rendant à la résidence des Taïkouns ou retournant en province. Ce mouvement de la route impériale donne à Kanagawa le cachet et l'importance d'un faubourg de Yédo.

Les négociants accourus de Nagasaki, de Shanghaï, de Batavia et de San-Francisco pour le jour de l'inauguration du commerce occidental à Kanagawa, furent invités par les officiers du Taïkoun à détourner leurs regards de cette place et à considérer les avantages que leur présentait le port de Yokohama : ils y trouveraient le meilleur mouillage de la baie, un quai, une jetée et des escaliers de granit plongeant dans la mer; une douane spacieuse, des comptoirs provisoires établis dans le voisinage ; une armée d'interprètes, de courtiers, de coulies attendant les ordres des hôtes étrangers ; tandis que sur l'autre rive rien n'était préparé en vue d'une installation immédiate.

Les consuls ne manquèrent pas d'objecter le texte formel des traités. Le corps diplomatique porta ses réclamations à Yédo. Sans attendre la solution du conflit, les commerçants étrangers débarquèrent leurs marchandises et prirent possession de Yokohama en se disant les uns aux autres : les affaires avant tout !

La conduite des agents consulaires n'en continua pas moins d'être correcte : ils s'établirent, à Kanagawa, dans trois ou quatre vieux temples que le gouvernement s'empressa de mettre à leur disposition. M. Townsend Harris, commissaire américain qui a rendu des services signalés dans la négociation des règlements commerciaux annexés aux traités, quitta son ancienne résidence de Simoda et vint s'installer à Yédo, comme ministre résident des États-Unis.

M. Rutherford Alcock y arriva en qualité d'envoyé extraordinaire, ministre plénipotentiaire et consul général de la Grande-Bretagne, et M. Duchesne de Bellecourt, avec le simple titre de consul général de France. M. Donker Curtius continua de résider à Décima, sous le nom de commissaire général des Pays-Bas au Japon. Des vice-consuls furent établis sur les places de Nagasaki, de Yokohama et d'Hakodate.

La Russie ne se fit représenter que sur cette dernière place, et seulement par un agent consulaire.

Les traités de 1858 statuent que, dans toutes les places ouvertes au commerce, il est permis aux étrangers de fonder des établissements supposant une résidence permanente.

Ils y peuvent conséquemment louer des terrains, et acheter ou construire des maisons et des magasins.

Un droit d'inspection sur les constructions est réservé aux autorités japonaises pour qu'elles puissent s'assurer que l'on n'élève pas de fortifications dans les quartiers francs.

A l'origine, les concessions de terrain se réglaient de gré à gré : l'emplacement requis par un négociant fraîchement débarqué était déterminé et limité par le consul de sa nation, agissant de concert avec l'autorité japonaise du lieu. Si le consul et l'autorité locale ne parvenaient pas à s'entendre, la question en litige était soumise à l'agent diplomatique et au gouvernement japonais.

La propriété foncière au Japon est sous le régime du droit féodal. Les possessions des grands vassaux relèvent immédiatement de l'empereur. Les seigneurs d'un rang inférieur tiennent généralement leurs domaines des principaux daïmios à titre de fiefs ; les villes impériales et leur territoire sont l'apanage des Siogouns. Il n'existe nulle part de propriétaires fonciers, dans toute l'étendue du terme ; on ne vend ni n'achète des terrains ; on en reçoit et l'on en transmet la concession.

En réalité cependant, et dans l'application pratique de cette législation, la propriété n'est rien moins que précaire.

L'opération des concessions de terrain faites de la part du Taïkoun aux nouveaux hôtes de Yokohama s'accomplit dans des conditions exceptionnellement favorables pour ces derniers. La plupart, en hommes prévoyants, se firent adjuger des lots qui dépassaient de beaucoup les besoins de leur installation. Ils jetèrent ainsi, dès les premiers jours, la base de fructueuses spéculations pour l'avenir. Le concessionnaire, en effet, dispose souverainement du terrain qui lui est échu : il suffit que le numéro sous lequel son lot est cadastré rapporte annuellement au gouvernement la redevance en général très-modique dont celui-ci l'a frappé. En d'autres termes, la nue propriété du sol, qui est la prérogative du gouvernement, se réduit pour lui à une faible rente annuelle, et l'usufruit qu'il a concédé aux particuliers, devenant perpétuel et indéfiniment transmissible, équivaut tout à fait à une propriété véritable, grevée d'une légère dette foncière.

Pour me donner une idée du peu d'importance de cette dernière, des personnes en position d'être bien informées m'ont assuré, en 1863, que le « settlement » tout entier, c'est-à-dire toute la ville européenne de Yokohama, avec ses 180 numéros, ne rapportait pas plus de 50 à 60,000 francs par an au trésor du Taïkoun.

Comme le gouvernement japonais ne pouvait, d'après les traités, refuser aux résidents étrangers le terrain nécessaire à l'exercice de leur industrie, Yokohama est devenu l'une des places de l'univers où la notion de l'établissement a reçu la plus large, la plus généreuse application.

Le génie américain contribua puissamment à résoudre toutes les difficultés que pouvait présenter l'interprétation des textes. L'établissement, disait-on, est la condition préalable à laquelle il faut satisfaire pour obtenir une concession de terrain. Donnez au premier venu un lot de terrain, et voilà un homme établi ! répondit avec raison l'Amérique.

Une autre contestation s'éleva : Réglementons maintenant, disait la France, l'usage des concessions obtenues : il faut, pour les rendre sérieuses, les immobiliser entre les mains des détenteurs. Les autres légations préférèrent laisser à chacun de leurs ressortissants liberté pleine et entière d'user de son bien sous la seule inspiration de son intérêt personnel.

COOLIES TATOUÉS.

Plus d'un aventurier mit en vente son lot, et le convertit en numéraire pour se faire un capital de premier établissement, ou un fonds de roulement. Plus d'une fortune rapide n'a pas connu d'autre base. On eut donc à Yokohama deux catégories de terrains : ceux qui étaient susceptibles d'une transmission illimitée acquirent promptement une grande valeur vénale ; ceux que l'autorité consulaire avait immobilisés ne purent bénéficier de la hausse des propriétés foncières.

Les spéculations en terrains occupèrent pendant quelque temps la première place dans les transactions commerciales du quartier franc, et furent une source abondante de revenus pour un grand nombre de résidents. Les circonstances qui la firent tarir s'expliquent aisément.

D'un côté, le gouvernement japonais devait être impatient de sortir d'une voie dans laquelle le Japon aurait fini par payer chèrement les frais de son éducation occidentale ; et de l'autre, l'offre des lots disponibles devenant inférieure à la demande par l'affluence croissante des étrangers, ceux-ci préférèrent courir immédiatement les chances du marché que d'attendre, pour avoir leur tour, la création de nouveaux terrains.

C'est ainsi que le système des concessions personnelles fit place au mode des adjudications par voie d'enchères publiques, lequel présente, à la vérité, ce désavantage sur le premier, c'est qu'il donne à celui qui a et non à celui qui est dans le besoin.

Le plan de Yokohama se ressent de l'impatience qui a présidé à la construction de cette ville improvisée.

C'est par l'irrégularité de ses rues que le quartier franc, dans son ensemble, se distingue de la ville japonaise édifiée sous la direction du gouvernement taïkounal. Mais peu importe la question des alignements dans le tableau si animé que présente la fondation d'une colonie. L'intérêt de ce spectacle est doublé lorsque, comme au Japon, c'est la population indigène elle-même qui met la main à l'œuvre et applique ses procédés usuels, ses pratiques nationales, à la construction des demeures de ses hôtes étrangers.

La plupart des maisons de Yokohama devant être fondées sur pilotis, les coulies employés à ce travail commençaient par élever une cage de bambou encadrant exactement le tracé piqueté de la future habitation ; puis on ajustait l'échafaudage du haut duquel on allait enfoncer jusqu'à refus de mouton les pieux engagés dans le sol marécageux, et l'opération s'accomplissait sans l'aide de cordes, ni de poulie, ni de machine quelconque, au moyen d'un procédé aussi pittoresque que primitif. Le mouton se compose d'une grosse pièce de bois à laquelle sont assujetties quatre longues tiges de bambou ayant encore, au sommet, un bouquet de branches et de feuillage.

Les coulies le soulèvent en trois temps : d'abord, ils empoignent les tiges par la cime, en accompagnant cette manœuvre du cri de « hô-lassa ! » ensuite ils les saisissent plus bas, à peu près à mi-hauteur, « ohô-lassa ! » enfin ils attirent le mouton jusqu'au niveau de leur propre taille, « ohô-koulassâ ! » Ici, un long point d'orgue, tandis que les quatre tiges balancent agréablement leur cime touffue au-dessus du groupe des travailleurs. C'est alors seulement que ces derniers lâchent le mouton, et tôt après sa chute ils entonnent un chant triomphal en l'honneur de sa victoire sur le pilotis.

Ce devoir rempli, la troupe saisit de nouveau les branches des quatre bambous, et le jeu recommence avec le même entrain et les mêmes formalités.

J'ai été frappé de l'ordre et de la discipline qui règnent dans tous les corps de métiers parmi lesquels se répartissent les ouvriers en bâtiment. Il existe entre eux une sorte de hiérarchie, où l'on voit distinctement la tourbe des coulies occuper le bas de l'échelle, et la tribu des charpentiers le degré supérieur.

La plupart des coulies se plaisent à démontrer par leur tenue pendant la saison chaude que le tatouage remplace avec avantage toute espèce de vêtement.

Les terrassiers, les maçons, les gâcheurs de mortier et les plâtriers portent un pantalon collant et une casaque de cotonnade bleue ornée de chiffres ou de lettres qui se détachent en broderies de galon blanc sur le dos et sur les pans de cet habit.

EMBLÈMES SACRÉS DE LA TRIBU DES CHARPENTIERS.

Les charpentiers ont à peu près le même costume, mais ils y ajoutent volontiers un ample kirimon flottant. Ils rappellent à quelques égards les francs-maçons du moyen âge. Leur corporation possède des signes hiérographiques et certains instruments sacrés, tels que de lourds maillets ornés de dessins en couleur, et de grandes flèches fantastiques dont ils décorent le sommet d'un édifice quand ils en posent la toiture.

Les rapports qui s'engagent entre les corps de métiers et les propriétaires de terrains à bâtir sont établis sur les bases de contrats écrits, signés de part et d'autre et visés par le gouverneur du lieu. Il est stipulé, en cas de retard, un dédit de tant par jour, et spécifié d'autre part que les jours de pluie ne comptent pas. Il n'y a de chômage autorisé qu'à l'occasion des grandes fêtes, mais il est si complet dans la semaine du nouvel an, que plus d'une fois, à cette époque, faute de coulies et de bateliers, les paquebots européens qui font le service de la malle sont partis sans avoir pu charger leur frêt.

Yokohama s'est embelli, ces dernières années, soit en ville, soit sur les collines du Bluff, de maisons où l'architecture occidentale se marie avec succès au style des constructions indigènes. Dans l'origine, les architectes japonais prirent pour type des constructions du quartier franc celui des yaskis de deuxième ou de troisième classe. L'enceinte de la propriété est bordée d'une palissade ou de murailles blanchies au lait de chaux. La demeure du maître a la jouissance d'un petit jardin et d'une véranda. Les marchandises sont déposées dans un go-down éloigné de l'habitation.

Cet ensemble de murailles et de palissades donne au quartier européen l'aspect d'une colonie pénitentiaire.

Le gouvernement japonais ne tarda pas à dévoiler les intentions qui l'avaient dirigé dans la substitution de Yokohama au port de Kanagawa.

Il ne lui eût pas été possible de fermer cette dernière place, qui longe sur une demi-lieue d'étendue la grande route impériale; il lui était facile, au contraire, de convertir Yokohama en un second Décima, et c'est ce qu'il fit par la création d'un large canal (*the creek*), qui acheva d'isoler la ville européenne en la séparant du faubourg d'Omoura.

Les ponts de bois jetés sur le canal n'étaient praticables que pour les piétons, et une seule issue s'offrait à la circulation des marchandises, savoir : la chaussée et le grand pont de bois établis au delà de Benten, dans la direction de la colline des gouverneurs.

Rien ne pouvait plus entrer à Yokohama ni en sortir que sous le contrôle et moyennant la permission de l'autorité. Le régime du monopole et du bon plaisir remplaçait la liberté commerciale promise par les traités, et du haut de leur résidence fortifiée les gouverneurs de Kanagawa tenaient à leur merci toute la population de la colonie, depuis les fiers négociants de l'Occident, jusqu'aux pêcheurs et aux marchands de coquillages de la bourgade de Benten.

MARCHAND DE COQUILLAGES.

JOUEURS JAPONAIS.

CHAPITRE LVIII

PREMIÈRES LEÇONS DE COMMERCE

Jusqu'à l'époque des traités le gouvernement hollandais tint les rênes du commerce qui se faisait entre l'Europe et le Japon. Il avait pour agent la Compagnie des Indes néerlandaises, dont la factorerie japonaise était installée à Décima.

En 1857, quelques maisons d'Amsterdam et de l'Allemagne du Nord établirent des comptoirs sur la même place. Elles se vouèrent avec succès à l'importation de cotonnades et de tissus de laine appropriés au goût et aux modestes ressources financières des consommateurs indigènes. Les tissus du Japon en soie et en coton sont peu solides; la laine est inconnue dans ce pays. Les produits manufacturés de l'Angleterre, de la Suisse et de la Hollande, principalement les tosans ou taffachéteas, tissus de coton d'un prix plus abordable que celui du drap, devinrent l'objet d'une forte demande. Les pièces achetées à Décima s'expédiaient à Simonoséki, d'où elles se répandaient sur les marchés de l'intérieur.

Les pionniers du commerce européen, qui avaient fait leur première étape à Nagasaki, ne manquèrent pas de se rendre à Kanagawa pour le 1ᵉʳ juillet 1859. Ils y rencontrèrent de nombreux agents des grandes maisons d'Angleterre et d'Amérique établies à Hongkong ou à Shanghaï. A côté d'eux, des aventuriers de diverses nations déchargeaient dans les entrepôts de Yokohama des caisses de marchandises de hasard, parmi lesquelles figuraient, pêle-mêle, des conserves alimentaires ayant déjà subi l'épreuve du climat de la Chine, des liqueurs fortes, des cigares, des uniformes, des shakos et des fusils de rebut, de la fausse bijouterie, de l'horlogerie de pacotille, des corsets, des chapeaux de paille, des chaussures élastiques et même des patins.

A l'exception de quelques bonnes ventes de cotonnades, il se fit très-peu d'affaires avec les courtiers indigènes. L'article de Paris, les montres, les pièces à musique excitaient leur curiosité, mais rentraient, à leur avis, dans la catégorie des objets de luxe : or, les Japonais ne pratiquent pas encore la maxime que, lorsqu'on peut se procurer le luxe, il est superflu de s'accorder le nécessaire.

En somme, la situation n'était pas des plus encourageantes. Il paraissait évident que l'on avait affaire à une population généralement pauvre, et qu'il serait difficile d'atteindre les classes opulentes, habituées de tout temps à suffire à leurs besoins par les seules ressources de l'industrie nationale.

Les transactions se faisant au comptant, les négociants étrangers introduisirent sur le marché japonais l'usage de la piastre, autrement dite le dollar mexicain, qui est le principal moyen d'échange dans le commerce de la Chine.

En établissant le rapport de la piastre avec le système monétaire du Japon, ils s'aperçurent que les monnaies de ce pays avaient un cours conventionnel, dont le gouvernement était le seul régulateur. Cette circonstance leur parut favorable aux spéculations sur le change. La monnaie de fer, le széni, leur fournit une première base d'opération.

Le széni est une petite plaque ronde, percée en carré au milieu. Il a cours parmi les Chinois à l'égal de leurs cashes ou tsapèques, qui ont la même forme. Les négociants étrangers se firent donner par la douane japonaise 4,800 szénis en échange d'un dollar, tandis qu'ils achetaient le dollar sur le marché de Shanghaï au prix de 800 à 1,000 cashes ou szénis, indifféremment.

La combinaison n'était pas mauvaise, mais elle avait l'inconvénient d'exiger un fastidieux maniement d'espèces. On imagina quelque chose de plus commode et même de plus lucratif.

La principale pièce d'or chez les Japonais est le kobang. Il est de forme ovale et de peu d'épaisseur. A l'époque de l'ouverture de Yokohama, il avait cours pour 10 florins de Hollande, environ 21 fr. 50.

On l'achetait, sur les marchés japonais, pour 4 « bous » d'argent. Cette monnaie, que les Européens appellent *itzibou*, ce qui veut dire « un bou, » a la forme d'un parallélogramme de 24 millimètres sur 15. Son épaisseur est de 8 millimètres. Son cours varie entre 1,400 et 1,800 de ces pièces de cuivre oblongues et percées au centre, qui portent le nom de « tempos ». On lui donna donc une valeur moyenne de 1,600 tempos. Les traités statuant que toutes les monnaies étrangères auront cours au Japon et seront reçues pour

HABITATIONS DE PAUVRES ARTISANS SUR LE CANAL D'OUOURA.

leur poids équivalent de monnaie japonaise de même nature, les négociants étrangers échangeaient à la douane japonaise 100 dollars contre 311 itzibous formant exactement le poids des 100 piastres. Or, comme un dollar mexicain est égal en poids à 3 itzibous, chacun de 1,600 tempos, on recevait 4,800 tempos pour un dollar ; et comme 6,000 à 6,800 tempos font un kobang, on achetait un kobang pour environ 1 dollar 1/4, tandis qu'il avait une valeur conventionnelle de 10 florins de Hollande ou de 3 dollars 3/4. On arrivait donc à mettre en circulation au Japon le dollar de 5 fr. 30, valeur intrinsèque, au cours de 15 fr. 75 [1].

Dans les transactions sur marchandises, le vendeur étranger obtenait de l'acheteur japonais que celui-ci le payât en kobangs. Le kobang, estimé valoir environ 4 dollars, était donné en payement au cours de 3 itzibous par dollar, c'est-à-dire de 12 itzibous, estimation du poids, tandis que le cours conventionnel du kobang était : 1 kobang égale 4 itzibous. Ainsi l'or, sur le marché japonais, valait quatre fois seulement son poids d'argent, au lieu de quinze ou même de quinze fois et demie, comme partout ailleurs.

L'agiotage entre les deux marchés de la Chine et du Japon rapportant en fin de compte un bénéfice de 60 à 90 pour 100, le moindre aventurier, n'eût-il que 10 dollars en poche, pouvait s'établir à Yokohama et solder sa première journée par un gain de 30 dollars, sans avoir fait autre chose que d'échanger son argent contre de l'or et cet or contre de l'argent ; et de même, le dernier des brocanteurs pouvait, au besoin, se défaire de ses marchandises à 50 pour 100 au-dessous du prix de facture, en réalisant néanmoins un fort joli bénéfice.

Les commerçants de Shanghaï encombrèrent le marché de Yokohama de piastres et de marchandises simultanément. En un seul jour, trois navires américains venant de Shanghaï déchargèrent à la douane japonaise 1,200,000 dollars, plus de 7 millions de francs. Quant aux colis de toute nature qui arrivaient successivement de cette même place, c'était le stock invendable du marché chinois, les marchandises que la guerre empêchait d'écouler en Chine et que l'on jetait sur les quais de Yokohama pour s'en débarrasser à vil prix, jusqu'à concurrence de la compensation que devaient offrir les retours en kobangs. Il est à peine nécessaire d'ajouter qu'au bout de trois ou quatre mois d'un semblable trafic toute notion de commerce normal et loyal s'éteignit sur le marché japonais. Le prix de tous les articles de manufactures y avait baissé de 60 pour 100. La passion de l'agiotage, la soif du gain, l'ivresse du jeu tournaient les têtes et régnaient dans la colonie avec une fureur qui n'a été surpassée que par la fièvre de l'or dans les placers de la Californie.

Conçoit-on l'impression que dut produire sur le gouvernement et sur le peuple japonais un pareil début de ces relations commerciales dont les ambassades de l'Occident avaient fait le sujet de tant de brillantes promesses et de solennelles protestations ! Cependant, sans affaiblir ni méconnaître le moins du monde ce qu'il y a de peu flatteur pour le commerce occidental dans le tableau que je viens de retracer, je ne puis m'empêcher de

---

[1] G. Brennwald, *Rapport général sur la partie commerciale de la mission suisse au Japon.* Berne, 1865.

constater combien était méritée la sévère leçon d'économie politique qui fut infligée, à l'occasion du change, au gouvernement du Japon.

Il n'existait pas d'unité monétaire dans ce pays. L'or et l'argent n'y remplissaient que la fonction d'une sorte de bank-note métallique, dont le gouvernement dirigeait et limitait à son gré l'émission et le cours. Tout autre emploi de ces métaux précieux était interdit par les lois ou par les coutumes traditionnelles, qui proscrivent l'usage des bijoux ainsi que des objets d'argenterie ou des ornements d'orfévrerie, à l'exception des couronnes du daïri et de quelques décorations de minime valeur, que l'on applique aux sabres et aux petits meubles de salon. Aussi la fortune ou plutôt les revenus des familles seigneuriales, les honoraires des fonctionnaires publics, et même la solde des officiers militaires, ne sont-ils jamais estimés en argent, mais en nature, c'est-à-dire en kokous ou mesures de riz, valeur qui peut varier, il est vrai, selon le rendement des récoltes, mais qui a pourtant une certaine fixité comparativement aux monnaies, dont le cours est abandonné de la manière la plus absolue à l'arbitraire du gouvernement. La lutte qui s'engagea entre celui-ci et les négociants étrangers fut donc, en réalité, un duel inégal, dans lequel le premier se présentait sur le terrain avec les fâcheux antécédents et les misérables expédients d'un faux monnayeur, tandis que ses adversaires, spéculateurs avides et peu scrupuleux, pouvaient exploiter à outrance contre lui l'avantage qu'ils avaient obtenu de régler le cartel, c'est-à-dire la convention monétaire, à leur plus grand profit. Le gouvernement[1], se voyant assailli d'un nombre toujours croissant de bulletins de change, tint bon pendant deux ou trois semaines ; puis tout à coup il ferma tranquillement les portes de la douane, en disant : « Vous n'aurez plus rien, car il ne nous reste rien en caisse. »

Les commerçants de Shanghaï, place où l'argent valait 1 pour 100 par mois, ne pouvaient laisser chômer longtemps leurs capitaux à Yokohama.

Ils en appelèrent à l'intervention des consuls, et le trésor déclara qu'il reprendrait ses payements, mais seulement sur présentation de bulletins personnels. Aussitôt les maisons anglo-chinoises inondèrent la douane de bulletins dits personnels, tant pour le compte de leurs chefs que pour leurs nombreux employés : chacune, à les entendre, en possédait une légion, comme il était facile de s'en assurer par les signatures apposées aux bulletins. On y lisait, en effet, les noms de MM. Nonsens, Jones, Jack, Robinson, Bonne-aventure, et une foule d'autres du même goût.

Le trésor se trouvant de nouveau en face d'exigences qui outre-passaient ses ressources, annonça qu'il ne serait désormais satisfait aux demandes personnelles que dans une équitable proportion.

Mais il arriva que, sur trois particuliers, le premier ayant présenté un bulletin de 500 dollars, le second de 1,000, et le troisième de 20 millions, le solliciteur qui avait demandé le change le plus modeste, obtint des itzibous pour une dizaine de dollars ; son collègue aux 1,000 dollars en reçut pour une vingtaine, et tout le reste des pré-

---

[1] Voir les articles publiés à cette époque, novembre 1859, par M. Lindau dans la *Revue des Deux Mondes*.

LE QUARTIER FRANC A NAGASAKI.

cieuses monnaies japonaises tomba dans la grande poche du monsieur aux 20 millions.

Cette plaisanterie, qui parut non moins excellente que profitable, rencontra de nombreux imitateurs.

Un Allemand pria très-humblement la douane japonaise de lui changer une somme de 250 millions de dollars. Au bout d'une semaine, les caissiers japonais passaient leur temps à faire des calculs sur des chiffres qu'on ne rencontre que dans les traités d'astronomie. Voici, selon le témoignage du consul anglais Pemberton Hodgson[1], le relevé officiel de la somme portée au registre de la douane pour la seule journée du 2 novembre : 1,200,666,778,244,601,066,953 dollars!

C'est à la suite de pareils excès que M. Alcock, dans un moment de juste indignation, publia sa notification du 21 novembre, dans laquelle il conjure les honnêtes gens de se liguer pour mettre un terme aux outrages qui se commettent à Yokohama contre la société et contre l'intérêt commun de toutes les nations civilisées.

Sur ces entrefaites, le gouvernement japonais, voulant arrêter l'émigration des kobangs, décréta que dorénavant la valeur de cette monnaie d'or serait tarifée au cours de 12 itzibous ou 4 dollars par kobang. Comme cette mesure imprévue offrait un nouvel appât à la spéculation, les kobangs ne tardèrent pas à refluer aux bureaux de change japonais jusqu'à leur créer de sérieux embarras. Les importateurs, en particulier, lorsqu'ils avaient affaire à la douane pour l'acquit de leurs marchandises, ne manquaient pas d'effectuer leurs payements en kobangs au taux du jour, ce qui équivalait à une énorme réduction de droits au détriment du trésor.

Ainsi, de quelque manière qu'il s'y prît, le gouvernement se voyait à la merci des calculateurs étrangers. Un incendie qui ravagea le palais du Taïkoun, lui fournit enfin un prétexte pour couper court à toutes les opérations de change. Après avoir déclaré qu'il ne pouvait plus s'occuper que des réparations et des dépenses occasionnées par ce sinistre, il ferma définitivement ses bureaux.

La haute école commerciale inaugurée au Japon par les résidents de Yokohama ne tarda pas à porter ses fruits.

Le gouvernement du Taïkoun se mit à spéculer sur ses propres sujets. Il avait été convenu qu'au bout d'une année à dater de l'ouverture des nouveaux ports, le dollar serait reçu dans tout le Japon au taux de 3 itzibous. Le gouvernement maintint à l'égard de ses ressortissants le cours de 2 à 2 1/2 itzibous pour le change de leurs dollars, qu'il faisait ensuite frapper de manière à obtenir 3 itzibous de chaque dollar et à réaliser ainsi un lucre de 60 à 100 itzibous par centaine de piastres. Les Japonais de leur côté trouvèrent tout simple de se récupérer de cette perte au change en élevant dans la même proportion le prix des marchandises qu'ils devaient fournir aux Européens.

Les légations, à leur tour, oublièrent la prudence dont elles avaient fait preuve en s'abstenant de tremper dans les spéculations de kobangs. Elles ne surent pas résister à l'appât d'un privilége qui leur fut réservé par le gouvernement du Taïkoun, et qui leur

---

[1] *A residence at Nagasaki and Hakodate in* 1859-1860.

permettait d'échanger chaque mois une somme convenue, au taux uniforme de 311 itzibous pour 100 dollars, après déduction de 4 pour 100 pour frais de monnayage, tandis que le change ordinaire de la place variait dans les limites de 220 à 250 itzibous pour 100 dollars.

La même faveur s'étendit aux consulats, aux officiers des détachements de troupes étrangères préposées à la garde des légations et du quartier franc, aux officiers et jusqu'aux équipages de la marine de guerre en station dans les eaux de l'archipel japonais. Les fonctionnaires ou officiers supérieurs échangeaient de la sorte, selon leur grade, 1,500 à 3,000 dollars par mois, ce qui ne laissait pas que de jeter un certain charme sur leur séjour dans l'extrême Orient. Il est vrai qu'ils n'y gagnaient pas en considération ; aussi furent-ils des premiers à provoquer le retrait de cette mesure, qui s'effectua, si je ne me trompe, en 1865.

Au reste, l'ancien kobang ayant été retiré de la circulation, le nouveau, frappé au poids de 3 gr. 500, et valant d'après l'analyse 7 fr. 2089, ne fut bientôt plus accepté qu'au taux de sa valeur intrinsèque, approximativement. On en usa de même à l'égard de l'itzibou, réduit à un poids de 8 gr. 900 et à une valeur de 1 fr. 77, d'après l'analyse.

Des rapports analogues s'établirent naturellement à l'égard du nibou, subdivision du kobang, en alliage d'or et d'argent, valant 2 fr. 7849, ainsi que de toutes les autres subdivisions monétaires, telles que le demi-itzibou, le quart d'itzibou, le tempo et le cashe ou széni.

Tandis que, du côté des négociants étrangers, l'esprit de spéculation trouvait son principal aliment dans les opérations de change, leurs confrères indigènes, stimulés par l'exemple, déployaient dans le champ mercantile qui leur était propre, un génie de malice et de fourberie dont les progrès devinrent bientôt alarmants.

Depuis longtemps on faisait à Nagasaki des imitations de vieux laque et de porcelaine craquelée, des contrefaçons d'écaille de tortue avec de la corne de buffle de Java, et des caisses de bois quelconque enduit de camphre, qui se vendaient pour l'exportation sous le nom de caisses de camphrier. C'était chose connue et de peu d'importance. Tant pis pour les acheteurs qui s'y laissaient prendre! Les vraies curiosités japonaises sont faites pour les connaisseurs ; les contrefaçons suffisent pour la satisfaction des vulgaires amateurs.

Mais ce fut bien une autre affaire, lorsqu'on s'aperçut peu à peu qu'il n'y avait aucun article indigène que le consommateur étranger pût acheter de confiance. Arrivait-il, par exemple, sur le marché de Yokohama des balles de soie des meilleures provinces, l'acheteur, malgré leur provenance officiellement attestée, ne manquait pas d'y rencontrer un mélange de qualités diverses, du titre le plus fin au titre le plus grossier, et, en outre, le poids de la balle comportait une tare énorme, provenant non-seulement de l'emballage indispensable, mais d'une masse de papier, de ficelles et de filasse abusivement introduits à l'intérieur du colis, dans le pliage des écheveaux. S'agissait-il de l'achat d'œufs de vers à soie japonais destinés à être expédiés en Europe pour régénérer l'espèce atteinte de maladie dans toutes nos contrées séricicoles, ce n'était pas assez que les marques des cartons n'offrissent aucune garantie sérieuse : tantôt on apprenait que la place se trouvait infectée d'œufs de vers à soie de la Chine appliqués sur des cartons japonais ; tantôt on découvrait, parmi la marchandise de provenance indigène, des œufs de la qualité blanche teints en vert pour leur donner la couleur la plus recherchée par les graineurs étrangers ; enfin, on dut même se convaincre qu'il existait des cartons où des grains de cire imitant les œufs de vers à soie avaient été mêlés en grand nombre à des graines véritables.

Il y a remède à tout, en matière de négoce, s'il faut en croire les praticiens experts. Les difficultés du commerce des soies développèrent au Japon l'industrie des commissaires inspecteurs, travaillant en cet article, les uns au service des grandes maisons d'exportation de la place, les autres pour leur compte, à la commission, et sous leur propre responsabilité. L'institution eut ses jours de gloire, sa grandeur et sa décadence, à mesure que le marché des soies tendait à se régulariser.

Le commerce du thé, d'abord abandonné sans contrôle à la bonne foi et aux procédés de fabrication des indigènes, fut l'objet d'une intervention non moins énergique de négociants familiarisés avec les marchés de la Chine. Ils établirent de grandes fabriques pour appliquer au thé japonais les principes de la préparation chinoise. Le gouvernement paraissait suivre avec intérêt cette expérience de l'industrie occidentale. Il aidait les entrepreneurs à se procurer parmi la population indigène des ouvriers intelligents. Lorsque ceux-ci eurent terminé leur apprentissage, ils disparurent un beau jour comme par enchantement. On suppose qu'ils n'avaient fait en cela qu'obéir à un ordre du gouvernement, qui réclamait leurs services pour organiser à l'intérieur des fabriques nationales, en concurrence avec celles des spéculateurs étrangers.

Telle fut, sans entrer dans de plus amples détails, la première phase de nos rapports avec l'Empire du Soleil levant.

Depuis le 1er janvier 1868, une nouvelle ère a commencé : quatre places des plus importantes se sont ouvertes au commerce de l'Occident : Yédo, Hiogo, dont le quartier franc porte le nom de Kobé, Osaka et Niagata.

En y ajoutant les anciennes, Nagasaki, Hakodate et Yokohama, on compte donc sept points sur lesquels il existe actuellement des établissements européens, abstraction faite d'autres ports qui ne sont encore que visités par nos navires, notamment Shendaï, Kagosima et Simonoséki.

Il serait téméraire de se livrer à des conjectures sur les résultats que l'on peut attendre de cette subite extension de nos relations commerciales. Ils dépendront essentiellement de la solution que recevra la question du réseau des chemins de fer du Nippon.

Je suis persuadé que l'avenir de l'Occident au Japon est à Yédo même, ainsi que dans les ports de la mer intérieure, Simonoséki, Hiogo, et surtout Osaka, qui deviendront, dans des conditions différentes, les principaux entrepôts des produits manufacturés de l'Europe.

On estime généralement que Niagata, sur la côte occidentale de Nippon, sera une place de plus en plus importante pour l'exportation des thés et des soies de l'intérieur, et même peut-être pour l'exploitation des mines d'or, d'argent et de cuivre de la région centrale de l'archipel.

Hakodate, dans le Nord, n'acquerra une sérieuse importance que lorsqu'on exploitera les mines de plomb argentifère, de cuivre, de fer et de houille qui font la richesse encore latente de l'île de Yéso.

Nagasaki conservera comme spécialité l'exportation de certains articles tels que le camphre, le soïa et la cire végétale, et continuera de figurer au nombre des places importantes pour le commerce du thé.

Yokohama, heureusement, n'est pas susceptible d'un mouvement ascensionnel prolongé. Il restera, en tout cas, jusqu'à l'établissement des chemins de fer, le port commercial de Yédo et l'entrepôt des districts séricicoles de Maybashi et d'Oshiou, qui forment la majorité de la production japonaise. Mais cette dernière ressource lui manquera, si l'on installe la gare de Yédo dans le faubourg de Sinagawa, en face du mouillage des vaisseaux de haut bord.

Alors le second Décima, la colonie de circonstance, Yokohama aurait fait son temps ; et n'étaient les belles maisons dont les Européens l'ont couvert, rien n'empêcherait de le rendre à sa destination primitive.

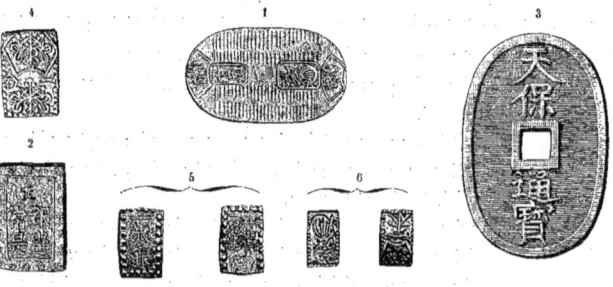

PRINCIPALES MONNAIES DU JAPON.

1. Le *Kobang*, or, valeur intrinsèque, 7 fr. 2089. — 2. Le *Bou* ou *Itzibou*, argent; 1 fr. 77 c. — 3. Le *Tempo*, cuivre, suivant le cours, 0 fr. 13 ou 0 fr. 15 c. — 4. Le *Nibou*, alliage or et argent, 2 fr. 7849. — 5. Subdivision de l'itzibou, argent, environ 0 fr. 16 c. — 6. Subdivision du nibou, alliage, or et argent, environ 0 fr. 52 c.

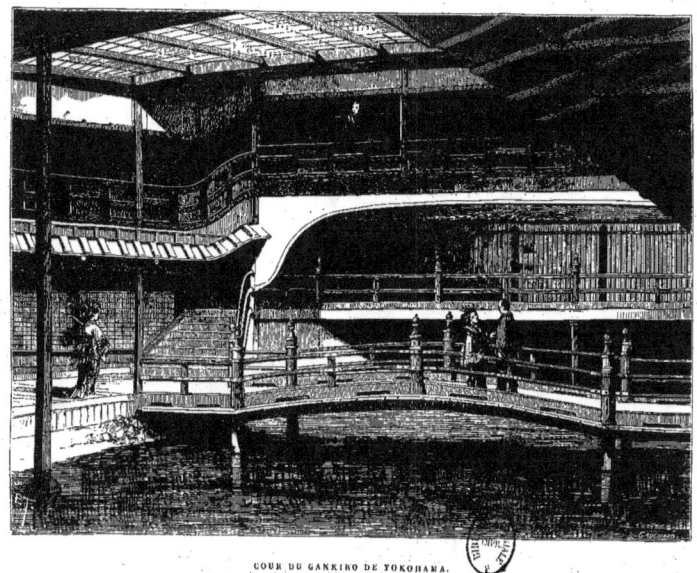

COUR DU GANKIRO DE YOKOHAMA.

CHAPITRE LIX

UNE COLONIE TRANSITOIRE

Le conflit qui éclata en 1863 entre le Japon et l'Angleterre au sujet du meurtre de Richardson, fournit au gouvernement japonais l'occasion de compléter les dispositions qu'il avait prises pour s'assurer le monopole des nouvelles relations inaugurées par les traités, et pour rendre aussi précaire que possible l'établissement des Européens sur l'étrange place de commerce où il les avait installés.

Toutes les mesures de cette dernière catégorie produisirent justement le résultat opposé à ce que le gouvernement en attendait.

La colonie sortit plus vivace que jamais des dangers qu'il lui fit courir.

La crise qui devait la ruiner eut pour effet de consolider son existence, beaucoup plus, à mon sentiment, qu'il n'eût été désirable.

Pendant la nuit du 3 au 4 mai, nous avions entendu, dans le voisinage de notre résidence de Benten, un grand bruit de travaux de charpente et un mouvement extraordinaire de peuple et de transport de fardeaux.

Le matin venu, nous nous aperçûmes que l'on construisait en toute hâte, à l'embouchure de la rivière, un pont reliant directement la résidence des gouverneurs de Kanagawa à notre quartier des yakounines, et que, d'un autre côté, par la chaussée du marais, la population indigène émigrait en masse de Yokohama.

Évidemment, le gouvernement se préparait à effectuer l'expulsion des étrangers. En privant subitement ces derniers de leurs employés, de leur personnel domestique, de leurs relations commerciales indigènes; en faisant occuper par ses troupes les collines qui dominent le quartier franc, et en coupant tous les ponts, à l'exception du nouveau pont

MOUSMÉ DE YOKOHAMA.

stratégique exclusivement réservé à ses hommes d'armes et protégé par la batterie couverte du château des gouverneurs, ainsi que par le fort de Kanagawa, il mettait la colonie européenne dans la nécessité de s'embarquer au plus vite.

L'intervention officieuse du représentant de la France auprès du gouvernement taïkounal, et plus particulièrement l'attitude énergique de l'amiral Jaurès, prévinrent une catastrophe qui semblait inévitable.

L'amiral énonça la résolution de protéger de toutes ses forces les résidents étrangers et de rendre le gouvernement japonais responsable de tout acte hostile ou pouvant être apprécié comme tel.

COMMERCE A CURIOSITÉS : BOUTIQUE D'OBJETS D'ART ET D'INDUSTRIE A YOKOHAMA.

Cette déclaration suffit pour mettre un terme à la désertion de la population indigène. Les besoins de la défense du quartier franc réclamant la concentration des résidents étrangers, nous nous transportâmes à Yokohama, où je fis un séjour de quelques semaines dans la maison de M. Probst, n° 48 du « Settlement ».

La politique japonaise nous procura pendant cette période les distractions les plus variées.

Le gouvernement du Taïkoun était tenu de formuler à l'Angleterre l'expression de ses regrets pour n'avoir pu empêcher le meurtre d'un sujet anglais sur une route ouverte par les traités ; et il devait, en outre, payer une somme de cent mille livres imposée au Japon comme punition de cette offense.

Jusqu'au 14 juin l'on ne put amener le Taïkoun à souscrire à ces deux conditions, surtout en raison de ce qu'elles avaient de blessant dans la forme.

Ce jour-là enfin, le gouvernement japonais se laisse persuader par les conseils de la France et prend l'engagement de s'acquitter le 18 du premier terme de la pénalité.

L'argent était tout préparé à la douane, lorsque dans la nuit du 17 le gouverneur de Kanagawa reçoit l'ordre de ne pas payer, mais d'informer le colonel Neale, chargé d'affaires britannique, que le ministre des affaires étrangères viendra conférer avec lui le 22.

Le représentant britannique assigne péremptoirement le gouverneur au 19 juin à 10 heures du matin, puis à 9 heures du soir.

Le terme fatal n'apporte qu'une réponse évasive : le Taïkoun aurait l'intention de payer, et même l'argent est prêt, mais le Mikado défend d'obtempérer à l'ultimatum, et le Taïkoun doit se soumettre à cet ordre, sous peine de perdre la vie.

Pour le coup, la patience échappe au colonel Neale, dont le premier ultimatum portait l'échéance du 26 avril : il fait appel aux forces navales et remet l'affaire entre les mains du vice-amiral Kuper.

Celui-ci annonce le 21 qu'il commencera les hostilités le 29. Il recommande aux résidents de Yokohama de mettre à profit ces huit jours de délai pour sauver ce qu'ils ont de plus précieux et pour éloigner les femmes et les enfants.

De tous côtés on emballe, on charge sur les vaisseaux désignés par les consuls, les papiers et les effets de valeur ; les femmes font leurs préparatifs d'embarquement.

Le même jour, le contre-amiral Jaurès informe aussi les résidents de Yokohama que les forces placées sous son commandement agiront de concert avec les forces anglaises pour la défense de la place, et que dans le cas où l'amiral Kuper serait obligé de s'éloigner pour remplir les instructions de son gouvernement, l'amiral français continuerait par tous les moyens en son pouvoir et jusqu'à la dernière extrémité, de protéger l'établissement formé par les puissances occidentales dans ce port.

Cependant, le 24, à 5 heures du matin, une trentaine de lourds chariots sortaient de la douane et apportaient dans la cour de la légation britannique le payement intégral de la pénalité, en 440,000 dollars mexicains. La nouvelle que le Taïkoun paye, se répand comme le feu d'une traînée de poudre, d'un bout à l'autre du quartier franc. Tous les préparatifs d'emballage sont suspendus, et nous parlons déjà de nous réinstaller à Benten.

Mais voici qu'au déjeuner, on nous remet une circulaire du ministre des affaires étrangères, Ongasawara Dsouzio no Kami : il nous annonce tout bonnement que le Mikado ayant ordonné au Taïkoun d'expulser tous les étrangers, le Taïkoun a donné des pleins pouvoirs au signataire, qui vient, en conséquence, négocier l'affaire avec les représentants de l'Occident, le jour même, à 9 heures du matin. C'est donc de plus en plus fort, et l'on se prend à rire comme dans un rêve.

La conférence s'ouvre en effet à la Légation de France, et les agents politiques des puissances contractantes, après avoir entendu Ongasawara, conviennent de lui répondre collectivement, et chacun en particulier, par une protestation énergique, mais toutefois de consentir, comme il le demandait, à prendre les ordres de leurs gouvernements, moyennant que durant le laps de temps nécessaire pour échanger les correspondances, il y ait règlement complet du conflit britannique, et, en outre, que le commerce suive son cours sans le moindre empêchement, dans tous les ports ouverts aux étrangers; que la garde du settlement soit remise aux amiraux, qui prendront librement toutes les mesures de sûreté à leur convenance; que le gouvernement taïkounal retire les troupes qu'il a dans le rayon de Yokohama, et que les patrouilles européennes puissent faire des promenades militaires au delà des limites territoriales assignées par les traités aux excursions des étrangers.

Tous ces points furent agréés sans difficulté. Les deux amiraux reçurent du Gorogio une lettre qui leur reconnaissait les pouvoirs stipulés dans la conférence du 24 juin. Les mesures de protection du quartier franc s'exécutèrent sans la moindre résistance, sans perturbation quelconque, et même avec le concours empressé des gouverneurs de Kanagawa.

M. Layrle, chef d'état-major de l'amiral Jaurès, fut chargé de la défense en ce qui concernait la France; le capitaine de vaisseau Dew, de la corvette l'*Encounter*, eut le commandement du contingent anglais.

« Au sud de Yokohama, écrit M. Alfred Roussin, les collines se rapprochent complétement du quartier étranger, dont elles ne sont séparées que par la largeur du canal. L'une d'elles, s'élevant au bord de la mer, et faisant vis-à-vis à la colline des gouverneurs, fut mise par ces derniers à la disposition de la marine française. Il y fut établi un détachement de fusiliers marins. Le poste, construit par le soin des autorités japonaises, fut entouré d'une palissade, et un mât de pavillon fut dressé à côté. De ce point, dominant la rade, la ville et la vallée en arrière, on pouvait exercer une surveillance active et donner l'alarme. En cas d'attaque nocturne, le seul genre d'attaque qui parût probable, les troupes à terre devaient, à des signaux déterminés, se masser sur certains points, et les navires envoyer en toute hâte des embarcations et des renforts. De la sorte on pourrait repousser les assaillants, ou bien, la défense de la ville devenant impossible, donner à ses habitants le temps de se réfugier à bord des bâtiments de guerre. »

Je fus témoin de la prise de possession de cette colline du Bluff par les officiers de la marine française assistés de quelques compagnies du 3ᵉ bataillon d'infanterie légère d'Afrique, et d'une troupe de coulies japonais que les gouverneurs de Kanagawa avaient mis de réquisition. Les soldats abattaient des arbres, faisaient des gabions, nivelaient le sol au sommet de la colline, en chantant pour s'animer au travail « l'Etoile du bazar », l'une des chansons favorites du répertoire des « Zéphyrs ». Les coulies, autour d'eux, maniaient sous leurs ordres la pioche et la pelle, donnaient en souriant des signes d'approbation aux chanteurs, et, cédant à l'entraînement général, répétaient avec le chœur : L'étola di bazâ ! L'étola di bazâ !

C'est ainsi que l'ouverture de Yokohama devint effective et définitive au moyen d'une véritable occupation militaire. C'est ainsi que le commerce occidental se concentra au Japon, sur une lagune de pêcheurs, que l'on s'empressa de combler et de couvrir de riches habitations et de grands entrepôts de marchandises. C'est ainsi enfin que les vrais ports japonais, ceux des principales cités commerçantes, Yédo, Osaka, Hiogo, Niagata, nous

MOUSMÉS DORMANT.

demeurèrent fermés jusqu'en 1868, tandis que les négociants, les consuls, les ministres des puissances contractantes de l'Occident se trouvèrent confinés sur un seul point du Japon, isolés de la masse du peuple, séparés de sa bourgeoisie, de ses classes opulentes, réduits à vivre entre eux, pêle-mêle avec toutes sortes d'aventuriers des côtes du Pacifique, et avec une société d'indigènes des deux sexes, qui, sauf de notables exceptions, ne formaient pas en général la partie la plus saine et la plus respectable de la population.

A l'époque où je me trouvais à Yokohama, le commerce occidental était représenté sur cette place par 80 Anglais, 70 Américains, 30 Hollandais, 30 Français, 16 Allemands, 8 Portugais et 8 Suisses. Le doyen du settlement était notre jeune ami Schnell, qui n'avait pas seize ans quand il vint au Japon.

Ces 242 résidents formaient le noyau de la colonie ; mais celle-ci accusait fréquemment une population de 3 à 4,000 âmes, se composant de gens en passage, de chercheurs d'aventures et surtout d'équipages de vaisseaux de guerre ou de bâtiments de commerce, aussi bien que de détachements de soldats de marine ou de troupes régulières de l'Angleterre, de la France, de la Hollande et de la Prusse.

Un très-petit nombre de résidents étaient mariés.

Dans un bal donné à Benten par le représentant des Pays-Bas, on ne put inviter que neuf dames, y compris les révérendes de la chapelle anglicane ; et il y avait 150 cavaliers.

Il n'est pas bon que l'homme soit seul. Les colonies de garçons, si je puis m'exprimer ainsi, celles où le mariage et la famille n'ont pas encore trouvé place, présentent un spectacle d'une sécheresse, d'une platitude, d'un ennui désespérants.

C'est là qu'il faut étudier l'égoïsme du cœur humain dans toute la naïveté de ses manifestations si plaisamment contradictoires : aujourd'hui, jour de l'arrivée ou veille du départ de la malle, c'est le travail, c'est-à-dire le règne de l'amour du gain, de l'ambition, du « make money », parfois même de la rapacité, de l'avarice la plus sordide ; demain, après le départ de la malle, c'est le repos, ou en d'autres termes la fainéantise et bientôt le besoin de se distraire, la soif des divertissements, le désir de paraître, la prodigalité la plus insensée.

L'irrégularité des affaires commerciales dans les ports nouvellement ouverts amène tantôt des chômages prolongés, tantôt une fièvre de spéculation, une ardeur d'achat et de vente qui doivent donner aux indigènes une idée tout à fait ridicule du caractère européen ; car rien n'est plus choquant à leurs yeux que l'inégalité d'humeur, ainsi que la hâte et l'agitation dans les actes de la vie pratique.

On peut dire qu'ils appliquent la même mesure à l'appréciation de la vie domestique ou des mœurs publiques de la colonie. Il leur paraît tout naturel que le gouvernement ait fondé à Nagasaki et à Yokohama un gankiro à l'usage des Européens, mais ils se scandalisent des scènes de bruyante ivresse et de tapage nocturne dont les lieux de plaisir ouverts aux étrangers deviennent le théâtre.

Je suppose que c'est un simple intérêt de spéculation domestique ou patriotique qui les engage à favoriser le placement des jeunes filles de ces établissements dans les maisons des Européens. Quelle que soit la position qu'elles y occupent, ils les entourent des mêmes égards que les femmes mariées. Les « mousmés », comme on les appelle, se distinguent généralement par leur douceur, leur modestie, leur fidélité. L'attachement qu'elles témoignent à leur maître tient de la gratitude de l'esclave affranchie. Il ne faut donc pas s'étonner, en ce qui les concerne, qu'une relation formée d'abord pour quelques mois, ne se prolonge durant des années et n'aboutisse au rachat complet de la dette qu'elles avaient contractée envers le gankiro, et même à une dotation finale, propre à leur assurer une certaine indépendance, lorsqu'elles rentrent dans la société japonaise.

Les unions de ce genre n'en sont pas moins, du côté des Européens qui s'y laissent entraîner, non-seulement une occasion de notables dépenses, mais une abondante source d'ennuis, et souvent un abîme de maux.

A l'origine, les frais d'établissement et d'alimentation de la mousmé sont si peu de chose, qu'ils passent inaperçus dans le train de la maison. Un modeste trousseau, des nattes fraîches et quelques ustensiles de cuisine, installés dans l'une des dépendances ou dans un réduit quelconque de la demeure du maître, et, joint à cela, une rente hebdomadaire qui ne représente pas la valeur d'un dîner pris au restaurant, voilà d'abord tout ce qu'il faut; mais bientôt les engagements se succèdent et s'enchaînent à n'en plus finir. Il va sans dire qu'à chaque échéance on renouvelle le bail conclu avec le chef du gankiro. Ensuite, la mousmé a une sœur qu'un yakounine vient d'abandonner; elle ne se fait aucun scrupule de lui offrir l'hospitalité, car il n'en résultera pas la moindre augmentation de dépenses pour le maître de la maison : les deux sœurs coucheront sur la même natte et sous la même couverture; on versera un peu plus d'eau dans la théière, et l'on invitera une amie de moins pendant la semaine, autour du bol de riz et du tabacco-

MOUSMÉ AVEC SON ENFANT.

bon. La sœur ayant réussi à se placer à Yokohama, ce qui était le but de l'institution, vient le tour d'une vieille mère, ou d'un père infirme, ou d'un frère qui voudrait bien monter une boutique de curiosités dans la ville japonaise; et c'est ainsi que, peu à peu, le généreux protecteur d'une pauvre petite mousmé se constitue, sans le vouloir, la providence de toute une tribu d'indigènes.

Heureux est-il encore s'il ne lui arrive pas de goûter des douceurs de la paternité!

Depuis les temps de Décima jusqu'à nos jours, les résidents hollandais qui ont des garçons les envoient le plus tôt possible à l'école des cadets de Batavia, d'où ils passent au service militaire des Indes néerlandaises.

Les autres enfants d'Européens, et spécialement les filles, sont un tel sujet de soucis et d'embarras, que la mort la plus précoce est, il faut le dire, le meilleur vœu dont on puisse saluer leur naissance.

Aussi est-il très-rare, pour une cause à laquelle j'ai déjà fait allusion, que les mousmés donnent le jour à des enfants; et parmi ceux qui viennent au monde, la mortalité est extraordinaire.

On remplit à leur égard les devoirs de la religion. A quelque confession chrétienne que le père appartienne, c'est ordinairement le prêtre catholique qui est appelé. Il s'empresse de baptiser le mourant, inscrit un Japonais de plus sur les registres de sa paroisse, et l'ensevelit en terre sainte, un petit rosaire entre les mains.

La mère, de son côté, accomplit les rites bouddhistes, sans omettre le repas d'enterrement, et celles de ses amies qui n'ont pu y assister reçoivent, selon l'usage, leur part à la maison.

PALAIS DU PRINCE DE SATSOUMA, A YÉDO.

CHAPITRE LX

CAUSES DE LA RÉVOLUTION FÉODALE

La vie privée des résidents de Yokohama n'était pas si étrange pour les Japonais, qu'elle dût exercer une grande influence sur leurs dispositions à notre égard; mais je suis persuadé que le spectacle de la rue, dans certaines parties du quartier franc, nous a singulièrement desservis auprès de toutes les classes de la population indigène.

La plus belle place de la ville, celle où se croisent la grande rue, ou Main-Street, et la rue du Port, devint pour certains spéculateurs américains, déjà fort bien partagés, l'objet d'une entreprise aussi hardie qu'ingénieuse. Il y avait au milieu de la place un massif de constructions japonaises, qu'ils prièrent le gouvernement de leur abandonner, à titre provisoire, en attendant qu'ils eussent bâti leurs propres maisons. Aussitôt mis en possession, ils sous-louèrent le tout en détail, par parcelles, à des noirs, à des jaunes, à des blancs, pour y installer hôtel, buanderie, café français, boucherie, buvette, sailorshome, et que sais-je? en sorte que, tout le jour et la plus grande partie de la nuit, les abords de ces établissements étaient le rendez-vous d'une clientèle assortie : Army and navy, matelots, troupiers et péquins de toutes races, langues et nations.

Les nègres des colonies du Pacifique sont très-industrieux, très-polis, très-experts à exploiter avec adresse et discrétion les goûts et les vices des blancs. A Yokohama, ils sont restaurateurs, et leurs négresses font des dîners en ville, sur commande. Le secret du bon marché et de l'excellence de leur table d'hôte tient à ce qu'ils la servent à l'heure du dîner de leurs voisins, les gros négociants de la place. Quand les plats ont circulé deux fois entre les mains des convives de ces derniers, ils sont recueillis à l'office par le comprador chinois, qui les passe encore tout chauds dans la cuisine des nègres.

Ceux-ci, après le dessert, vont faire une course à cheval sur le Tokaïdo, et se rient des bons bourgeois indigènes qui cheminent à pied et s'agenouillent à la rencontre d'un palanquin armorié.

La grande erreur des traités de 1858 a consisté, il me semble, à admettre implicitement la possibilité de la coexistence continue et pacifique de deux civilisations dont l'essence est de s'exclure ou d'absorber l'une par l'autre.

Le Japon, comme on l'a vu, est une sorte de confédération féodale, avec un couronnement théocratique, le pouvoir sacré du Mikado, fils des dieux, empereur héréditaire, et une administration civile et militaire abandonnée par le souverain entre les mains de son lieutenant général, le Siogoun.

Depuis que la charge de Siogoun a été convertie en institution dynastique par le pacte de Gonghensama (1593), cette institution, à laquelle nous avons donné le nom de taïkounat, renfermait évidemment le germe d'une future monarchie constitutionnelle, qui ne devait plus laisser qu'un pouvoir nominal à l'empereur héréditaire.

Notre civilisation moderne, foncièrement démocratique, opère, quoi que l'on fasse, comme un dissolvant, au milieu de cette organisation sociale déjà incohérente.

Le premier corps atteint fut la noblesse féodale. D'abord, elle a été frappée dans ses intérêts matériels. En dehors de leurs revenus territoriaux, les seigneurs japonais ne possèdent pas de ressources pécuniaires. Les lois de Gonghensama les obligeaient à une double résidence, celle de leur cour provinciale et celle de la cour taïkounale, auprès de laquelle ils devaient laisser leur famille, et passer eux-mêmes, les uns tous les ans, les autres tous les deux ans, un nombre de mois déterminé. Les deux premières classes de daïmios se composent de quarante-cinq dynastes, dont les revenus annuels sont estimés, pour le plus riche, à dix-neuf millions de francs, et pour le dernier de la seconde classe, à un million et demi. En raison de la double dépense imposée à la noblesse féodale, tout ce qui est au-dessous de cette seconde classe, c'est-à-dire 315 daïmios sur 360, peut être envisagé comme n'ayant pas de superflu.

Or, depuis l'ouverture du Japon, certains produits naturels, tels que la soie, le thé, le coton, qui autrefois se consommaient dans le pays exclusivement, et conséquemment à très-bas prix, sont devenus tout à coup l'objet d'une demande toujours plus forte sur les places ouvertes au commerce étranger. Il en est résulté qu'ils ont subi une hausse

PARTIE DU JARDIN DE LA LÉGATION ANGLAISE, À YÉDO.

croissante, excessive, qui a provoqué par contre-coup le renchérissement d'autres articles de première nécessité, notamment le riz.

Ce point posé, qui est-ce qui profite de l'argent que les ventes toujours plus avantageuses faites à l'étranger amènent dans le pays? C'est, en première ligne, le Taïkoun, qui a le monopole du commerce d'exportation; ce sont ensuite ses agents, ses pourvoyeurs dans les provinces et ses courtiers sur les places ouvertes, à quoi il faut ajouter cette nuée de petits industriels indigènes qui affluent toujours dans l'enceinte ou dans le voisinage des colonies européennes. Les seigneurs, qui sont en dehors de ce mouvement, n'en ressentent que le contre-coup désavantageux, se manifestant par le renchérissement de toutes choses. Mais, dira-t-on, leurs propres revenus en nature doivent acquérir aussi une plus grande valeur? Ce serait le cas, en effet, si le commerce était libre, si les seigneurs pouvaient vendre directement leurs produits aux étrangers; mais ils ne font que les livrer aux agents du Taïkoun. A celui-ci, vendeur privilégié, reviennent les énormes bénéfices du marché; à ses fournisseurs, une mieux-value assez peu sensible, tandis que leurs dépenses sont assujetties aux prix courants des ports.

Quant à la noblesse inférieure, infiniment plus nombreuse que les seigneurs, celle qui, ne possédant pas un pouce de terre, ne vit que du métier des armes, ou des emplois publics, ou de la domesticité de la cour, c'est-à-dire sans autre ressource qu'un salaire, elle tombe nécessairement dans la gêne, dans les dettes, dans une détresse toujours plus profonde; car les salaires n'ont pas suivi le mouvement ascendant des objets de première nécessité : ils sont restés ce qu'ils étaient avant l'ouverture du Japon. A cette époque, tous les nobles, tous les gens à deux sabres, au service du Taïkoun ou des seigneurs, vivaient sans superflu, mais convenablement, eux et leurs familles, et leurs serviteurs. Aujourd'hui ils descendent tous la pente rapide de la misère.

Le gouvernement les a déjà autorisés à ne plus porter que dans certaines occasions leurs vêtements de soie, autrefois envisagés comme seuls dignes de leur rang. Il a même affranchi les daïmios de l'onéreuse obligation de résider un certain temps à Yédo.

Des mesures de ce genre ne sont que des palliatifs. Pour le moment, le mal est sans remède, la situation sans issue, la crise toujours plus intense.

Un jour viendra sans doute où le développement de la marine de guerre, la création d'une marine marchande, l'abolition des monopoles commerciaux, la réorganisation de l'armée, de la législation, de l'administration politique et civile, l'exploitation des richesses minières du pays, en un mot l'expansion du nouvel ordre de choses vers lequel le Japon s'achemine, ouvrira des carrières rémunératrices à toutes ces forces improductives qui languissent et s'atrophient de plus en plus au seuil des palais du gouvernement ou des castels féodaux; mais il est impossible que la période de transition ne soit marquée par de violentes catastrophes.

En deuxième lieu, la noblesse féodale est atteinte dans son pouvoir politique par le nouveau droit public et international que les traités ont introduit dans l'empire du Japon.

Bien loin d'admettre que les conventions faites par le Taïkoun pussent concerner en manière quelconque ses domaines patrimoniaux, le prince de Nagato voulut non-seulement fermer ses propriétés à l'atteinte des étrangers, mais se réserver, en quelque sorte, un droit de jour, en ne tolérant la présence d'aucun navire étranger dans le rayon de ses batteries. Il hérissa de canons les côtes de sa province qui dominent le détroit de van der Capellen, et tira sur tout pavillon de l'Occident qui se présenta au passage.

Les légations étrangères, envisageant que le détroit de van der Capellen est une voie publique, interpellèrent le gouvernement du Taïkoun, qui se déclara impuissant vis-à-vis du prince de Nagato. Il fallut que les puissances contractantes se missent à l'œuvre elles-mêmes pour nettoyer le passage, et elles en sont venues à bout, moyennant, il est vrai, une expédition combinée de seize steamers de guerre, de l'Angleterre, de la France, de la Hollande et des États-Unis, lesquels ont dû être trois jours consécutifs en action pour accomplir leur tâche.

Voici comment onze des principaux daïmios avaient compris la portée des traités de 1858 :

« Il avait été expressément convenu, écrivirent-ils au Taïkoun, que les traités de commerce conclus avec les étrangers ne devaient être qu'une grande faveur qu'on leur accordait, après des demandes réitérées et bien humbles de leur part. Ceci ne ressemble en rien à un contrat légal.

« Au lieu d'accepter ces privilèges comme une faveur, ils osent dire maintenant que ces traités constituent pour eux un droit légal.

« La dignité et la majesté du grand Nippon ne permettent pas que nous tolérions des prétentions si audacieuses.

« On peut leur permettre, comme dans les temps passés, de gagner de l'argent sans trop voler ; mais nous ne voyons pas la nécessité de ces yakounines (les ministres ou autres chefs de légations) qui les accompagnent. Il ne leur faut que des chefs de comptoirs, et nous ne pouvons recevoir que des marchands soumis à nos propres lois et à nos propres règlements de commerce.

« Vous nous dites que les étrangers ne l'entendent pas ainsi. Eh bien, qu'on leur retire les privilèges que nous leur avons accordés ! Car c'est une loi universelle, que celui qui abuse d'une faveur la perde par le fait même.

« Tout bon patriote soupire en songeant au glorieux passé du pays et en considérant son présent état. Rappelez-vous donc combien les Barbares respectaient autrefois la majesté du grand Nippon, et nos ordres et nos moindres désirs ! Une seule nation était tolérée ici comme otage, en gage de la bonne foi des autres. Cette tolérance a été cependant une grosse erreur ; car la présence de cette nation au Japon a fini par exciter la cupidité des autres.

« Il nous est difficile de vous comprendre, lorsque vous nous dites que le monde est changé, et qu'il est impossible à une nation de s'isoler des autres. Pensez-vous donc que le Japon soit comme une autre nation, comme la Chine, par exemple ?

« Nous vous entendons parler du mode de gouvernement des nations étrangères. Y a-t-il, en réalité, parmi les nations étrangères, des pouvoirs dignes de porter le nom de gouvernement ? Est-ce qu'elles ont un Mikado, qui est le grand fils des dieux ? Est-ce que nos principales familles ne sont pas d'une origine céleste ? »

UNE BATTERIE DU PRINCE DE NAGATO, A SIMONOSÉKI.

CAUSES DE LA RÉVOLUTION FÉODALE.

Enfin, l'on comprendra aisément, d'après ce qui précède, que la plus sensible de toutes les atteintes dont l'invasion de la civilisation moderne ait frappé la noblesse féodale japonaise, c'est celle qui touche à son orgueil et à ses prérogatives de caste.

Représentons-nous au juste ce qui s'est passé dans la cause célèbre du meurtre de Richardson.

Voici venir un daïmio de première classe, oncle et tuteur du jeune prince de Satsouma, vice-roi des îles Liou-Kiou. Porté en palanquin et suivi d'un imposant cortége, il aperçoit une cavalcade d'étrangers qui se dirige de son côté, à sa rencontre, sur la route de Kanagawa. Ses éclaireurs l'informent que ce sont de simples marchands anglais, et que dans leur société se trouve une femme, aussi à cheval. Toutes les idées d'autorité, de morale, de bienséances sociales, du vieux seigneur japonais sont bouleversées. S'il arrivait que, à portée de sa vue, un cavalier de son pays négligeât de mettre pied à terre et de s'arrêter, ou qu'un piéton ne se tînt pas respectueusement accroupi au bord de la route, il aurait le droit de le faire tuer; et maintenant, des étrangers, des gens du peuple, et même d'une classe inférieure à celle des paysans, savoir de simples marchands, dont aucun ne devrait se permettre d'aller à cheval, et, qui plus est, une femme, galopent à sa rencontre sans faire mine de vouloir retenir leurs montures. Il n'hésite pas un instant, et ordonne de frapper. M. Lenox Richardson tombe, mortellement blessé. Ses compagnons sont parvenus à s'échapper. Le cortége seigneurial poursuit majestueusement sa marche.

A cette affaire se rattache le plus étrange imbroglio politique qui se puisse imaginer.

L'Angleterre s'en prend au Taïkoun et veut lui imposer des réparations humiliantes.

Le Taïkoun décline toute responsabilité, et s'en remet, pour la solution du conflit, aux bienveillants offices de la France. Cependant Satsouma doit être châtié. Non-seulement il faudra qu'il paye d'énormes indemnités, mais qu'il s'engage à punir les coupables.

Hélas! c'est une satisfaction que l'Angleterre et la France ont pu se donner plus tard, que de faire procéder solennellement à l'exécution de fanatiques assassins. Seïdji, l'un des meurtriers de Baldwin et de Bird, a été conduit en procession dans les rues de Yokohama, et sa tête est restée exposée vingt-quatre heures aux regards des passants. Cet exemple n'a point empêché l'attentat commis sur les hommes de la suite de sir Henry Parkes, au moment où il se rendait à l'audience du Mikado, le 23 mars 1866; ni le décret du Mikado, promulgué quelques jours après, n'a pu prévenir le massacre de tout un équipage de la chaloupe du « Dupleix », le 8 mars 1868. C'est dans sa cause plutôt que dans ses effets qu'il faut chercher à atteindre le fanatisme.

Le prince de Satsouma voit donc un beau matin, dix mois après l'événement du Tokaïdo, paraître devant les murs de Kagosima, sa capitale, une escadre de guerre portant pavillon britannique. Il apprend que l'Angleterre, l'un des plus grands royaumes du monde, vient lui demander raison de la mort d'un simple particulier, un marchand. Le chargé d'affaires britannique, accompagné d'un vice-amiral, lui signifie des ordres au nom de Sa Majesté la Reine. Ainsi, une étrangère, une femme, lui adresse des sommations, à lui, viril descendant des Kamis du Japon, qui n'a fait que punir un insolent, selon les lois nationales de l'Empire! Peut-on se figurer une confusion plus complète de toutes

les notions divines et humaines sur lesquelles repose l'existence d'un noble japonais ?
L'heure de l'ultimatum arrivée, Satsouma fait répondre que, tout bien pesé et bien considéré, décidément il ne comprend rien à ce qui se passe.

De son côté, raisonnant selon nos idées d'Europe, le commissaire de la Reine est si pénétré de la justice de sa réclamation, de l'évidente clarté de sa bonne cause; si convaincu qu'il a épuisé toutes les voies de la persuasion, tous les délais recommandés par l'humanité, que, bien à regret sans doute, mais enfin puisqu'il le faut, il remet entre les mains de l'amiral le soin de faire valoir le dernier argument, l'argument par excellence entre nations qui ne peuvent pas s'entendre.

Il eût été difficile de confier l'exécution de ce que l'on appelle les mesures coercitives à un agent plus humain, plus doux de caractère, plus favorablement disposé envers les Japonais, que l'honorable amiral Kuper.

EXPOSITION DE LA TÊTE DU MEURTRIER SEÏDJI, A YOKOHAMA.

Et puis, sa tâche, selon toute apparence, se réduisait à bien peu de chose. Ne pouvait-on pas mettre à la raison un grand seigneur entêté, sans menacer l'existence ni les biens de ses sujets, sans même exposer la vie d'un seul des soldats de la Reine? Notre civilisation n'est-elle pas en mesure de se faire respecter par une inoffensive démonstration des moyens de destruction dont elle dispose? Avec nos excellents steamers et notre artillerie perfectionnée, rien ne devait être plus facile que de bloquer des ports, de prendre en gage quelques navires japonais, et, au besoin, de raser un fort ou deux, avec tout le calme d'un simple exercice de tir, en restant hors de la portée des batteries japonaises.

Le prince de Satsouma possédait trois beaux steamers anglais, qu'il avait fait acheter à Shanghaï. L'amiral, les ayant découverts dans une anse lointaine de la baie de Kagosima, réussit à s'en emparer sans faire la moindre égratignure à leurs équipages, qu'il renvoya poliment à terre.

LE MIKADO IER SEIDJI CONDUIT EN PROCESSION DANS LES RUES DE YOKOHAMA.

CAUSES DE LA RÉVOLUTION FÉODALE.

Mais à quoi tiennent les prévisions de la prudence humaine! vers le milieu de la journée un ouragan se déchaîne sur la baie de Kagosima. Le prince japonais ne peut douter que les dieux protecteurs du grand Nippon n'aient eux-mêmes évoqué du fond des abîmes de la mer le dragon des tempêtes ; avec leur aide manifeste il ne saurait manquer d'anéantir les Barbares : il ordonne aux douze batteries du port d'ouvrir leur feu sur les sept misérables navires ballottés parmi les vagues.

INTERPRÈTE EN TENUE DE COUR.

Alors il s'engagea au sein de la tourmente une lutte peut-être unique dans les fastes de la marine.

L'escadre de l'amiral Kuper ne perdit pas un seul vaisseau, mais elle compta soixante-trois hommes tués ou blessés, dans le nombre des morts les deux officiers supérieurs du vaisseau amiral. Quant au prince de Satsouma, il vit les Anglais brûler, dans leur défense désespérée, d'abord les trois navires capturés, puis les grosses jonques marchaudes du port; celles-ci communiquèrent l'incendie aux docks, aux fonderies, aux chantiers de marine du prince; plusieurs poudrières firent explosion; la ville elle-même prit feu sur divers points, et pendant toute la nuit, ainsi que tout le jour et toute la nuit qui suivirent, l'incendie continua ses ravages.

Le prince de Satsouma dut faire sa soumission. Peu de temps après, il dirigeait, de concert avec le prince de Nagato, la levée de boucliers des daïmios du Sud contre le Taïkoun.

MARISITEN, LE DIEU DE LA GUERRE.

COMMERCE DE LA SOIE ET DES ŒUFS DE VERS A SOIE : MAGNANERIE JAPONAISE.

CHAPITRE LXI

LE NOUVEL ORDRE DE CHOSES AU JAPON

Le bombardement de Kagosima et la destruction des batteries de Simonoséki ne furent, en réalité, que des incidents de la question des relations extérieures inaugurées par les traités.

Il était cependant difficile qu'on ne les mit pas en rapport avec la question politique intérieure qui agitait les classes privilégiées de l'Empire. Ces événements, en effet, semblaient être de nature à confirmer les prévisions que depuis longtemps on nourrissait en secret sur l'avenir du Japon. Ce pays si profondément divisé tendait évidemment à se reconstituer sur de nouvelles bases. Il aspirait à l'ordre, à l'unité, à la centralisation politique. Que lui manquait-il encore pour y arriver? Deux choses que le gouvernement pouvait aisément réaliser avec l'appui moral des puissances intéressées à sa conservation : la première, c'était l'assujettissement définitif de la noblesse féodale au pouvoir civil et politique concentré entre les mains du Taïkoun ; et la seconde, l'émancipation complète du taïkounat de la suprématie du Mikado en tout ce qui concerne les affaires temporelles. Dans l'esprit des successeurs d'Iyéyas, ce dernier point était un droit acquis, à telle enseigne que la cour de Yédo trouva fort mauvais et très-inconstitutionnel que les légations eussent demandé au Mikado la ratification des traités conclus par le Taïkoun dans toute la plénitude de sa compétence légale.

Du train dont les événements se succédaient au Japon, l'on marchait à grands pas à cette double solution qui devait assurer l'unification et la paix de l'Empire et consolider les relations commerciales avec l'Occident. Le soulèvement des daïmios du Sud contre le Taïkoun et l'avénement au trône taïkounal d'un homme de la valeur de Stotsbashi allaient sans doute précipiter le dénouement dont l'issue ne pouvait être douteuse.

Les Européens ont toujours le tort d'apporter dans les affaires du monde oriental un esprit trop systématique. Dans le cas particulier, l'Angleterre, guidée par l'instinct de ses intérêts commerciaux, sut faire exception à cette règle. Elle devint la confidente et l'amie du prince dont elle avait, peu auparavant, réduit en cendres la capitale.

L'insurrection des daïmios du Sud prit bientôt des proportions menaçantes. Au lieu de lui opposer la résistance que l'on attendait de son énergie et des préparatifs militaires considérables qu'il avait faits, avec l'aide de la France, Stotsbashi tout à coup abdiqua, « par patriotisme, » selon la version des Tokoungawa [1], et pria le Mikado « de convoquer tous les grands de l'Empire pour asseoir le gouvernement sur une base solide, reviser la constitution et ouvrir ainsi au pays cette voie de progrès qui doit la conduire à la puissance et à la prospérité. »

Le Mikado obtempéra au vœu de Stotsbashi; mais l'assemblée des princes fut tumultueuse et se termina par une sorte de coup d'État des confédérés du Sud, qui entraînèrent violemment dans leur camp l'Empereur et sa cour, dispersèrent les amis du Taïkoun, et promulguèrent des décrets abolissant le taïkounat et remettant les rênes du pouvoir exécutif entre les mains du Mikado.

Alors enfin Stotsbashi se décide à ouvrir la campagne.

Les quatre palais que Satsouma possédait à Yédo et qui servaient de foyer aux conspirateurs de cette capitale, furent attaqués et détruits à coups de canon. Déjà le précédent Taïkoun avait fait démolir la résidence de Nagato pour dégager sa connivence des agressions dont ce prince s'était rendu coupable à l'égard des Européens.

L'armée de Stotsbashi entra en ligne à Fousimi, au Nord-Ouest d'Osaka. Les troupes de Satsouma, de Chosiou (Nagato), de Tosa, d'Awa, d'Aki, et d'autres encore occupaient Kioto.

Le premier engagement eut lieu le 28 janvier 1868.

Stotsbashi était resté en observation à Osaka. Ses gens, mal dirigés, se replièrent sur la forteresse de Yodo. Les jours suivants, ils la perdirent, la reprirent, et succombèrent finalement dans une bataille rangée, où tout un parti des leurs passa à l'ennemi, sous prétexte que celui-ci ayant arboré la bannière du Mikado, c'eût été un sacrilége que de continuer la lutte.

---

[1] Notification de l'ambassade japonaise à Paris, février 1868.

EXPÉDITION DES ESCADRES ALLIÉES CONTRE LE PRINCE DE NAGATO, A SIMONOSÉKI.

LE NOUVEL ORDRE DE CHOSES AU JAPON. 397

Le castel d'Osaka tomba sans coup férir entre les mains des vainqueurs de Yédo, qui le réduisirent en cendres; Stotsbashi prit la fuite par mer.

Les troupes des confédérés poursuivirent hardiment leurs avantages et marchèrent

LE SEUIL D'UNE AUBERGE DE VILLAGE AU JAPON.

sur Yédo. Cependant, à la suite de quelques succès obtenus sur elles par le prince d'Aïdzen, un arrangement intervint entre les modérés des deux camps. Aïdzen, Shendaï, Nambou, Yonésawa firent leur soumission. Stotsbashi, invité à reprendre ses fonctions, s'y refusa. On élut à sa place un enfant de six ans, fils de Taïasou, membre du clan des Tokoungawa.

Mais son père n'ayant pas donné son assentiment à cette transaction, le Mikado prononça définitivement la suppression du siogounat.

Il fit lui-même son entrée solennelle à Yédo, le 25 novembre 1868. Le Castel lui fut remis par le prince Owari, qui appartenait au camp des confédérés, malgré sa qualité de Gosanké. La branche des princes de Ksiou n'a joué aucun rôle ostensible dans ces troubles.

Si le taïkounat a sombré au premier choc, sous le règne d'un prince de la branche de Mito, il faut en rechercher la cause dans les sanglantes rivalités de famille qui ont épuisé la dynastie des Tokoungawa.

On ne peut dire que la pacification du Japon soit complète. Les derniers partisans du Nord ont succombé après des luttes héroïques qu'ils soutinrent dans l'île de Yéso, dont ils avaient pris possession sous la conduite du jeune et chevaleresque Enomoto Idsoumi no Kami, amiral de la flotte taïkounale. Néanmoins les deux partis s'observent encore et demeurent à peu près d'égale force. L'antipathie traditionnelle qui règne entre les daïmios du Sud et ceux du Nord s'oppose à la centralisation complète de l'administration. Une proposition de Satsouma, tendant à ce que tous les daïmios du Japon fissent retour de leurs seigneuries au Mikado, n'a servi qu'à compromettre ce prince aux yeux de ses propres alliés.

Le gouvernement du Mikado a compris la nécessité d'ériger officiellement Yédo en seconde capitale de l'Empire. On lui donne à ce titre le nom de Tô-Kéï.

Le Mikado lui-même ne peut se dispenser d'y résider au moins une partie de l'année, ne fût-ce que dans l'intérêt de ses rapports avec les représentants des puissances étrangères. Bien plus, il est déjà question de la nomination d'un vice-roi, afin que chacune des deux capitales ait sa cour ainsi que sa part d'influence dans les affaires de l'État.

Ce serait, sous un autre titre, le rétablissement du taïkounat et probablement la restauration de la dynastie Tokoungawa.

En tout cas, les beaux jours d'Aranjuez sont passés dans le daïri, et en général pour les gentilshommes de Kioto. Il faudra qu'ils se résignent à échanger les combats de coqs et le jeu de paume contre le fardeau des affaires, et à se trouver en contact immédiat et journalier avec le monde de l'Occident.

La guerre civile a jeté une grande perturbation dans les finances des princes et du gouvernement. Le Mikado s'est vu contraint de créer un papier-monnaie (kinsatz), auquel il donne cours forcé, tout en se refusant à l'accepter dans les caisses publiques.

Le commerce se plaint, comme il en a le droit et le devoir, mais je présume que ce n'est pas sans un léger sourire et dans la juste prévision que très-prochainement, à dater du jour où cette mesure économique sera complètement tombée dans le discrédit, les Japonais en viendront enfin à ouvrir les mines, pour ainsi dire encore vierges, dont leur pays abonde, et à en remettre la concession et l'exploitation à l'industrie des Européens.

C'est ainsi que tout vient en aide à ces derniers, jusqu'aux événements en apparence les plus fâcheux pour les intérêts du commerce; et en effet, à mesure que les brèches se multiplient dans la vieille muraille de l'édifice japonais, il est bien naturel que la place tombe plus promptement au pouvoir des envahisseurs.

Mais il ne faut pas nous faire d'illusion sur nos avantages. Ce n'est pas tant notre prestige politique, ni l'éclat de nos ambassades, c'est la supériorité de notre civilisation, au point de vue des arts mécaniques et industriels, qui constitue notre meilleur argument auprès des Japonais.

Ils sont mieux renseignés qu'on ne le pense sur la situation générale de l'Europe et sur la force de tel ou tel État en particulier. Les voyages de leurs ambassades en Amérique, en Angleterre, en Hollande, en Belgique, en France, en Prusse, en Russie, en Suisse, en Italie, depuis 1860 jusqu'à 1868 ; la part qu'ont prise à l'Exposition universelle de Paris, le Taïkoun, le prince de Satsouma, le prince de Fizen et le commerce de Yédo ; les études faites en Europe par un nombre relativement considérable de jeunes Japonais, dont le contingent se renouvelle d'année en année : voilà surtout ce qui a consolidé l'œuvre des traités et ce qui met nos relations réciproques à l'abri de toutes les vicissitudes politiques.

Le Japon est dévolu à l'Occident. Depuis les expéditions de Taïkosama en Corée, où ses troupes battirent à outrance les auxiliaires chinois envoyés au secours de ce royaume, le gouvernement du Céleste Empire est resté en froid envers le grand Nippon. Il semble

AMBASSADE EUROPÉENNE AU JAPON.

même qu'il ait défendu à ses sujets d'entretenir des relations commerciales avec ce pays, car les jonques qui visitent Nagasaki et les ports de la mer intérieure viennent de Ningpo exclusivement et appartiennent à une corporation marchande qui n'est que tolérée par les gouverneurs du Chékiang.

De toutes les contrées de l'extrême Orient, le Japon, dans sa région moyenne, le Sud de Nippon, Sikoff et Kiousiou, est le pays qui plaît et convient le mieux aux Européens.

Les quatre saisons y sont très-caractérisées : de mars à la seconde moitié de mai, un printemps splendide ; de juin en septembre, l'été, s'ouvrant par une courte saison de pluies suivie de chaleurs pendant lesquelles le thermomètre marque de 14 à 27° Réaumur ; de septembre à la fin de novembre, un automne sans fortes chaleurs, ni pluie, ni coups de vent, ni moustiques ; enfin trois mois d'hiver, le plus souvent à l'abri des tempêtes et sous un ciel d'une parfaite sérénité, avec une température où l'on voit quelquefois, à Yokohama, le thermomètre tomber à — 5° Réaumur.

De septembre en avril les vents dominants sont ceux du Nord et de l'Est, et le reste de l'année ceux du Sud et de l'Ouest.

Les tremblements de terre, bien que fréquents, sont rarement désastreux. On les envisage comme moins redoutables que les incendies. Ce dernier fléau offre un des spectacles les plus pittoresques de la vie japonaise. M. Layrle a décrit dans tous ses détails l'organisation des tribus de métiers, chargées du service de sapeurs-pompiers, leur uniforme, les instruments dont elles font usage. Ce qui ne m'a pas moins frappé dans les incendies dont j'ai été témoin, c'est l'attitude des escadres sur la rade où se reflète la lueur des flammes : les vaisseaux répondant l'un après l'autre, par des signaux lumineux, aux ordres de l'amiral; les équipages apportant en silence et avec le plus grand calme, leur concours discipliné au milieu de la confusion des travailleurs indigènes.

PREMIÈRE IDÉE QUE LES JAPONAIS SE SONT FAITE D'UN CHEMIN DE FER.

Bientôt une civilisation plus avancée aura considérablement réduit les dangers du feu au Japon.

Quant aux conditions hygiéniques du pays et au régime alimentaire de ses habitants, il suffit, pour les rendre excellents, de les combiner avec quelques améliorations européennes.

Les fièvres des tropiques sont inconnues dans le Nippon; le choléra, la dyssenterie, la petite vérole, redoutés des indigènes, ne présentent pour les étrangers pas plus de danger qu'en Europe.

LE NOUVEL ORDRE DE CHOSES AU JAPON.

Mais la grande attraction de ce pays, comme disent les Anglais, c'est qu'ils n'y ont pas une prépondérance commerciale aussi écrasante qu'en Chine et dans les Indes orientales.

A ce sujet, je me fais un plaisir de confirmer et de reproduire en substance des observations aussi judicieuses que pleines d'un intérêt pratique, récemment publiées par M. Jacques Siegfried, de Mulhouse [1].

« Le commerce de l'Orient, dit-il, devient de plus en plus démocratique, chacun peut en prendre sa petite part, et la porte est ouverte maintenant à tout le monde.

Les Allemands et les Suisses ont profité largement de ce nouvel état de choses. Ils ne se sont pas contentés de s'occuper des affaires relativement peu importantes encore, quoique toujours croissantes, de leur propre pays, mais ils se sont immiscés de plus en plus dans le commerce des Anglais, et ils sont arrivés à leur faire sur leur propre terrain une concurrence qui augmente chaque jour.

Les relations commerciales de l'Europe avec le Japon sont loin, sans doute, d'avoir l'importance de celles que nous avons avec la Chine et les Indes. Le commerce que l'Inde, la Chine et le Japon font avec l'Europe et avec ses colonies s'est élevé en 1867, importations et exportations réunies, au chiffre de 3 milliards et demi de francs. C'est plus du double de ce qu'il était, il y a dix ans à peine.

Le mouvement d'affaires particulier au principal port japonais, Yokohama, a aussi doublé en moins de dix ans. Il peut être évalué à cent millions de francs. C'est peu encore, mais c'est déjà beaucoup, si l'on tient compte des circonstances anormales et défavorables de nos premières relations avec le Japon. Toute proportion gardée, entre les 30 ou 34 millions de Japonais, les 200 millions d'Hindous et les 3 ou 400 millions de Chinois, il y a lieu d'être non-seulement satisfait, mais encore étonné des progrès considérables que nous y avons faits dans le court espace de dix années.

Les Japonais sont, de tous les Orientaux, ceux qui s'habituent le plus rapidement à notre civilisation et à ses besoins, et qui prennent le plus facilement goût à tous les produits de notre industrie. Il y a donc là, pour le commerce européen, les éléments les plus encourageants. »

Deux articles principaux forment la base du commerce normal du Japon, quant à l'exportation. Ce sont les soies brutes et le thé.

Malgré des fluctuations inévitables, l'importance de ces produits ne peut qu'augmenter d'année en année.

On évalue à 15,000 balles environ la soie que le Japon fournit actuellement à l'Europe, et de 10 à 11 millions de livres le thé qu'il expédie en Amérique exclusivement, car cet article n'a pas encore trouvé faveur en Europe. Je suis cependant convaincu que tôt ou tard il y sera fort apprécié pour ses qualités hygiéniques.

Les produits d'exportation d'une valeur secondaire, qui rentrent encore dans la catégorie du commerce régulier, sont : la cire végétale, le camphre, la noix de galle, et la sauce de fève fermentée, connue sous le nom de soïa.

---

[1] *Seize mois autour du monde*, 1867-1869, Paris, Hetzel.

Le coton brut, destiné au marché chinois, le cuivre, fort estimé dans l'industrie européenne, et le charbon de terre, dont l'exploitation est encore très-défectueuse, ne peuvent être qu'occasionnellement l'objet d'opérations de quelque valeur.

Le commerce des œufs de vers à soie, étant dû à des causes accidentelles, ne saurait être mentionné au nombre des ressources commerciales permanentes du Japon. Il a donné lieu depuis sept ans à des affaires considérables, mais il se gâte de plus en plus entre les mains de la spéculation.

Aussi longtemps que le Japon n'emploiera pas les machines dans la filature de ses soies, l'Europe en pourra utiliser les déchets comme elle le fait présentement.

Les autres produits japonais qui se prêtent à des affaires de circonstance, généralement très-limitées, sont : le tabac, le chanvre, la racine de ginseng, l'huile de poisson,

COMMERCE DU THÉ : EXPÉDITION EN GROS ET VENTE EN DÉTAIL.

l'huile et la graine de navet et de colza, le lin, la ficelle, le brocart, les crépons, les cocons percés, les champignons, les nattes, les cornes de cerfs, le papier, dont on fabrique environ 70 espèces, depuis la plus fine qualité de papier de soie jusqu'au papier d'emballage qui a la consistance de nos toiles cirées ; enfin les laques et autres objets d'art et d'industrie, le vitriol, l'alun, le salpêtre et le soufre. Ce dernier article est susceptible de rivaliser tôt ou tard, sur le marché d'Amérique, avec le soufre sicilien.

Mentionnons, pour compléter cette énumération, le commerce qui se fait uniquement à destination des marchés chinois.

Les Japonais y exportent des barres de fer de fabrication indigène, des algues fort recherchées pour leurs qualités salines dans les provinces de la Chine où le sel est rare, des châtaignes, des patates, des fruits à poulpe, des huîtres séchées, des crevettes, des nageoires de requin, et des bois de construction.

UN INCENDIE AU JAPON.

Quant au commerce d'importation, il repose, ainsi que le commerce d'exportation, sur deux seuls articles capitaux, savoir :

Les cotons filés, tissés et imprimés ;

Et certaines étoffes de laine ou de laine et coton mélangés, dont la nomenclature serait fastidieuse.

Les sommes que rapporte l'écoulement de ces produits de nos manufactures, sont loin de compenser celles que nous payons pour nos achats de soies et de thés japonais. Jusqu'à présent, toutefois, des circonstances exceptionnelles nous ont permis d'établir la balance entre les exportations et les importations, et l'on peut espérer que longtemps encore ce fructueux imprévu ne nous fera pas défaut.

Après les opérations de change, nous avons eu les commandes de vaisseaux de guerre, de bateaux à vapeur armés en course, de batteries de canons rayés, de fusils se chargeant par la culasse et de munitions de tous genres dont les Japonais éprouvaient le besoin pour se livrer convenablement à leur guerre civile. Nous leur avons même construit un port militaire, avec chantiers et arsenal de marine, à Yokoska, au Sud de Yokohama.

Bientôt ils nous demanderont d'exploiter leurs mines, d'établir leur réseau télégraphique et de leur construire des chemins de fer.

Ensuite, il viendra un temps où, dans leurs habitations, le verre à vitres remplacera les châssis de papier transparent, où il faudra mettre des rideaux aux fenêtres et des glaces dans les salons ; où l'on y allumera le gaz au lieu de la bougie fumeuse, et où la confection parisienne enfin aura des succursales dans le grand Nippon, car déjà les Japonais commencent à s'habiller à l'européenne, et se figure-t-on que la toilette des dames ne se mette pas à l'unisson des modes de leurs cavaliers !

En attendant, les importations secondaires se réduisent aux articles ci-après, et en quantités très-restreintes : plomb, étain, feuilles de zinc ou d'étain, fer, fil de fer et ferblanc, montres, articles de Paris, couvertures, cuir, peau, ivoire, cornes de rhinocéros, et sucre.

Il y a, en outre, une importation presque exclusivement destinée à l'approvisionnement et à la consommation des quartiers francs : verre à vitres, meubles, poterie, verrerie, vêtements, vins, spiritueux et conserves alimentaires.

Loin d'avoir rien exagéré dans tout ce que j'ai dit de l'importance commerciale du Japon, je pourrais ajouter qu'à ce seul point de vue, le Japon, de longtemps encore, ne donnera pas tout ce que l'on en peut attendre. Sa force de production serait décuplée et centuplée, qu'elle n'aurait pas atteint ses dernières limites. Ce pays ne fait que de sortir d'un état de choses où il n'avait pas d'autre consommateur que sa propre population. Le nord de l'Archipel est généralement inculte, et jusque dans le sud de Nippon il y a des milliers d'arpents en friche, couverts de forêts et de bruyères ou convertis en parcs et en jardins improductifs, dans les propriétés de mainmorte des seigneurs féodaux et des confréries monastiques.

Néanmoins, tout cela serait utilisé, planté de mûriers, de camphriers, de cotonniers et d'arbustes à thé, que l'exiguïté de son territoire empêcherait toujours le Japon de rivaliser en valeur commerciale avec des pays de dimensions aussi colossales que la Chine et l'Indoustan.

Il convient de remarquer, en outre, que ni l'exploitation des matières textiles ni celle des produits alimentaires de première nécessité ne sont plus, de nos jours, le monopole de tel ou tel peuple en particulier. La concurrence, dans ce genre d'approvisionnements, marche à pas de géant pour le plus grand bien de l'humanité. Le coton de l'Inde s'est fait une place sur nos marchés à côté du coton d'Amérique, et le canal de Suez ne tardera pas beaucoup à nous amener le coton des nouvelles régions explorées en Afrique. L'Europe, il y a dix ans à peine, dépendait uniquement du marché chinois pour le thé et pour la soie. Elle dispose maintenant de deux marchés rivaux, la Chine et le Japon. Bientôt il en existera

PORTEURS DE NORIMONS, A YOKOHAMA.

peut-être un troisième, en Californie, où déjà des entrepreneurs européens plantent le mûrier et introduisent l'élève du ver à soie, avec l'aide de colons japonais.

L'agriculture est à la base des sociétés, mais celles-ci ne grandissent que par les arts ou par le commerce et, mieux encore, par le développement constant et simultané de ces trois branches de l'activité humaine.

Le fondement de l'ordre social chez les Japonais, comme chez les Chinois, c'est l'agriculture, que les uns et les autres ont poussée au plus haut point de perfection. Pour tout le reste ils dénotent des aptitudes très-différentes. On peut dire, d'une manière générale, que les Japonais ont à un faible degré le génie du négoce et qu'ils montrent de grandes dispositions naturelles pour les arts et pour l'industrie. Les Chinois, au contraire, satisfaits de leurs procédés techniques traditionnels et indifférents à tout progrès, excellent dans la banque comme dans l'usure, dans le haut commerce aussi bien que dans le plus infime brocantage. Laissons donc aux Chinois le commerce, et donnons aux Japonais l'industrie.

M. Siegfried les surnomme, non sans raison, les Français de l'Orient. Il importe désormais qu'à côté de leurs qualités aimables, ils développent celles qui font les fabricants, les mécaniciens, les navigateurs.

Sous la zone tropicale l'introduction des arts mécaniques est sinon impossible, du moins sans aucune chance rémunératrice. La Chine, pour ce qui la concerne, se refuse à toute innovation de ce genre. Le Japon, par sa position géographique, par les richesses houillères et métalliques de son sol, par les conditions de son climat et par le génie inné de ses habitants, me semble destiné à devenir le siége des usines, des manufactures, de l'industrie et de la navigation de tout le bassin occidental du grand Océan.

COMPRADOR CHINOIS EMPLOYÉ AU COMMERCE DES SOIES JAPONAISES.

LE JEU DE PAUME CHEZ LES GENTILSHOMMES DE KIOTO.

CHAPITRE LXII

CONCLUSION

On a souvent comparé notre époque au quinzième siècle, période de transition, de grandes inventions, de profonde agitation religieuse, et de féconde initiation aux réformes politiques et sociales.

Le quinzième siècle a été signalé par la découverte d'un nouveau continent.

L'événement correspondant de notre âge, c'est l'ouverture du nouveau monde commercial qui occupe les côtes et les archipels de l'immense bassin du Grand Océan.

Indépendamment des ports du Japon, sur lesquels je ne reviendrai pas, tous ceux que je vais citer, ou bien n'existaient pas au commencement de notre siècle, ou bien étaient fermés aux relations internationales.

Sur le passage de l'océan Indien au Grand Océan, l'île de Singapore servait de refuge à deux ou trois cents pauvres pêcheurs de la côte de Malacca : l'Angleterre y a fondé en 1819 un port franc dont la population s'élève aujourd'hui à une centaine de mille habitants de toutes races et de toutes nations.

Si nous suivons les côtes orientales du continent asiatique, nous y rencontrons successivement le port de Bangkok, dans le royaume de Siam, ouvert spontanément au commerce par deux princes indigènes, amis de la civilisation européenne ; puis le port de Saïgon, dans les possessions militaires de la France en Cochinchine.

L'île de Hongkong, que les Anglais se sont acquise en 1842, a été dotée par ses nouveaux maîtres d'un port franc qui est devenu l'un des plus grands entrepôts du commerce et l'un des principaux siéges des missions chrétiennes de l'extrême Orient.

Non loin de là, Macao, la vieille cité portugaise, Manille, Zamboango, Iloïlo et Sual, sur les îles Philippines appartenant à l'Espagne, languissent encore sous le régime suranné de la protection.

Le long des côtes de la Chine, au contraire, il n'est pas moins de dix-huit ports qui se développent rapidement à la vivifiante influence d'une entière liberté de négoce, et, dans le nombre, figurent des places telles que Nankin et Canton, la seconde et la troisième ville de l'Empire ; Tientsin, qui sert de port à Pékin, la grande capitale tartare, et Shanghaï, dont le chiffre d'affaires atteint déjà la somme d'un milliard par an.

Les établissements russes au Nord de la Chine, et principalement celui de Nicolaïesk, trahissent dans la pensée du gouvernement d'autres préoccupations que des intérêts mercantiles. Ils inaugurent un nouveau chapitre dans l'histoire du développement de la puissance moscovite.

A travers l'océan Pacifique, la Russie tend la main aux États-Unis, en leur abandonnant comme gage de bonne amitié le territoire qu'elle possédait sur le continent dont la grande république ne se lassera pas de revendiquer l'entière annexion.

C'est dans cette direction, sur les côtes occidentales de l'Amérique du Nord, que mes regards se portent comme à la découverte de l'avenir commercial des deux mondes.

Jetons néanmoins un rapide coup d'œil sur les riches archipels d'Hawaï et des mers du Sud.

Le premier ne sera jamais qu'une étape, une station maritime, mais une station qui n'aura pas de rivale.

Chez les derniers, la liberté commerciale n'a pas encore eu l'occasion de déployer ses bienfaisants effets. La politique d'isolement dont la Hollande a su tirer beaucoup de profit quant à l'exploitation de ses colonies, pourrait bien, tôt ou tard, leur devenir funeste.

La Prusse est à la recherche de colonies propres à donner une vive impulsion à sa marine naissante. Elle peut en trouver à proximité des Indes néerlandaises. Celles-ci ne sauraient demeurer stationnaires en présence d'un développement colonial de l'Allemagne du Nord. Elles voient d'ailleurs grandir de jour en jour, dans leur voisinage, tout un nouveau continent faisant partie des possessions britanniques. La prospérité de l'Australie, avec ses belles villes européennes d'Adélaïde, de Melbourne, de Sydney, ne date que d'une vingtaine d'années, et c'est d'hier que la Nouvelle-Zélande s'est définitivement soumise à l'Angleterre.

Il y aura donc prochainement une sorte d'Europe britannique dans les parages méridionaux du Grand Océan. Elle réagira sur l'Amérique espagnole jusqu'à l'isthme de Panama.

Tout ce qui est au-dessus gravitera dans l'orbite de la reine du Pacifique. San-Francisco, qui n'existait pour ainsi dire que de nom, en 1848, rayonne déjà sur le Mexique et sur la Colombie anglaise, sur la Chine et sur le Japon.

Cette cité prodigieuse va devenir le nœud du réseau électrique des deux mondes. Elle pourra correspondre avec l'Europe, soit par le télégraphe de l'Union américaine et par le câble transatlantique, soit par la ligne de la Colombie, des Kouriles et de la Sibérie.

Depuis l'achèvement du chemin de fer du Pacifique, la malle d'Europe à destination de la Chine prendra nécessairement le chemin de New-York et de San-Francisco. Encore quelques années, et le centre du monde commercial sera déplacé. New-York aura supplanté Londres.

Le génie britannique est provoqué de toutes parts aux efforts les plus gigantesques. Le percement de l'isthme de Suez, les progrès de la Russie dans la haute Asie, le détournement des affaires de la Chine par la ligne de l'Amérique, obligeront, de son côté, l'Angleterre à rejoindre par voie ferrée son réseau des chemins de fer de l'Inde, et à le prolonger dans la direction d'Awa pour atteindre, aussi sur rails, le marché de la Chine.

Heureuse concurrence, noble rivalité des peuples anglo-saxons, qui, les forçant de multiplier les points d'attaque contre le colossal empire de la Chine, finira, si j'ose employer cette image, par le soulever de sa base et lui assigner sa place dans le monde de l'avenir.

Ce nouveau monde, qui se prépare loin de notre vieille Europe, sera de toutes les œuvres du siècle la plus fructueuse, la plus riche en conséquences inattendues et incalculables.

Les peuples de l'Angleterre, de l'Amérique et de l'Allemagne du Nord paraissent en devoir être les principaux artisans.

La France serait, de nature, admirablement douée pour compléter cette alliance et notamment pour apporter de précieux éléments de succès dans les relations des Occidentaux avec les races de l'extrême Orient. Elle en a le sentiment, et même elle a déjà donné par de vastes entreprises un noble essor à ses aspirations. Il suffit de rappeler l'extension des services maritimes des Messageries Impériales aux lignes de l'Indo-Chine et du Japon, et la création des agences du Comptoir d'escompte sur les places les plus importantes de ces lointains parages.

Ce qu'il lui reste à faire pour prendre, dans l'immense transformation commerciale qui s'opère, la place qu'elle devrait y occuper, c'est de séculariser à la fois sa politique extérieure et son système d'éducation publique.

Les nations protestantes ont l'avantage d'avoir les coudées franches dans tout ce qu'elles entreprennent; leurs écoles sont organisées de manière à former des hommes d'initiative individuelle, et à leur donner les connaissances usuelles de langues et de sciences modernes dont ils auront besoin dans leur carrière active ; enfin on n'y confie aux ministres de la religion que l'enseignement religieux, exclusivement.

En présence de cet état de choses, le simple bon sens démontre que la France elle-même s'expose à une infériorité inévitable, au point de vue politique et commercial, si, pour maintenir son rôle de puissance catholique, elle est obligée de subordonner ses intérêts nationaux aux intérêts temporels d'une cour cléricale; si c'est un devoir sacré pour elle de remettre toute l'éducation des jeunes générations entre les mains de l'Église ou des confréries qui s'y rattachent; si, en un mot, elle ne peut rester catholique qu'à la condition de suivre jusqu'au bout le catholicisme du *Syllabus*.

Le temps presse, et les peuples de race latine s'attardent, enlacés dans des traditions ecclésiastiques, tandis que, affranchis de ces dernières, les peuples de race anglo-germanique devancent et supplantent leurs frères de race latine en reprenant et développant pour leur propre compte la vraie glorieuse tradition latine, celle des Galilée, des Vasco de Gama et des Christophe Colomb.

Le principe de la sécularisation des sociétés politiques s'impose avec une nécessité si impérieuse, dans les conditions de notre civilisation démocratique et individualiste, qu'aucun peuple ne me semble pouvoir en éviter les conséquences, pas même le dernier venu et le plus étranger à notre histoire.

Un grand événement a empêché le peuple japonais, et tout particulièrement la bourgeoisie de Yédo, de tomber dans l'état de stagnation où étaient plongées les populations du Céleste Empire avant l'arrivée des Européens : l'usurpation du pouvoir temporel, consommée par Iyéyas au détriment du Mikado, a brisé l'uniformité et détruit le prestige du despotisme théocratique. Depuis cette émancipation relative, les esprits ont reçu une impulsion dont les conséquences n'apparaîtront clairement qu'à l'issue des troubles actuels.

Ici se pose dès à présent une question de la plus haute gravité : les Japonais, en leur qualité d'habiles artisans, ne seront-ils que les ouvriers et, tout au plus, les contre-maîtres de leurs hôtes de l'Occident? Abandonneront-ils indéfiniment à ces derniers l'exploitation des lignes de navigation à vapeur qui rayonneront autour du Japon, des chemins de fer qui le traverseront, et des mines que l'on y ouvrira? Laisseront-ils les étrangers accaparer toutes les industries qui peuvent se prêter à l'application de la vapeur et des procédés mécaniques : la fabrication du camphre et de la cire végétale, la préparation du thé et de l'huile de poisson, la filature et le tissage des soies et du coton?

Si l'avenir du Japon est dans l'industrie, tout l'avenir de l'industrie est dans la liberté. Entre le Japon d'aujourd'hui et la liberté, quel abîme n'y a-t-il pas à franchir!

On peut copier des objets d'art, contrefaire des produits industriels; mais la liberté ne s'imite pas et, pour la posséder, il faut être à sa hauteur. Certaines connaissances acquises ne sauraient y suffire : il est besoin d'une éducation complète, d'une transformation intérieure, d'une vie nouvelle de l'esprit et du cœur.

Les Japonais ont la noble ambition de devenir les émules des nations qui dominent actuellement les mers et les affaires du monde entier. Ils peuvent y réussir sans doute, à la seule condition d'apporter des forces égales dans l'association ; mais comprendront-ils que ces forces indispensables ne se puisent qu'à la source qui alimente journellement la civilisation chrétienne?

Certains indices sembleraient l'indiquer.

CONCLUSION.

Le vieux prince d'Etsizen, qui a rempli l'office de tuteur du Taïkoun après le meurtre du Régent, écrivait en 1864 : « Pourquoi le Japon se refuserait-il à s'assimiler aux nations étrangères, même en ce qui concerne la religion? S'il juge à propos de le faire, c'est qu'il aura reconnu son infériorité à l'égard de ces autres nations. »

Cette œuvre d'assimilation présente, à la vérité, des difficultés tout exceptionnelles [1].

S'agit-il, par exemple, de la traduction d'une portion des Évangiles en langue japonaise, quels caractères faudra-t-il employer? Si l'on écrit en hirakana, cela produira le même effet à peu près que de publier en France une édition de la Bible en patois; et si l'on fait usage du katakana, l'on ne sera pas compris de la masse du peuple.

Depuis que le gouvernement japonais a ouvert, dans les ports principaux, des écoles de langues étrangères, où les élèves indigènes se servent des mêmes manuels que l'on étudie dans les écoles de l'Amérique, il me semble que le moment ne doit plus être fort éloigné, pour les missionnaires qui, généralement, dirigent ces institutions, de tenter une réforme sans laquelle, quoi qu'on fasse, jamais les peuples de la Chine et du Japon ne sortiront de leur infériorité à notre égard : c'est la réforme de leur système d'écriture.

On peut prévoir que, dans la suite des siècles, le monde arrivera, non pas à l'unité de langue, mais à l'unification de l'écriture, aussi bien qu'à l'unification internationale des monnaies, des poids et des mesures.

Les éminents travaux de Lepsius n'ont pas encore résolu tous les problèmes que soulève la question de l'alphabet universel.

Ne pourrait-on pas, sans rien préjuger, convenir d'un alphabet sino-japonais, ou même simplement japonais, en lettres romaines, bien entendu, comme on s'habitue déjà en Allemagne à substituer ce genre de lettres aux anciens caractères gothiques nationaux?

A ce compte, la langue japonaise, qu'il est très-facile d'apprendre à parler, ne nous coûterait guère plus de peine que l'italien; tandis que c'est aujourd'hui un travail sans terme, que de l'étudier au point de la lire et de l'écrire.

Il est temps d'affranchir les populations de l'extrême Orient d'un état de choses où la vie entière des lettrés se consume à apprendre des formes, des signes conventionnels. Il est temps de leur ouvrir la voie de relations internationales faciles et agréables, semblables à celles que nourrissent entre eux les peuples de l'Occident. Il est temps enfin de leur fournir le moyen d'arriver à se faire une psychologie, une logique, une algèbre, une philosophie de l'histoire, une littérature vraiment populaire, accessible à tout le monde, et une religion qui soit le culte en esprit et en vérité.

Au Japon, en particulier, le changement de régime gouvernemental est au nombre de ces circonstances imprévues dont, en bonne politique, il faut savoir profiter.

Notre civilisation reçoit aujourd'hui les hommages du Mikado. L'Empereur théocratique qui protestait contre les traités conclus par le Taïkoun, se charge maintenant de les faire respecter. Le petit-fils du Soleil, qui avait prononcé l'expulsion générale

[1] Voir l'appendice du bel ouvrage de l'orientaliste K.-F. Neumann, sur l'histoire contemporaine de l'extrême Orient, *Ostasiatische Geschichte*.

des étrangers, les introduit dans les nouveaux ports dont le Taïkoun avait d'année en année ajourné l'ouverture. Le souverain, autrefois invisible pour ses propres sujets, donne audience aux représentants des puissances qui se sont mises en relation avec son Empire. Le pontife, qui ne pouvait sortir de sa sainte cité de Kioto, vient s'installer pour un temps plus ou moins prolongé dans la résidence des derniers Siogouns, au sein de la bourgeoisie de Yédo.

Évidemment, l'ancien Japon des dieux, des demi-dieux et de leurs successeurs, n'existe plus et ne renaîtra pas.

Son antique féodalité militaire, affranchie du monopole commercial que s'arrogeait le Taïkoun, tend à se transformer en aristocratie marchande. Si les descendants des Kamis deviennent eux-mêmes, par le commerce, les agents de la civilisation occidentale dans leurs propres seigneuries, que restera-t-il pour soutenir ou plutôt pour restaurer les fictions du vieil Empire?

Quel que puisse être son état politique, le peuple japonais est dorénavant partie intégrante et membre actif de la grande famille des peuples qui personnifient le progrès humanitaire, et quel que soit le titre que portera son souverain, celui-ci ne pourra plus être autre chose que ce que le Taïkoun fût devenu, s'il avait pu prendre la position à laquelle il paraissait être appelé depuis le grand événement des traités de 1858, c'est-à-dire le chef temporel et constitutionnel d'une confédération aristocratique.

Le retour du Taïkoun dans sa capitale, après le séjour qu'il fit à Kioto en 1863, avait fourni à un artiste de Yédo le sujet d'une composition dont l'interprétation ne saurait être douteuse. Elle conserve toute sa valeur sous le nouvel ordre de choses.

Le peintre reproduit avec complaisance l'aspect triomphal du steamer qui porte le chef de l'État. Le beau « Lyemoon », chauffé à toute vapeur, comme on le remarque à la fumée qui s'échappe de ses deux cheminées, fend majestueusement les vagues de la haute mer. Les hommes de l'équipage sont chacun à leur poste et manœuvrent avec une parfaite aisance. Les navires que l'on aperçoit dans le lointain n'inspirent aucune inquiétude ; car s'ils n'appartiennent pas à l'escadre japonaise, ils font partie de la flotte alliée des puissances de l'Occident avec lesquelles le Taïkoun est en relations d'amitié et de bons offices.

« Va donc en paix! semble dire l'artiste à son souverain. Poursuis ta route et ton œuvre civilisatrice, rivalise avec l'Occident et fais-nous part des produits de sa science et de son industrie! Les Kamis, qui ont fait la gloire de l'ancien Japon, étendent eux-mêmes une main protectrice sur ce navire autrefois étranger, œuvre merveilleuse du génie moderne qui se naturalise enfin parmi nous. Le vénérable patron de nos pays de rizières, Inari Daïmiôdzin, salue l'aurore de la nouvelle ère nationale, et il envoie les renards blancs, ses rusés et prudents serviteurs, balayer avec le goupillon céleste toute maligne influence qui s'interposerait en ton chemin. Tous les dieux de l'antique Nippon, tous ses héros traditionnels te font cortège du haut du ciel pour célébrer et bénir ton retour dans la nouvelle capitale de l'Empire. »

L'artiste nous montre, en effet, à la droite d'Inari, dans un encadrement de nuages.

CONCLUSION.

le vigilant factionnaire de la porte du ciel, Kompira, laissant sortir et s'avancer au-dessus du steamer du Taïkoun, tout un groupe de génies tutélaires, portant, pour la plupart, cette antique coiffure nationale qui ressemble à une petite mitre ornée de ses fanons. On remarque parmi eux Katori et Kashima, qui ont fait pénétrer la gloire et la puissance des petits-fils du Soleil jusque dans les ténèbres du pays des Yébis, au Nord de l'ancien empire des huit grandes îles. Ils sont accompagnés du digne fils de l'héroïne Zingou, la glorieuse impératrice qui a fait la conquête de la Corée : c'est le patron des braves, Hatchiman, qui n'a pu se séparer au ciel ni de son coursier, ni de son éventail de guerre ; on lui rend les hommages divins dans les cités les plus célèbres de l'Empire, et ses temples rivalisent avec les plus somptueux édifices du culte de Bouddha. A sa suite, Soïkoïmeï, le dompteur de diablotins, est le patron des jeunes garçons et le héros favori des fêtes populaires. Enfin, voici un dieu qui, pour être venu de l'Inde, n'en a pas moins une place d'honneur dans le Panthéon du Nippon ; c'est l'Arès des Grecs, le Mars des Romains, au Japon Marisiten, le dieu des batailles : agitant autour de lui six bras munis d'armes meurtrières, il ne s'appuie que du bout du pied droit sur le dos d'un sanglier lancé en pleine carrière.

Il est prêt, comme on le voit, à tomber avec impétuosité sur quiconque oserait s'attaquer à son moderne protégé.

Que le chef actuel du Japon et son unique souverain accepte l'augure de ces vœux formés par des sujets qui rattachent leurs destinées à un passé dont ils n'ont certes pas à rougir !

Puisse-t-il régner en paix sur un Empire politiquement indépendant de l'étranger et en pleine possession du droit de se constituer et de se gouverner à son gré ! Et puisse cet Empire être bientôt en mesure de recueillir tous les bienfaits que l'avenir réserve aux États affranchis de toute suprématie sacerdotale !

RETOUR DU TAÏKOUN A YÉDO.

TABLES

TABLE

DES ILLUSTRATIONS DU DEUXIÈME VOLUME

LIVRE V
YÉDO

LES ARRONDISSEMENTS DE L'EST, DANS LE SOTO-SIRO

CHAPITRE XXIX
LA CITÉ BOURGEOISE

1. Poissons de mer du Japon. — Dessin de A. Mesnel d'après des gravures japonaises. 3
2. Une librairie à Yédo. — Dessin de L. Crépon d'après des gravures japonaises................. 5
3. Barbiers japonais. — Dessin de Feyen-Perrin d'après des photographies..... 9
4. Marchand de chaussures de paille. — Dessin de Feyen-Perrin d'après une gravure japonaise...... 10
5. Marchand de friture. — Dessin de A. de Neuville d'après une esquisse japonaise et une photographie.. 11
6. Marchand de poulpes. — Dessin de Feyen-Perrin d'après une gravure japonaise................ 12
7. Marchand de graines. — Dessin de Feyen-Perrin d'après une gravure japonaise.............. 12
8. Le marché au poisson. — Dessin de E. Thérond d'après des gravures japonaises............... 13
9. Coulies du marché au poisson. — Dessin de A. de Neuville d'après une photographie... 15
10. Mère et fille. — Dessin de Staal d'après une photographie................................. 17

CHAPITRE XXX
LA CLASSE DES MÉDECINS

11. Vue d'un canal dans la cité marchande de Yédo, à l'heure de midi. — Dessin de E. Thérond d'après une photographie.. 19
12. Le dîner d'une famille bourgeoise. — Dessin de A. de Neuville d'après une photographie......... 21
13. Un médecin de qualité. — Dessin de A. de Neuville d'après une peinture japonaise........... 24
14. Un médecin en visite. — Dessin de A. de Neuville d'après une peinture japonaise.............. 26
15. La sortie d'un convoi funèbre. — Dessin de L. Crépon d'après une peinture japonaise............ 28

TABLE DES ILLUSTRATIONS.

CHAPITRE XXXI

L'ÉCOLE DE CONFUCIUS, A YÉDO

16. Pilier public et magasins d'entrepôt du Nippon-bassi. — Dessin de Férat d'après une peinture japonaise... 29
17. Image de Confucius, dans le temple de Confucius, à Canton. — Dessin de E. Thérond d'après une photographie... 31
18. Image allégorique du style noble. — Fac-simile d'une esquisse japonaise..................... 34
19. Image allégorique du style populaire. — Fac-simile d'une esquisse japonaise................ 34
20. Écrivain japonais. — Dessin de A. de Neuville d'après une esquisse japonaise............... 36
21. Japonaise jouant du gotto. — Dessin de A. de Neuville d'après une esquisse de M. A. Roussin 38

CHAPITRE XXXII

LES PONTS DE YÉDO

22. Chanteuse de légendes nationales. — Dessin de A. de Neuville d'après une photographie.......... 39
23. Le pont du Nippon. — Dessin de Pelcoq d'après une peinture japonaise..................... 41
24. Le pont de Yétaï. — Dessin de H. Clerget, d'après une photographie....................... 43
25. Jeux d'enfants. — Dessin de É. Bayard d'après des peintures japonaises.................... 44
26. Gondoles du Riogokou-bassi. — Dessin de L. Crépon d'après une peinture japonaise........... 45
27. Spécimens de musique japonaise... 47
28. L'orchestre et les coulisses du théâtre populaire. — Dessin de L. Crépon d'après une peinture japonaise.. 49
29. Joueuse de samsin allumant sa pipe. — Dessin de A. Marie d'après une photographie........... 50

CHAPITRE XXXIII

LA LITTÉRATURE BOURGEOISE

30. Cour d'une petite bonzerie à Yédo. — Dessin de H. Clerget d'après une photographie.......... 51
31. Chanteuse accompagnée de musiciennes. — Dessin de A. de Neuville d'après une photographie... 53
32. Philémon et Baucis. — Fac-simile d'une esquisse japonaise.................................. 55
33. L'âme des vieux cèdres. — Dessin de A. de Neuville d'après une esquisse japonaise........... 56
34. Instituteur japonais composant une poésie. — Dessin de L. Crépon d'après une peinture japonaise.. 60

C APITRE XXXIV

CONTES JAPONAIS

35. Maison de thé rustique aux environs de Yédo. — Dessin de Lancelot d'après une gravure japonaise... 61
36. La vieille femme et le moineau. — Fac-simile d'une esquisse japonaise....................... 62
37. Le magicien malgré lui. — Fac-simile d'une esquisse japonaise............................. 64
38. Train de daïmio. — Fac-simile d'une caricature japonaise................................... 65
39. La sieste japonaise. — Fac-simile d'une esquisse japonaise.................................. 67

CHAPITRE XXXV
POLICE DES RUES ET SURETÉ PUBLIQUE

40. Ronde de nuit. — Dessin de A. de Neuville d'après une photographie............................. 69
41. Les magasins de soieries de Mitsouï. — Dessin de L. Crépon d'après une peinture japonaise....... 71
42. Famille de marchands. — Dessin de A. de Neuville d'après une photographie.................... 75
43. Cuisinier japonais. — Dessin de A. de Neuville d'après une photographie...................... 77
44. Un garçon de caisse. — Dessin de A. de Neuville d'après une photographie.................... 78
45. Garde taïkounale en costume de guerre. — Dessin de A. de Neuville d'après des esquisses de Wirgman... 80

LIVRE VI
YÉDO
LES ARRONDISSEMENTS DE LA RIVE GAUCHE.

CHAPITRE XXXVI
LE HONDJO

46. Atelier de sculpture au Japon. — Dessin de A. de Neuville d'après une peinture japonaise....... 83
47. Nettoyage du coton. — Dessin de A. de Neuville d'après une peinture japonaise............... 84
48. Le chœur du temple des Cinq-cents génies. — Dessin de E. Thérond d'après une gravure japonaise... 85
49. Statue du temple des Cinq-cents génies : — Un Rakan, ou patriarche bouddhiste. Fac-similé d'une esquisse japonaise.. 88
50. Statues du temple des Cinq-cents génies : — Rakans ou patriarches bouddhistes. Fac-similé d'esquisses japonaises... 89
51. Tresseuses de cordons de soie. — Dessin de A. de Neuville d'après une peinture japonaise....... 90
52. Nœuds et broderies de soie. — Fac-similé de dessin japonais................................. 91
53. Étal de charcutier et restaurant à Yédo. — Dessin de L. Crépon d'après une peinture japonaise. 92
54. Fileuse de coton. — Dessin de Staal d'après une photographie............................... 94

CHAPITRE XXXVII
LES OBJETS D'ART ET D'INDUSTRIE

55. Magasin de bronzes à Yédo. — Dessin de L. Crépon d'après une gravure japonaise............. 95
56. Magasin de fleuriste. — Dessin de L. Crépon d'après des peintures japonaises et une esquisse de M. Roussin.. 97
57. Artiste japonais peignant un yéma. — Dessin de Feyen-Perrin d'après une esquisse japonaise.... 99
58. Spécimens de décoration des gardes de sabres japonais. — Fac-similé de gravures japonaises..... 100
59. Le service du saki. — Dessin de A. de Neuville d'après une photographie.................... 103
60. Jeune fille japonaise se peignant les lèvres. — Dessin de A. de Neuville d'après une aquarelle de M. Roussin... 105

TABLE DES ILLUSTRATIONS.

61. Boutique de pharmacien à Yédo. — Dessin de L. Crépon d'après une gravure japonaise.... 107
62. Échantillons de bijouterie japonaise. — Fac-simile de ciselures japonaises..................... 109
63. Manche de couteau. — Fac-simile de ciselure japonaise................................... 110

CHAPITRE XXXVIII
RÉCRÉATIONS ET COUTUMES DOMESTIQUES

64. Entrée de jardins à Myaski (Yédo). — Dessin de Lancelot d'après une photographie............ 111
65. Jardin bourgeois à Yédo. — Dessin de Lancelot d'après une photographie.................... 113
66. Établissement de bains publics à Yédo. — Dessin de L. Crépon d'après des peintures japonaises.. 117
67. Empirique posant des moxas. — Dessin de A. de Neuville d'après un croquis japonais.......... 119
68. Trois membres de la Confrérie des aveugles. — Dessin de A. de Neuville d'après une photographie. 120
69. Troupe d'aveugles en voyage égarés au passage d'un bac. — Fac-simile d'une caricature japonaise.. 121
70. Le massage. — Fac-simile d'une caricature japonaise..................................... 123

CHAPITRE XXXIX
SOLENNITÉS DOMESTIQUES

71. Mariage japonais. — Dessin de L. Crépon d'après une peinture japonaise.................... 125
72. Visites de condoléance. — Dessin de A. de Neuville d'après une peinture japonaise............ 128
73. Cérémonies funèbres : service devant le cercueil, dans la maison mortuaire.— Dessin de E. Thérond d'après une peinture japonaise.. 129
74. Mendiants à la porte d'un mort. — Dessin de A. de Neuville d'après une peinture japonaise...... 130
75. Un convoi funèbre à Nagasaki. — Dessin de E. Thérond d'après une photographie et des croquis japonais.. 131
76. Cérémonies funèbres : L'incinération. — Dessin de E. Thérond d'après une peinture japonaise... 134
77. Cérémonies funèbres : On recueille les restes. — Dessin de E. Thérond d'après une peinture japonaise.. 135
78. Cérémonies funèbres : Tombeau où l'on dépose l'urne cinéraire. — Dessin de E. Thérond d'après une peinture japonaise... 136
79. La fin du paria. — Dessin de A. de Neuville d'après une peinture japonaise.................. 137
80. Présentation au temple. — Dessin de L. Crépon d'après une peinture japonaise............... 140

CHAPITRE XL
SÉJOUR EN RADE

81. Pêche au feu dans la baie de Yédo. — Dessin de A. de Neuville d'après une gravure japonaise.... 141
82. Entrée de la Légation américaine à Yédo. — Dessin de E. Thérond d'après une photographie...... 142
83. Le pêcheur et l'aigrette. — Dessin de A. de Neuville d'après une gravure japonaise............ 145
84. Pêche à l'épervier. — Fac-simile d'une esquisse japonaise................................. 146
85. Fête de Gots-Tennoô : La châsse de l'idole à la mer. — Dessin de L. Crépon d'après une gravure japonaise.. 147
86. Embarcation d'officiers japonais. — Dessin de A. de Neuville d'après un croquis de M. Roussin... 151

TABLE DES ILLUSTRATIONS. 423

CHAPITRE XLI
FOUKAGAWA

87. Charcuterie de poisson; jongleur de rue. — Dessin de L. Crépon d'après des esquisses japonaises. 153
88. Danse du lion de Corée (comédien de rue). — Dessin de L. Crépon d'après des peintures japonaises. 155
89. Chiffonnier. — Dessin de A. de Neuville d'après une peinture japonaise. 157
90. Trafiquant de vaisselle cassée. — Dessin de A. de Neuville d'après une peinture japonaise. 158
91. Montreur de marionnettes. — Dessin de A. de Neuville d'après une peinture japonaise. 158
92. Sertisseur de lanternes. — Dessin de A. de Neuville d'après une esquisse japonaise. 159
93. Ciseleur de pipes. — Dessin de A. de Neuville d'après une peinture japonaise. 159
94. Taraudeur de pipes. — Dessin de A. de Neuville d'après une peinture japonaise. 160
95. Fabricant d'arcs. — Dessin de A. de Neuville d'après une peinture japonaise. 160
96. Marchand d'étoffes au rabais. — Dessin de A. de Neuville d'après une peinture japonaise. 161
97. Fabricant de poupées inversables. — Dessin de A. de Neuville d'après une peinture japonaise. 161
98. Horloger. — Dessin de A. de Neuville d'après des esquisses japonaises. 163

CHAPITRE XLII
GYMNASTES ET LUTTEURS

99. Cirque de lutteurs. — Dessin de L. Crépon d'après une peinture japonaise. 165
100. Saltimbanques et avaleurs de sabres. — Dessin de L. Crépon d'après des peintures japonaises. 167
101. Gymnastes de Kioto. — Dessin de L. Crépon d'après des esquisses japonaises. 169
102. Apprêts pour la lutte. — Dessin de L. Crépon d'après des peintures japonaises et des photographies. 171

LIVRE VII
YÉDO
LES ARRONDISSEMENTS DE L'OUEST ET DU NORD.

CHAPITRE XLIII
LES MATSOURIS

103. Le char de triomphe du saint de Miôdjin. — Dessin de L. Crépon d'après une gravure japonaise. 177
104. Matsouri de Roksa-mia : Procession nocturne dans la forêt. — Dessin de L. Crépon d'après une gravure japonaise. 179
105. Matsouri de Roksa-mia : Retour au temple après la purification des lieux sacrés. — Dessin de L. Crépon, d'après une gravure japonaise. 179
106. Matsouri de Kanda-Miôdjin : Parade de la tête du démon. — Dessin de L. Crépon d'après une gravure japonaise. 183
107. Matsouri de Sannoô : La musique tartare. — Dessin de L. Crépon d'après des gravures japonaises. 187
108. Matsouri de Sannoô : L'éléphant blanc, les tigr des Corée, le coq du daïri. — Dessin de L. Crépon d'après des gravures japonaises. 187

TABLE DES ILLUSTRATIONS.

109. Matsouri de Sannoô : La langouste, les courtisanes, le buffle, le riz. — Dessin de L. Crépon d'après des gravures japonaises... 187
110. Cortége des courtisanes à la fête du temple de Sannoô. — Dessin de L. Crépon d'après des peintures japonaises.. 189

CHAPITRE XLIV
LES FÊTES DU CALENDRIER

111. Fête des Poupées. — Dessin de L. Crépon d'après des peintures japonaises................. 191
112. Fête des Bannières. — Dessin de L. Crépon d'après des gravures japonaises................. 193
113. Masques japonais. — Dessin de Rapine d'après des gravures japonaises..................... 197
114. Enfant avec un masque de renard. — Dessin de L. Crépon d'après une peinture japonaise...... 199
115. Danse de la ronde du riz. — Dessin de L. Crépon d'après une gravure japonaise............. 201
116. Pèlerinage à l'autel de Yébis. — Dessin de L. Crépon d'après une peinture japonaise......... 203
117. Félicitations du nouvel an. — Dessin de L. Crépon d'après une peinture japonaise............ 204

CHAPITRE XLV
LES CHAMPS DE FOIRE DE YÉDO

118. Bagirogio-Baba, place de manége à Yédo. — Dessin de L. Crépon d'après une peinture japonaise.. 205
119. Le champ de foire de Yamasta ou les Champs-Élysées de Yédo. — Dessin de L. Crépon d'après des peintures japonaises.. 207
120. Diseur de bonne aventure. — Dessin de L. Crépon d'après une peinture japonaise............. 210
121. Le théâtre au Japon : la parade. — Dessin de L. Crépon d'après une peinture japonaise........ 211
122. Le seigneur Matamore. — Dessin de L. Crépon d'après des peintures japonaises.............. 215

CHAPITRE XLVI
LA SIBAÏA, THÉÂTRE NATIONAL DU JAPON

123. Le théâtre : incident devant la toile. — Dessin de L. Crépon d'après une peinture japonaise..... 217
124. Une scène du théâtre japonais. — Dessin de L. Crépon d'après une peinture japonaise......... 219
125. Le théâtre : scène de danse. — Dessin de L. Crépon d'après une peinture japonaise.......... 222
126. Le restaurant du théâtre. — Dessin de L. Crépon d'après une peinture japonaise............. 225
127. Exercices d'équilibre avec un faux nez. — Dessin de L. Crépon d'après des peintures japonaises... 227
128. Équilibristes. — Dessin de L. Crépon d'après une esquisse japonaise....................... 229

CHAPITRE XLVII
LES JONGLEURS

129. Danse des prêtres d'Odji-Gonghen. — Dessin de L. Crépon d'après une gravure japonaise....... 231
130. Jongleurs prestidigitateurs. — Dessin de L. Crépon d'après des peintures et des photographies japonaises... 233
131. Danse costumée des prêtres d'Odji-Gonghen à la fête des Céréales. — Dessin de L. Crépon d'après une gravure japonaise.. 237
132. Danse des prêtres de Founabas. — Dessin de L. Crépon d'après une gravure japonaise......... 239
133. La ronde des coqs. — Fac-simile d'une gravure japonaise................................. 241

TABLE DES ILLUSTRATIONS.

CHAPITRE XLVIII
LES MAISONS DE THÉ D'ASAKSA.

134. Ogawa-Bata, docks et magasins de riz du Taïkoun. — Dessin de Th. Weber d'après une peinture japonaise.. 243
135. Bourgeois de Yédo, colporteurs et pèlerins. — Dessin de A. de Neuville d'après des esquisses japonaises.. 244
136. Maison de thé aristocratique. — Dessin de L. Crépon d'après une peinture japonaise............ 245
137. Sur le trottoir de la route du Nord. — Dessin de L. Crépon d'après une peinture japonaise...... 248
138. Dans le voisinage des théâtres. — Dessin de L. Crépon d'après une peinture japonaise.......... 249
139. Dans les ruelles. — Dessin de L. Crépon d'après des croquis de Wirgman...................... 250
140. Aux abords des ponts. — Dessin de L. Crépon d'après une peinture japonaise.................. 251
141. Servantes d'auberge appelant les passants. — Dessin de L. Crépon d'après une peinture japonaise.. 252

CHAPITRE XLIX
ASAKSA-TÉRA

142. Maison de thé pour les gens paisibles. — Dessin de L. Crépon d'après une peinture japonaise...... 253
143. Distribution d'amulettes devant le porche d'Asaksa-téra. — Dessin de L. Crépon d'après une gravure japonaise.. 255
144. La Chapelle du renard. — Dessin de L. Crépon d'après une esquisse japonaise.................. 257
145. Autel de Quannon-Sama. — Grand prêtre et son servant. — Dessin de L. Crépon d'après une gravure et des peintures japonaises.. 259
146. Danse de quêteurs du culte Kami. — Dessin de L. Crépon d'après une esquisse japonaise........ 261

LIVRE VIII
YÉDO

ASAKSA ET LA BANLIEUE DU NORD.

CHAPITRE L
LA KERMESSE D'ASAKSA.

147. Théâtre de marionnettes dans un temple Kami. — Dessin de L. Crépon d'après une peinture japonaise.. 265
148. Lanterne magique et bonze mendiant montrant une image. — Dessin de L. Crépon d'après des esquisses japonaises.. 267
149. Saltimbanques de la foire d'Asaksa. — Dessin de L. Crépon d'après des esquisses japonaises..... 270
150. Équilibristes, genre noble. — Dessin de L. Crépon d'après des esquisses japonaises............ 271
151. Charmeur de tortues. — Dessin de L. Crépon d'après une gravure japonaise................... 273

II. 54

CHAPITRE LI
SIN-YOSIWARA

152. Salle d'exhibition. — Dessin de L. Crépon d'après une peinture japonaise.................... 275
153. La promenade réservée de Sin-Yosiwara. — Dessin de E. Thérond d'après une gravure japonaise. 277
154. Façades parallèles de deux quartiers de Sin-Yosiwara. — Dessin de E. Thérond d'après une peinture japonaise... 277
155. Le ballet des Papillons au théâtre du Gankiro. — Dessin de E. Thérond d'après une peinture japonaise.. 281
156. Le restaurant du Gankiro. — Dessin de L. Crépon d'après une peinture japonaise............. 285
157. Gigo-Koô, la dame des Enfers. — Dessin de L. Crépon d'après une peinture japonaise......... 287

CHAPITRE LII
L'INAKA

158. Restaurant : A la vue du Fousi-Yama. — Dessin de L. Crépon d'après une peinture japonaise.... 289
159. Les rats marchands de riz. — Dessin de L. Crépon d'après une gravure japonaise............. 291
160. Supérieur d'une bonzerie. — Fac-simile par Rapine d'une caricature japonaise............... 292
161. Étude de nonnes. — Fac-simile par Rapine d'une caricature japonaise....................... 293
162. Sanglier et Lièvre. — Fac-simile par Rapine d'une caricature japonaise..................... 294
163. Pèlerinage de Yousima-Tendjin. — Dessin de L. Crépon d'après des esquisses japonaises...... 295
164. Messire Kitsné (le renard). — Fac-simile par Rapine d'une esquisse japonaise................ 297

CHAPITRE LIII
ODJI-INARI

165. Le jeu du renard. — Dessin de L. Crépon d'après des esquisses japonaises.................. 299
166. Sabbat annuel des renards et des feux follets. — Dessin de L. Crépon d'après une gravure japonaise.. 301
167. L'ombre du renard. — Dessin de L. Crépon d'après une peinture japonaise.................. 302
168. Un Yamabos et sa femme ensorcelés par les renards. — Fac-simile par Rapine d'une peinture japonaise.. 303
169. Pique-niques japonais. — Dessin de L. Crépon d'après des esquisses japonaises.............. 305
170. L'arbre sacré au réservoir d'eau miraculeuse. — Dessin de L. Crépon d'après une gravure japonaise.. 307
171. La danse des Éventails. — Dessin de L. Crépon d'après une photographie.................. 310

CHAPITRE LIV
LA VEILLE DU JOUR DE L'AN, A YEDO

172. Vente du saki. — Dessin de L. Crépon d'après une gravure japonaise....................... 311
173. Coulies nettoyant une grande maison. — Dessin de L. Crépon d'après des esquisses japonaises.... 313
174. Pose de la toiture d'une maison. — Dessin de L. Crépon d'après une peinture japonaise...... 315
175. Un restaurant la veille du jour de l'an. — Dessin de L. Crépon d'après une gravure japonaise..... 316
176. Mitrons japonais pilant le riz. — Dessin de L. Crépon d'après des esquisses japonaises........ 317
177. Bacchanale des garçons brasseurs. — Dessin de L. Crépon d'après des esquisses japonaises..... 319
178. Les patrons du saki. — Dessin de L. Crépon d'après des esquisses japonaises............... 322

TABLE DES ILLUSTRATIONS.

CHAPITRE LV
LE NOUVEL AN, A YÉDO

179. Visites au Castel. — Dessin de L. Crépon, d'après une gravure japonaise. ... 323
180. Un marché de nuit : la criée du riz. — Dessin de L. Crépon, d'après une gravure japonaise.... 325
181. Jour de l'an : salutations en rue ; cartes de visite. — Dessin de L. Crépon, d'après des esquisses japonaises.. 327
182. Réception chez un haut fonctionnaire le premier jour de l'an. — Dessin de L. Crépon d'après une peinture japonaise.. 328
183. Abords du Nippon-bassi, le premier jour de l'an. — Dessin de L. Crépon d'après des gravures japonaises... 329
184. Danse de coskeis quêtant leurs étrennes. — Dessin de L. Crépon d'après une peinture japonaise.... 333

CHAPITRE LVI
LA MYTHOLOGIE POPULAIRE DES JAPONAIS

185. Exorcisme domestique. — Dessin de L. Crépon d'après une gravure japonaise................. 335
186. Autel domestique des dieux du bonheur. — Dessin de L. Crépon d'après une peinture japonaise... 336
187. Les dieux du bonheur : Shiou-Rô. — Fac-simile par Rapine d'une esquisse japonaise............. 337
188. — Yébis. — Fac-simile par Rapine d'une gravure japonaise............................... 338
189. — Daïkokou. — Fac-simile par Rapine d'une gravure japonaise........................... 339
190. — Hoteï. — Fac-simile par Rapine d'une gravure japonaise............................... 340
191. — Tossi-Tokou. — Fac-simile par Rapine d'une gravure japonaise......................... 341
192. — Bisjamon. — Fac-simile par Rapine d'une gravure japonaise........................... 342
193. Aspect d'une rue de Yédo, le premier jour de l'an. — Dessin de L. Crépon d'après des peintures japonaises.. 343
194. Les dieux du bonheur : Ben-zaï-ten-njo. — Fac-simile par Rapine d'une gravure japonaise...... 345
195. Mouillage de Simonoséki. — Dessin de D. Grenet d'après une aquarelle de M. A. Roussin......... 346

LIVRE IX
YOKOHAMA

CHAPITRE LVII
LE QUARTIER FRANC

196. Ouvriers en bâtiment, employés à la construction de maisons européennes, à Yokohama. — Dessin de L. Crépon d'après des photographies et des peintures japonaises........................ 349
197. Coulies tatoués. — Dessin de A. Marie d'après une photographie japonaise.................... 353
198. Emblèmes sacrés de la tribu des charpentiers. — Dessin de H. Catenacci d'après une gravure japonaise.. 355
199. Marchand de coquillages. — Dessin de Feyen-Perrin d'après une esquisse japonaise............ 356

CHAPITRE LVIII
PREMIÈRES LEÇONS DE COMMERCE

200. Joueurs japonais. — Dessin de A. de Neuville d'après une photographie 357
201. Habitations de pauvres artisans sur le canal d'Omoura. — Dessin de D. Grenet d'après une photographie... 359
202. Le quartier franc à Nagasaki. — Dessin de Tirpenne d'après une photographie................ 363
203. Monnaies japonaises. — Fac-simile par Rapine... 368

CHAPITRE LIX
UNE COLONIE TRANSITOIRE

204. Cour du Gankiro de Yokohama. — Dessin de E. Thérond d'après un croquis de M. A. Roussin...... 369
205. Mousmé de Yokohama. — Dessin de Staal d'après une photographie............................ 370
206. Commerce de curiosités : boutique d'objets d'art et d'industrie à Yokohama. — Dessin de H. Catenacci d'après une photographie.. 371
207. Mousmés dormant. — Dessin de A. Marie d'après une photographie............................ 375
208. Mousmé avec son enfant. — Dessin de A. Marie d'après une photographie..................... 377
209. Mousmé de Yokohama. — Dessin de Staal d'après une photographie............................ 378

CHAPITRE LX
CAUSES DE LA RÉVOLUTION FÉODALE

210. Palais du prince de Satsouma, à Yédo. — Dessin de E. Tournois d'après une photographie........ 379
211. Partie du jardin de la légation britannique, à Yédo. — Dessin de Lancelot d'après une photographie.. 381
212. Une batterie du prince de Nagato, à Simonoséki. — Dessin de A. de Neuville d'après une photographie... 385
213. Exposition de la tête du meurtrier Seïdji, à Yokohama. — Dessin de A. de Neuville d'après un croquis de M. A. Roussin... 388
214. Le meurtrier Seïdji conduit en procession dans les rues de Yokohama. — Dessin de A. de Neuville d'après des croquis de Wirgman et de M. A. Roussin... 389
215. Interprète en tenue de cour. — Dessin de A. de Neuville d'après une aquarelle de M. A. Roussin. 391
216. Marisiten, dieu de la guerre. — Fac-simile par Rapine d'une esquisse japonaise................ 392

CHAPITRE LXI
LE NOUVEL ORDRE DE CHOSES AU JAPON

217. Commerce de la soie et des œufs de vers à soie : magnanerie japonaise. — Dessin de L. Crépon d'après des esquisses japonaises.. 393
218. Expédition des escadres alliées, contre le prince de Nagato, à Simonoséki. — Dessin de A. de Neuville d'après un croquis de M. A. Roussin... 395
219. Le seuil d'une auberge de village au Japon. — Dessin de A. de Neuville d'après une photographie.. 397
220. Ambassade européenne au Japon. — Fac-simile par Rapine d'une esquisse japonaise............ 399
221. Première idée que les Japonais se sont faite d'un chemin de fer. — Fac-simile par Rapine d'une esquisse japonaise... 400

TABLE DES MATIÈRES.

222. Commerce du thé : expédition en gros et vente en détail. — Dessin de L. Crépon d'après des peintures japonaises.. 402
223. Un incendie au Japon. — Dessin de L. Crépon, d'après des peintures japonaises............... 403
224. Porteurs de norimons, à Yokohama. — Dessin de Staal d'après une photographie............ 406
225. Comprador chinois employé au commerce des soies japonaises. — Dessin de L. Crépon d'après une peinture japonaise.. 407

CHAPITRE LXII
CONCLUSION

226. Le jeu de paume chez les gentilshommes de Kioto. — Dessin de A. Marie d'après une peinture japonaise.. 409
227. Retour du Taïkoun à Yédo. — Fac-simile par Rapine d'une peinture japonaise................ 415

PLANS ET SPÉCIMENS

Spécimens d'écriture japonaise (Katakana).. 32
    »   »   »   (Hirakana)... 34
Spécimens de musique japonaise.. 47
Plan de l'arrondissement d'Asaksa.. 234
Plan de Yokohama.. 350

TABLE DES MATIÈRES

DU DEUXIÈME VOLUME

LIVRE V
YÉDO

CHAPITRE XXIX
La cité bourgeoise.................... 3

CHAPITRE XXX
La classe des médecins............... 19

CHAPITRE XXXI
L'école de Confucius, à Yédo......... 29

CHAPITRE XXXII
Les ponts de Yédo.................... 39

CHAPITRE XXXIII
La littérature bourgeoise............ 51

CHAPITRE XXXIV
Contes japonais...................... 61

CHAPITRE XXXV
Police des rues et sûreté publique... 69

LIVRE VI
YÉDO

CHAPITRE XXXVI
Le Hondjo............................ 83

CHAPITRE XXXVII
Les objets d'art et d'industrie...... 95

CHAPITRE XXXVIII
Récréations et coutumes domestiques.. 114

CHAPITRE XXXIX
Solennités domestiques............... 125

CHAPITRE XL
Séjour en rade....................... 141

CHAPITRE XLI
Foukagawa............................ 153

CHAPITRE XLII
Gymnastes et lutteurs................ 165

TABLE DES MATIÈRES.

LIVRE VII
YÉDO

CHAPITRE XLIII
Les Matsouris.................................... 177

CHAPITRE XLIV
Les fêtes du calendrier....................... 191

CHAPITRE XLV
Les champs de foire de Yédo................ 205

CHAPITRE XLVI
La Sibaïa, théâtre national du Japon......... 217

CHAPITRE XLVII
Les jongleurs..................................... 231

CHAPITRE XLVIII
Les maisons de thé d'Asaksa................. 243

CHAPITRE XLIX
Asaksa-téra...................................... 253

LIVRE VIII
YÉDO

CHAPITRE L
La kermesse d'Asaksa......................... 265

CHAPITRE LI
Sin-Yosiwara..................................... 275

CHAPITRE LII
L'Inaka... 289

CHAPITRE LIII
Odji-Inari... 299

CHAPITRE LIV
La veille du jour de l'an à Yédo............... 311

CHAPITRE LV
Le nouvel an, à Yédo........................... 323

CHAPITRE LVI
La mythologie populaire des Japonais........ 335

LIVRE IX
YOKOHAMA

CHAPITRE LVII
Le quartier franc................................ 349

CHAPITRE LVIII
Premières leçons de commerce............... 357

CHAPITRE LIX
Une colonie transitoire......................... 369

CHAPITRE LX
Causes de la révolution féodale................ 379

CHAPITRE LXI
Le nouvel ordre de choses au Japon.......... 393

CHAPITRE LXII
Conclusion....................................... 409

Corbeil, typ. et stér. de Crété fils.

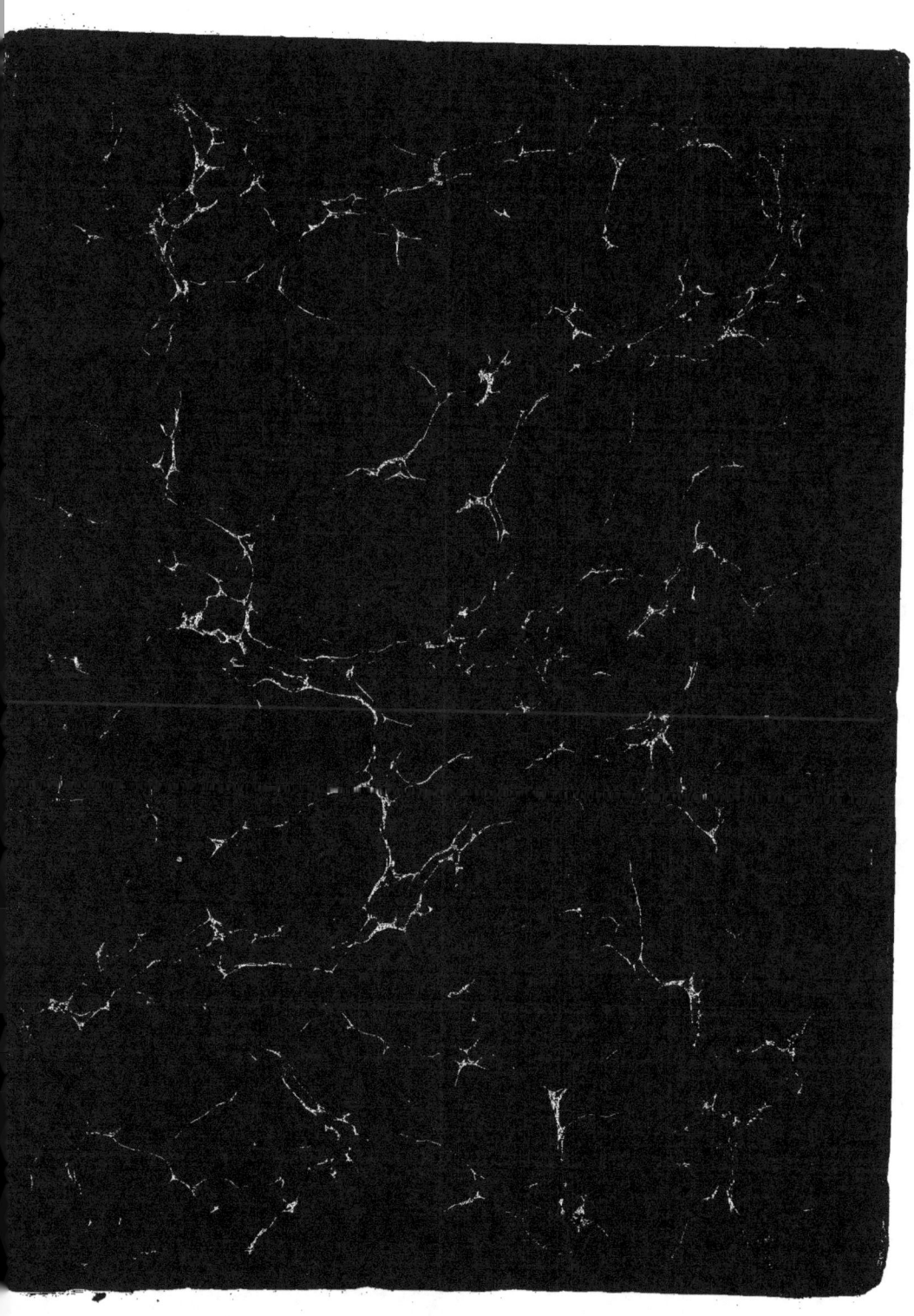

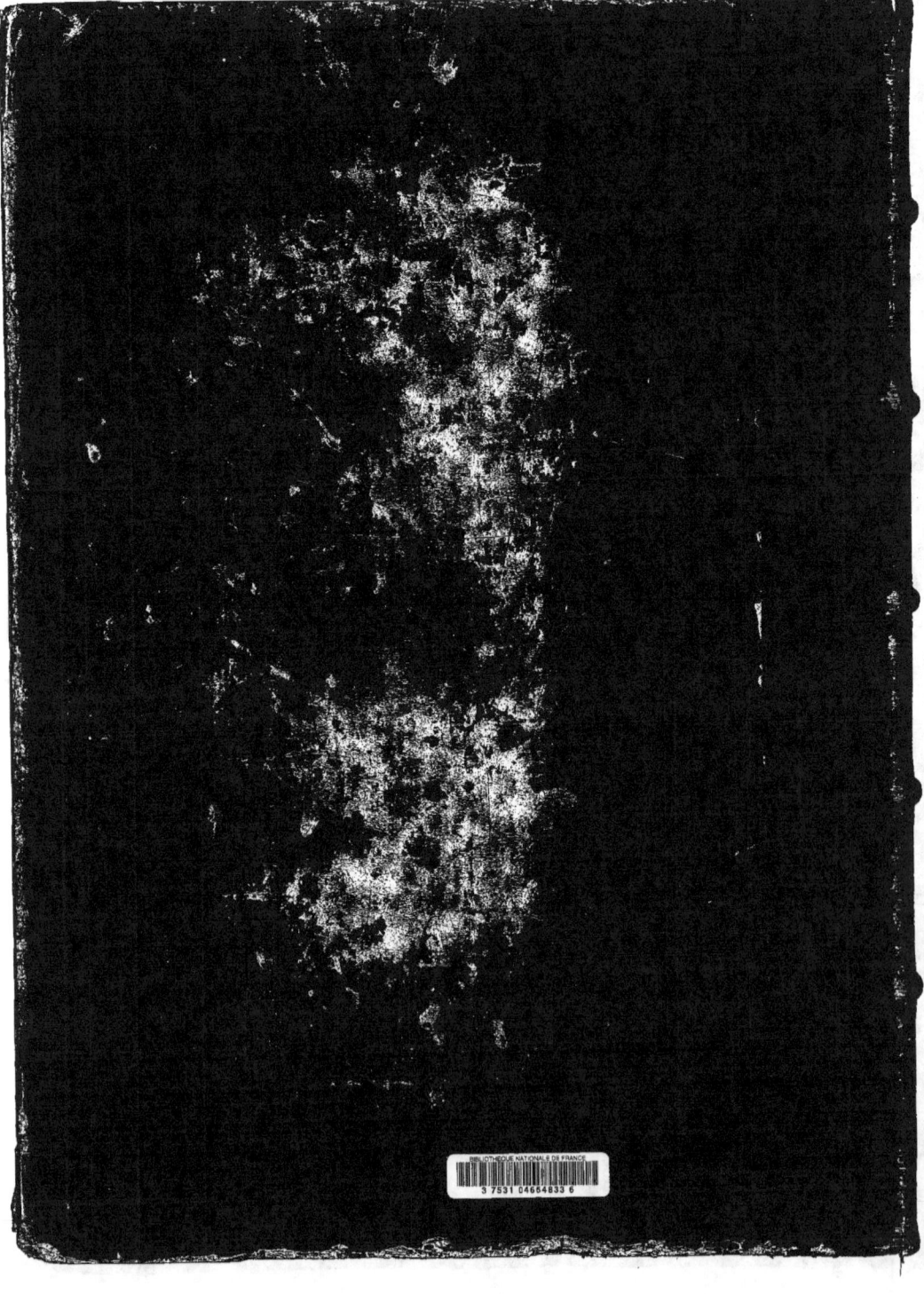

www.ingramcontent.com/pod-product-compliance
Lightning Source LLC
Chambersburg PA
CBHW070546230426
43665CB00014B/1832